高职院校思想政治教师实践智慧研究

◎李宏昌 著

ZHEJIANG UNIVERSITY PRESS
浙江大学出版社

前　言

知识经济的发展和科教兴国战略的实施,客观上要求新时期的教育不能只专注于知识的传递与能力的培养,而应更关注智慧教育,关注对学生智慧的开发与启迪,使其日益成长为追求科学知识、追求人生智慧、追求自我价值与社会价值良性互动的独特生命个体。智慧教育的发展呼唤智慧型教师的不断出现,需要不断培育与提升教师实践智慧,并使来源于教育教学实践中的实践智慧还之于新的、更丰富的教育教学实践之中,从而为培育与造就有智慧的学生,并为推进智慧教育提供取之不尽用之不竭的动力资源。实践智慧是教师专业发展的最高境界,高职院校思想政治教师专业发展也必然要由重知识与能力转变为重实践智慧生成与发展。回归实践视野的高职院校思想政治教师专业发展,把教师实践智慧置于高职院校思想政治教师专业发展的核心地位,也使教师实践智慧日益成为高职院校思想政治教师专业发展的必然趋势。教帅实践智慧将增强高职院校思想政治教师专业发展的自主性。在传统教育教学体制和话语体系中,高职院校思想政治教师个体在思想政治教育教学的理论构建与实践整合两个领域中都失去了话语权和主动权。在新时期,高职院校思想政治教师实践不仅是思想政治教育教学理论的证明和应用,而且是思想政治专业领域内的技术性劳动,更具有思想政治专业特质的批判性和创造性劳动。这在客观上要求高职院校思想政治教师不仅要创新思想政治教育教学情境,而且要不断培育与生成高职院校思想政治教师实践智慧。因此,高职院校思想政治教师专业发展在本质上正是高职院校思想政治教师个体自我成全和主动创造的过程,是高职院校思想政治教师在教育教学实践中促进其实践智慧不断丰富与发展的动态过程。高职院校思想政治教师发展的出发点与落脚点都是丰富多彩而常讲常新的思想政治教育教学实践,高职院校思想政治教师专业发展的根本价值诉求并不在于培养与造就学富五车的思想政治理论工作者,而是要培养与造就既有丰富理论智慧又有高超实践智慧的思想政治教育教学专家。从重理论建构到重实践生成的根本性转变,将为高职院校思想政治教师专业发展构建新的平台——教育教学实践。实践智慧促进高职院校思想政治教师专业发展回归对教师生命的尊重与提升。高职院校思想政治教师的教育教学实践和自我生命价值的尊重与提升是紧密联系的。对于高职院校思想政治教师而言,思想政治教育教学是一种生命价值得到尊重与实现的过程,一种丰富和完善生命体验的过程,一种不断提升生命品质和生命境界的过程。而在这一过程中,只有不断推进高职院校思想政治教师实践智慧生成与发展才能真正实现高职院校思想政治教师专业发展回归到对高职院校思想政治教师生命尊重与生命价值提升,才能真正实现高职院校思想政治教师专业发展与高职院校思想政治教师生命感悟融为一体,才能在提高教学技艺与职业素养的基础上不断实现和提升高职院校思想政治教师职业幸福感、生命价值和人生境界。因此,关注思想政治课堂教学、实践反思与科学研究中的教师实践智慧生成与发展就成为探讨高职院校思想政治教师专业化发展的必然趋势。思想政治新课程标准背景下的教育教学具有鲜明的灵活性与变通性,课堂教学具有生活情境性与动态生成性,这在客观上需要高职院校思想政治教师构建"生命化"课堂时,既有理论智慧的保障与支撑,又有实践智慧的创造与整合,需要高职院校思想政治教师能够科学而有效地将自身教育教学实践经验与反思、教育教学理性与情感、教师角色定位与融合进行有机统一和科学提升,所有这些都需要高职院校思想政治教师具备丰富而深厚的实践智慧。

正是在这样的研究背景下,本研究在总结与分析当前国内外关于智慧、实践智慧、教师实践智慧、思想政治课教师实践智慧研究现状与相关理论成果的基础上,比较科学地界定了新形势下高职院校思想政治教师实践智慧的内涵,并进行了深入解读,比较具体地分析了高职院校思想政治教师实践智慧所具有的实践反思性、注重创新性、动态生成性、个体独特性、多元整合性、生活情境性等主要特征,比较全面地探讨高职院校思想政治教师实践智慧在"知""行""意""情"等领域内的表现形式,比较系统地阐述了高职院校思想政治教师实践智慧在彰显高职院校思想政治教师人格魅力、实现教育教学中的师生互动和推进思想政治新课程的改革方面所具有的独特价值。以此为逻辑起点,本研究紧密结合现代教育教学理论的新思想、新理念、新观点,积极借鉴中西方相关领域专家与学者关于实践智慧与教师实践智慧的最新研究成果,主要采取文献研究法、问卷调查法、访谈研究法、比较分析法,归纳与总结当前高职院校思想政治教师实践智慧缺乏的主要现实表现,并比较系统地分析了高职院校思想政治教师实践智慧缺乏的主要原因。一是以拘泥经验而忽视理性探究、热衷确定而鲜于动态建构、盲目从众而缺乏自主创新为标志的教学思维方式异化;二是实践性反思无力度、教育科研重功利性、继续教育亟待改进导致的实践智慧生成动力资源匮乏;三是以传统教学体系的羁绊、教育功利主义的盛行、教师职业幸福感的缺失为代表的传统教学障碍;四是现代西方技术文化的负面影响、教师管理制度人文关怀的缺失、高职院校思想政治教师评价制度的落后导致的优良文化环境缺失。在比较详尽解析高职院校思想政治教师实践智慧缺乏的现实表现及主要原因的基础上,本研究比较深入地总结了高职院校思想政治教师实践智慧的生成机制,主要包括通过奠定学科理论素养、丰富实践性知识、提升教师职业道德构建高职院校思想政治教师实践智慧的生成素养培育机制,通过锤炼课堂教学艺术、追求个性教学风格、培育健全教育机智构建高职院校思想政治教师实践智慧生成路径拓展机制,通过加强科学研究创新、改进教育对话合作、深入教学实践反思构建高职院校思想政治教师实践智慧的生成动力整合机制,通过完善教师评价制度、改革教师教育制度、优化校园文化环境构建高职院校思想政治教师实践智慧生成环境保障机制。并以此为依据,有针对性地具体阐释新时期培育与提升高职院校思想政治教师实践智慧的基本策略,即深入领会新课标的精神实质、整合与优化学科知识结构、积极开发与利用政治课程资源以夯实其实践智慧的理论基础,通过加强与改进教师实践反思、培育与提升教学研究素养、构建与完善教师对话机制以激活高职院校思想政治教师实践智慧的生成动力,通过培育关系性思维方式、运用探究式教学方法、构建生活化教学情境、锤炼高超教学艺术以培育其实践智慧的主要载体,通过建设重人文关怀的物质与管理文化、追求高尚人生境界的精神文化、科学评价教师素养的制度文化以构建彰显人文关怀的文化环境。通过以上探讨为新时期高职院校思想政治教师实践智慧研究的科学性与全面性、开拓性与前瞻性提供具有建设性的、可操作性的建议和意见。

通过本研究,能够使思想政治学科教学论有关教师教学理念、教学方法、教学艺术、教学研究、实践反思、教学环境等研究内容得到进一步丰富和发展;能够为教师实现思想政治新课标的价值诉求提供重要的理论支撑；能够从哲学、教育学、心理学、社会学、文化学等多学科的视角拓展关于高职院校思想政治教师、思想政治教学和思想政治教育的研究视野。通过本研究，能够为新时期通过实践智慧的培育与提升推进高职院校思想政治教师自我素质完善与自我生命提升提供具有操作性的意见和建议；能够对推进新形势下的思想政治教学改革要求做出积极回应；能够促进高职院校思想政治教师专业化发展的质量与水平不断提高。总之，高职院校思想政治教师只有将"做中学"与"学中做"有机统一起来，才能不断转识成智。高职院校思想政治教师要在新时期教育教学实践的探索与发现中不断改变传统教育教学实践的工具理性趋向和技术化品质，使思想政治教育教学理论真正内化为自我生命意义生成与价值实现的丰富实践，突破传统教学思维方式与行动惯性的束缚，转变自己的思想政治教育教学实践行为方式，提升自身实践智慧的价值品质。

目 录
CONTENTS

第一章 导 论

2015 年 1 月 19 日,中共中央办公厅、国务院办公厅印发《关于进一步加强和改进新形势下高校宣传思想工作的意见》(以下简称《意见》)。《意见》强调指出:"意识形态工作是党和国家一项极端重要的工作,高校作为意识形态工作前沿阵地,肩负着学习研究宣传马克思主义,培育和弘扬社会主义核心价值观,为实现中华民族伟大复兴的中国梦提供人才保障和智力支持的重要任务。"《意见》还强调,加强和改进新形势下高校宣传思想工作要"高举中国特色社会主义伟大旗帜,以马克思列宁主义、毛泽东思想、邓小平理论、'三个代表'重要思想、科学发展观为指导,深入贯彻落实党的十八大和十八届二中、三中全会精神,深入贯彻落实习近平总书记系列重要讲话精神,全面贯彻党的教育方针,强化政治意识、责任意识、阵地意识和底线意识,以立德树人为根本任务,以深入推进中国特色社会主义理论体系进教材进课堂进头脑为主线,以提高教师队伍思想政治素质和育人能力为基础,以加强高校网络等阵地建设为重点,积极培育和践行社会主义核心价值观,不断坚定广大师生中国特色社会主义道路自信、理论自信、制度自信,培养德智体美全面发展的社会主义建设者和接班人"。为此,《意见》中明确指出:"要大力提高高校教师队伍思想政治素质。强调要着力加强教师思想政治工作,坚持不懈用中国特色社会主义理论体系武装教师头脑,进一步健全教师政治理论学习制度……深入推进哲学社会科学教学科研骨干和思想政治理论课骨干教师研修工作,建立中青年教师社会实践和校外挂职制度。"[1]

事实上,新形势下无论是加强与改进高校宣传思想工作,还是深化高校思想政治理论课教育教学,高校思想政治教师都是生力军。而对于高职院校而言,思想政治教师既是学校宣传思想工作的组织者,也是学校思想政治理论课教学的践行者,

---

[1] 中办国办印发高校宣传思想工作意见提出五项任务.人民网 http://politics.people.com.cn/n/2015/0119/c1001-26412097.html.

这在客观上要求高职院校思想政治教师既要具备丰富的理论智慧,也要拥有深厚的实践智慧。因为只有政治立场坚定、专业知识扎实、理论素养深厚、教学技艺精湛、实践经验丰富的思想政治教师,才能进一步增强学生对中国特色社会主义的理论认同、政治认同、情感认同,不断激发学生投身改革开放事业的巨大热情,凝心聚力共筑中国梦;才能促进学生将社会主义核心价值观内化于心、外化于行,成为全体师生的价值追求和自觉行动;才能牢牢掌握高校意识形态工作领导权、话语权,不断巩固马克思主义指导地位;才能不断推动文化传承创新,培育和弘扬大学精神,把高校建设成为精神文明建设示范区和辐射源;才能增强大学生社会责任感、创新精神和实践能力,全面落实立德树人根本任务,努力办好人民满意的高等职业教育。

由此可见,加强高职院校思想政治教师队伍建设既是深化高等职业教育教学改革的客观需要,也是改进高职院校宣传思想工作的必然要求。因此,本研究将"高职院校思想政治教师实践智慧"作为对象,将对新形势下高职院校思想政治教师实践智慧的科学内涵、存在问题及原因、生成机制与构建策略进行深入的理论探索与实践探索。

一、研究依据

(一)智慧教育对教师实践智慧的客观需要

知识经济的发展和科教兴国战略的实施,客观上要求新时期的教育不能只专注于知识的传递与能力的培养,而应更关注智慧的教育,关注对学生智慧的开发与启迪,培养有智慧的中国特色社会主义事业的建设者与接班人,使其日益成长为追求科学知识、追求人生智慧、追求自我价值与社会价值良性互动的独特生命个体。智慧教育发展客观上需要智慧型教师,因为只有智慧型教师才能通过智慧教育开发与启迪学生的智慧,培养出既有理论智慧又有实践智慧的学生。正是这个意义,新时期的高职院校思想政治教师既需要具备丰富的理论智慧,又需要具备深厚的实践智慧。事实上,由于高职院校思想政治教育教学极具实践性,因此,在具体的高职院校思想政治教育教学之中,"真正的实践者需要具备实践智慧,需要突破理论原则的普遍性约束,在充满不确定性的教育教学情境中,教师如果要成为区别于'教学技术员'或'半技术工人'的真正实践者,就必须具备实践智慧,必须考虑如何与学生在不确定的情境中不断际遇而做出适当的教育判断与决策,从而展开有效的教育教学。"①因此,实践智慧也成为新时期高职院校思想政治教师人生智慧的重要组成部分。在具体的教育教学实践中,思想政治教师既是当前高职院校思想政治教育教学创新与发展的主要载体,又是关键环节。然而,由于长期受到传统教育的消极影响,我国高职院校思想政治教育教学话语系统中更多的是知识掌握的准确性、分数的多少、优秀率的高低等语言符号,教师成了知识的搬运工,学生成了知识与分数的奴役,课堂成了知识传递的"流水线"。这种秉承"知识本位"的教育价值取向和重知性传递的教育模式,使得高职院校思想政治教师实践智慧渐趋淡薄,原有的实践智慧也被惯性的教育生存方式与传统的教学模式逐渐消解,从而导致高职院校思想政治教师实践智慧的整体性缺失。

近年来,伴随我国高等教育,特别是高职教育改革的不断推进,客观上需要高职院校思想政治教育教学价值观实现从追求知识传递与技能传授向提升人文素养和崇尚智慧教育的根本性转变,以培养更多有理想、有道德、有文化、有知识、有智慧的创新人才。这一新时期教育教学战略目标的实现呼唤智慧型教师,呼唤智慧型高职院校思想政治教师的不断出现,需要不断培育与提升高职院校思想政治教师实践智慧,并使来源于教育教学实践中的实践智慧还之于新的、更丰富的高职院校思想政治教育教学实践之中,从而为培育与造就有智慧的大学生和推进智慧教育提供取之不尽用之不竭的动力资源。

(二)高职院校思想政治教师专业发展的必然趋势

伴随知识经济时代的到来和终身教育理念的推崇,教师专业发展问题日益成为我国新时期教育教学改革的热点问题。从某种程度上说,教育与教学在本质上是一种"学术的专业",是"一种复杂的智慧性工作"。事实上,一般意义上的教师与专家型教师的根本区别主要体现在对具体教育教学情景中问题(尤其是突发事件与其他不确定因素)的积极应对、科学处理和有效把握上,即我们这里所要论及的实践智慧。实践智慧是教师专业发展的最高境界,高职院校思想政治教师专业发展也必然要由重知识与能力转变为重实践智慧生成与发展。回归实践视野的高职院校思想政治教师专业发展,把教师实践智慧置于高职院校思想政治教师专业发展的核心地位,也使实教师践智慧日益成为高职院校思想政治教师专业发展的必然趋势。教师实践智慧将增强高职院校思想政治教师专业发展的自主性。在传统教育教学体制和话语体系中,高职院校思想政治教师通常被视为高职院校思想政

---

① 杨燕燕.培养实践智慧的教师职前实践教学——以加拿大卡尔加里大学为例[J].全球教育展望,2012(4):39.

治教育教学理论与知识生产线的主要载体而被物化为"教育教学流水线"上的实际"操作者"或"搬运工"。这就使高职院校思想政治教师个体在高职院校思想政治教育教学的理论构建与实践整合两个领域中都失去了话语权和主动权。而要真正意义上实现高职院校思想政治教师专业发展就必然要推动高职院校思想政治教师与高职院校思想政治教育教学理论之间的关系发生根本性变化。因为,高职院校思想政治教育教学实践不仅是高职院校思想政治教育教学理论的证明和应用,也不仅是思想政治专业领域内的技术性劳动,同时还是具有思想政治专业特质的批判性和创造性劳动。这种批判性与创造性劳动客观上要求高职院校思想政治教师不但要创新高职院校思想政治教育教学情境,而且要不断培育与生成高职院校思想政治教师实践智慧。因此,高职院校思想政治教师专业发展在本质上正是高职院校思想政治教师个体自我提升和主动创造的过程,是高职院校思想政治教师在教育教学实践中促进其实践智慧不断丰富与发展的动态过程。教师实践智慧能够为高职院校思想政治教师专业发展构建新的平台——教育教学实践。以往的高职院校思想政治教师教育更注重于建构高职院校思想政治教师理想愿景和概念体系,这就使高职院校思想政治教师专业发展失去了坚实的实践基础和有力的物质保障。事实上,高职院校思想政治教师专业发展不是一个抽象的理论体系,而是高职院校思想政治教师个体富有实现生命价值、坚定崇高理想与提升人生境界的动态生成过程,这个过程既要回归于丰富的高职院校思想政治教育教学实践,又要在具体的教育教学实践中不断整合与优化。因此,高职院校思想政治教师发展的出发点与落脚点都是丰富多彩而常讲常新的高职院校思想政治教育教学实践,高职院校思想政治教师专业发展的根本价值诉求并不在于培养与造就学富五车的思想政治理论工作者,而是要培养与造就既有丰富理论智慧又有高超实践智慧的高职院校思想政治教育教学专家。当前的思想政治教育在尊重学生生命与提升学生生命时,往往忽略了高职院校思想政治教师的生命也应得到应有的尊重。高职院校思想政治教师的教育教学实践和自我生命价值的尊重与提升是紧密联系的。因此,对于高职院校思想政治教师而言,高职院校思想政治教育教学不仅仅是一份工作、一种职业、一项事业,更是一种生命价值得到尊重与实现的过程,一种丰富和完善生命体验的过程,一种不断提升生命品质和生命境界的过程。而在这一过程中,只有不断推进高职院校思想政治教师实践智慧生成与发展才能真正实现高职院校思想政治教师专业发展回归到对高职院校思想政治教师生命尊重与生命价值提升,才能真正实现高职院校思想政治教师专业发展与高职院校思想政治教师生命感悟融为一体,才能在提高教学技艺与职业素养的基础上不断实现和提升高职院校思想政治教师职业幸福和人生境界。

事实上,新时期教师专业发展要求高职院校思想政治教师在具体的教育教学实践过程中要不断感悟、反思和超越自我,在长期的历练中不断生成、丰富与发展自身实践智慧。高职院校思想政治教师实践智慧生成与发展离不开具体的、真实的、复杂的高职院校思想政治教育教学实践活动,思想政治课堂教学、实践反思与科学研究是其教育教学实践的主要场域与基本内容。因此,关注思想政治课堂教学、实践反思与科学研究中的教师实践智慧生成与发展就成为探讨高职院校思想政治教师专业化发展的必然趋势。

(三)高职院校思想政治理论课教学改革的客观要求

新形势下的高职院校思想政治理论课教学要从根本上改变以学科体系为中心来规定思想政治理论课教学内容的传统教学大纲形式,而采用更为科学的方式方法,对思想政治课程的基本规范和质量要求做明确指导,对常规的高职院校思想政治教育教学工作不再做具体规定。这就给新形势下高职院校思想政治理论课教育教学提供了广阔的实践领域,给高职院校思想政治教师提供了创新的良好平台。与此同时,这也给新时期的高职院校思想政治教师教育教学观念和教育教学实践带来了诸多新的考验与新的挑战。如果说,思想政治理论课的教学大纲是理想愿景,那么高职院校思想政治教育教学就是实践场域,高职院校思想政治教育教学理论是具体而明确的,而高职院校思想政治教育教学实践却是复杂而变化的。新形势下高职院校思想政治教育教学具有鲜明的灵活性与变通性,课堂教学具有生活情境性与动态生成性,这在客观上需要高职院校思想政治教师对构建"生命化"课堂要有理论智慧的保障与支撑和实践智慧的创造与整合。事实上,高职院校思想政治教育教学的科学理念与实施纲要都需要教师充满智慧的理论内化与实践外化,高职院校思想政治教育教学科学而有效地实施更需要教师实践智慧的不断生成与持续发展。新形势下高职院校思想政治教育教学的贯彻实施也在客观上要求高职院校思想政治教师实现其自身角色的有效融合。高职院校思想政治教师一要成为课堂教学的促进者,因为只有富有实践智慧的高职院校思想政治教师才能够科学规划课堂教学过程,才能够构建课堂教学生活化情境,以及有效实现课堂教学中的师生、生生良性互动,以充分达成思想政治课程的知识、技能与情感、态度、价值观"三位一体"的教育教学目标;二要成为学生成长的引导者,实践证明,只有具备丰富实践智慧的高职院校思想政治教师才能更加尊重学生生命,更加包容学生个体差异,从而实现对学生由"被动接受——主动完成——自觉成长"的积极引导过程;三要成为学生发展的评价者,只有具备丰富实践智慧的高职院校思想政治教师才能实现对学生学科知识识记、理解情况的科学测评,才能全面、具体、真实地记录学生知识习得、情感成熟、心理成长的过程,从而实现对学生身心健康发展的科学、有效的评价;四要成为终身学习的践行者,高职院校思想政治教师成为终身学习践行者的过程,是自我学习、向专家学习、与同事合作学习、向学生学习、向所有具有更高超实践智慧者学习的实践过程,只有这样,才能实现"学真知、求真理、做真人"的人生目标;五要成为教学行动的研究者,高职院校思想政治教师要以关系性思维、开放式思维、动态性思维不断促进思维方式变革,以加强与改进实践反思、培育与提升科研能力、构建与完善教师对话机制,不断健全其教育教学科研素养,从而真正地实现经由研究自己而不断推动其教师专业成长、思想政治理论课改革目标落实与思想政治教学实践创新。在高职院校思想政治理论课教学改革不断深化的背景下,上述角色的融合客观上都要求高职院校思想政治教师不断培育与提升自身实践智慧,以适应新的、更丰富的、更复杂的高职院校思想政治教育教学实践。因此,伴随新形势下高职院校思想政治理论课改革的不断深化与创新,客观上要求高职院校思想政治教师能够科学而有效地将自身教育教学实践经验与反思、教育教学理性与情感、教师角色定位与融合进行有机统一与科学提升,所有这些都需要高职院校思想政治教师具备丰富而深厚的实践智慧。

二、国内外研究现状

(一)智慧

1. 西方文化视域下的"智慧"

(1)"智慧"的词源。在西方文化传统中,智慧(sophia)一词来源于伊雄语,而"sophia"本身又来自"光明"(phoos)。据此,古希腊著名的哲学家赫拉克里特认为,"干燥的光辉是最智慧、最高贵的灵慧"[①]。赫拉克里特又从"光的本源性"出发,进一步解释道:"如果不听我,而听从这个逻格斯,就会说万物是一,就是智慧。"[②]依据赫拉克里特这一解释,他是在说明是逻格斯使"万物归一",得"一"即为"智慧"。"智慧"一词的另一词源来自女诗神缪斯(Muses),荷马据依此来源将"智慧"解读为"关于善与恶的知识"[③]。在基督教的经典教义中,智慧被视为"神所启

---

① 北京大学哲学系外国哲学史教研室.西方哲学原著选读[M].北京:商务印书馆,1981:25.

② 苗力田.古希腊哲学[M].北京:中国人民大学出版社,1989:38.

③ 维柯.新科学[M].北京:商务印书馆,1959:173.

示的关于永恒事情的科学"①。其实，无论是西方文化传统中的"光"，还是女诗神缪斯，抑或后来基督教经典教义的解读，都赋予智慧以神圣意味与神秘的色彩。

（2）"智慧"的语言学释义。《牛津高阶英汉双解词典》中将"智慧"解释为："（在做决定或判断时表现出的）经验和知识；正确的判断，明智，常识。"②《远东英汉大辞典》中把"智慧"界定为："睿智；明智的行为，明智的言语；知识，学识。"③《英汉辞海》中的"智慧"主要是指："积累的见闻、哲学或科学的学问学识，积累的专门知识或本能的适应；学识的明智运用，识别内部性质和主要关系的能力；判断力；心智健全。"④《韦氏大词典》又把"智慧"解释成"是个体以知识、经验、理解力等为基础，正确判断并采取最佳行动的能力"⑤。而《21世纪大英汉词典》则认为"智慧"是指"聪颖、明智；知识、学问；（先哲的）格言、名言、教训；明智的行为、明智的打算"⑥。

（3）西方思想家对"智慧"的理解。苏格拉底认为，寻求事物生成的终极原因，不应该求诸外，而应求诸内，求诸人的心灵和思想。因为，宇宙的目的和规则乃是对善的追求。因此，他强调指出"在自我认识中，探索、寻找永恒真理，寻找最高的善——智慧"，他把"知识与道德等同起来"，并明确指出"智慧的人必然是有美德的人"。他特别主张，当时的城邦要通过教育使更多的人"通过认识自己获得知识，最终成为有智慧、有完善道德的人"⑦。柏拉图则认为"智慧是非常黑暗的，并且看上去不像是天生的；其意义是指触及事物的运动。"⑧西方哲学史上，明确给智慧定义内涵的当属亚里士多德，他认为"智慧由普遍认识产生"，"智慧就是有关某些原理与原因的知识"⑨。他还从广义上把智慧界定为"用之于一切最高完满的德性，最娴熟的技术、最精确的科学都称之为智慧"⑩。到了近代，英国的著名思想家、哲学家洛克认为智慧是"使得一个人能干并有远见，能很好地处理他的事务，并对事

① 维柯.新科学[M].北京：商务印书馆，1959：173.

② 吐霍恩比.牛津高阶英汉双解词典[Z].第四版.李北达，译.北京：商务印书馆，1997：1745.

③ 梁实秋主编.远东英汉大辞典[Z].台北：远东图书公司，1977：2436.

④ 王同亿.英汉辞海[Z].北京：国防工业出版社，1988：6048.

⑤ Webster's New World Dictionary (3rd ed.)[Z]. New York：Simon&Schuster，1997：1533.

⑥ 李华驹.21世纪大英汉词典[Z].北京：中国人民大学出版社，2002：2378.

⑦ 王天一，夏之莲，朱美玉.外国教育史（上册）[M].北京：北京师范大学出版社，1993：39-43.

⑧ 俞宣孟.本体论研究[M].上海：上海人民出版社，1999：15.

⑨ ［古希腊］亚里士多德.形而上学[M].吴寿彭，译.北京：商务印书馆，1959：2-3.

⑩ ［古希腊］亚里士多德.尼各马科伦理学[M].北京：中国社会科学出版社，1999：128.

务专心致志。这是一种善良的天性、心灵的努力和经验结合的产物"①。罗素则把智慧解释为一种能力,且"主要是指人的求知好奇心和求知的能力"②。怀特海则强调:"智慧是掌握知识的方式。它涉及知识的处理,确定有关问题时知识的选择,以及运用知识使我们的直觉经验更有价值。这种对知识的掌握便是智慧,是可以获得的最本质的自由。"③美国的著名教育家杜威则认为"智慧与知识不同",在他看来,"智慧是应用已知的去明智地指导人生事务之能力"④。

2. 中国文化视域下的"智慧"

(1)"智慧"的语言学释义。在《辞源》中,"智慧"主要是指:"聪明,才智;佛教指破除迷惑证实真理的能力,梵语'波若'之意译,有彻悟意。"⑤在《汉语大词典(普及本)》中"智慧"被解释为:"聪明才智;梵语'波若'之意译。"⑥而《新华词典》的解释是:"聪明才智;智力。"⑦在《辞海》中,"智"的主要意思为:"聪明;智慧;通'知',知道。""慧"的主要意思为:"智慧、聪明;狡黠。"而"智慧"的主要意思为:"对事物能认识、辨析、判断处理和发明创造的能力;犹言才智,智谋;译自梵语,见'波若'。"⑧在《现代汉语词典》,"智慧"又被解释成:"辨析判断,创造发明的能力。"⑨

(2)古代社会对"智慧"的阐释。在中国古代社会文化传统中,"智慧"并没有西方社会宗教文化传统中的神秘色彩,更多的是与人聪明、机灵、通融等相关。中国古代文化经典《论语》中孔子常与其弟子探讨有关"智""仁""爱"的问题,其中对"智"(即我们今天所言之"智慧")的五个维度进行了全面、系统、深入的分析:认为"智"是一种自我认识的态度,所谓"知之为知之,不知为不知,是知(智)也";一种对他人的识别能力,如"樊迟问仁,子曰:爱人?问知,子曰:知人";一种认识状态("仁者不忧,知者不惑,勇者不惧");一种思维活动的敏捷性、流畅性和灵活性("智者乐水,仁者乐山。智者动,仁者静,智者乐,仁者寿");一种融会贯通学习迁移的能力

① [英]洛克.教育漫话[M].傅任敢,译.北京:教育科学出版社,1999:117.

② [英]罗素.教育与美好生活[M].杨汉麟,译.石家庄:河北人民出版社,1999:39-40.

③ [英]怀特海.教育的目的[M].徐汝舟,译.上海:生活·读书·新知三联书店,2002:52.

④ [美]杜威.人的问题[M].傅统先,等译.上海:上海人民出版社,1965:4.

⑤ 商务印书馆编辑部,广东、广西、湖南、河南辞源修订组.辞源[Z].北京:商务印书馆,1988:780.

⑥ 汉语大词典编委会.汉语大词典(普及本)[Z].北京:汉语大词典出版社,2000:1620.

⑦ 商务印书馆辞书研究中心.新华词典(修订)[Z].北京:商务印书馆,2001:1271.

⑧ 辞海编辑委员会.辞海[Z].上海:上海辞书出版社,2002:2202.

⑨ 中国社会科学院语言研究所词典编辑室.现代汉语词典[Z].北京:商务印书馆,2002:1625.

（称赞颜回"闻一知十"）。①

（3）当代专家学者对"智慧"的解读。冯契明确指出："智慧就是合乎人性的自由发展的真理性的认识。"②靖国平则认为："智慧是人们运用知识、经验、能力、技巧等解决实际问题和困难的本领。"③孙俊三进一步指出："智慧的实质是在内外部因素相互作用的条件下，多种综合素质经过恰当的整合，突出的一种新质。"④田慧生则对"智慧"做了比较系统阐释，认为智慧是"在知识、经验习得的基础上，在知性、理性、情感、实践等多个层面上生发，在教育过程和人生历练中形成的应对社会、自然和人生的一种综合能力系统。……是每个个体安身立命、直面生活的一种品质、状态和境界。"⑤钱学森先生也强调："智慧并不仅仅是知识，有丰富的知识是必要的。但是，不是有了知识就自然而然地有了智慧，这里还有运用的问题。"⑥韩大林则主张："智慧表达了人生的一种境界，是人对世界和人生的真理性认识……是人追求真善美和美好幸福生活的生存方式。智慧的性格是探索和创造，智慧的理想是超越和自由。"⑦万森强调："智慧是人类对世界与人生博大深刻的理解，是生命发展的理性力量，是人对认识和把握世界的各种方式进行批判的反思和意义性引导，它包括对宇宙的无限理解，又关乎人的生活整体和生命境界。"⑧裴跃进指出："智慧是指个体在一定背景下所具有的洞察、领悟和判断事物的一种成熟完善的心智思维品质。"⑨卢芳强调："智慧是真善美的统一，是人们在实践中对人生的体验和理解，是对自身生命价值的超越。智慧在实践中表现为一种实践性、探索性、创造性的活动。"⑩王兆坤也认为："智慧表达了人追求真、善、美的最高境界，表现为在复杂的生活情景中所展现出来的综合能力系统，即深邃的洞察力、机敏的反

---

① 詹丽峰.多元智力理论中隐含的"智蕴"观——中国古代科力观和多元智力理论的比较[J].韩山师范学院学学报,2005(10):23.

② 冯契.人的自由和真善美[M].上海：华东师范大学出版社,1996:161.

③ 靖国平.论教育的知识性格和智慧性格[J].教育理论与实践,2003(10):2.

④ 孙俊三.教育机会的把握与教育智慧的生成——兼论综合实践活动教学的教学艺术[J].教育研究与实验,2004,(1):67-70.

⑤ 田慧生.时代呼唤教育智慧及智慧型教师[J].教育研究,2005,(2):50-57.

⑥ 陈华新.集大成谈智慧——钱学森谈智慧[M].上海：上海交通大学出版社,2007:67.

⑦ 韩大林,刘文霞.教师教育智慧的含义与基本要素[J].内蒙古师范大学学报（教育科学版）,2007(4):70-73.

⑧ 万森.试论生命教育视角下的现代教师素质[J].河南工业大学学报（社会科学版）,2007(9):79-81.

⑨ 裴跃进.教师教育智慧内涵构成初探[J].中小学教师培训,2007(8):3-6.

⑩ 卢芳.教育智慧生成机制探究[D].曲阜：曲阜师范大学,2008.

应力、正确的判断力、明智的选择力、机智的应对力、睿智的创造力等,是人把握世界和完善生命的生存方式。"①

从比较分析视角来看,我们不难发现,智慧在中西方的文化传统中都具有丰富而深刻的内涵,涉及人的理论与实践、情感与理性、理想与价值、信仰与境界等诸多领域与多维视界。基于以上古今中外关于智慧的词源探究、语言学释义、专业性分析,笔者认为,所谓智慧,是个体在一定的社会文化心理背景下,以完备的知识结构、丰富的人生体验和深厚的文化底蕴为基础,直面人生、自然、社会复杂场景与多变格局,积极、主动、灵活追求真善美,在实现个体与自然、社会良性互动的过程中,稳定、持续地展现出来的一种能够彰显其独特思维方式、精致生活品位、高尚人生境界的综合素养与优质品性。日常生活中智慧更多地表现为思维创新、判断精准、选择明智、行动敏锐、虚怀若谷、追求卓越、崇尚真理。

(二) 西方学者对实践智慧与教师实践智慧的探讨

1. 实践智慧的哲学探源

实践智慧(phronesis),源于希腊文 phronein(to think),意指一种实践的知识或明智考虑的能力,或者说在确定目标及达到目标的手段中的智慧。在西方教育思想的发展史上,从苏格拉底(Socrates)(公元前 469—前 399)到夸美纽斯(Johann Amos Comenius)(1592—1670),从赫尔巴特(Herbart)(1776—1841)到杜威(John Dewey)(1859—1952)无不在探索着教育智慧的奥妙。但首次明确提出实践智慧概念并对其内涵和特征进行详细阐述的是亚里士多德(Aristotle)。实践智慧是亚里士多德(公元前 384—前 322)伦理学中的核心概念。他在《尼各马科伦理学》第六卷第五章中对实践智慧进行了详尽的讨论。在亚里士多德看来,人类活动可划分为理论、实践和创制三种基本方式,人类也有与之匹配的三种品质和能力,即理论智慧、实践智慧和技艺。实践智慧既不是要制造出别的事物,也不是执着于永恒不变的东西,它以可变事物为对象,"具有明智的人就是善于正确考虑的人,谁也不会去考虑那些不可改变的事物或他无能力去做的事物"②。亚里士多德还在《尼各马科伦理学》中讨论了实践智慧的特征:其所研讨的对象是可改变的事物;实践智慧的本质是一种不同于生产或制作的践行;实践智慧的践行本身就是目的,也就是使人趋善避恶;实践智慧考虑的乃是对人的整个生活有益的事;实践智慧不只是对

---

① 王兆坤.教学智慧及其养成研究[D].重庆:重庆师范大学,2009 - 16.

② [古希腊]亚里士多德著.尼各马科伦理学[M].苗力田,译.北京:中国社会科学出版社,1990:123.

普遍事物的知识,而更重要的是对特殊事物的知识,并且经验在其中起了重要作用。① 康德的实践概念仍然坚持实践和制作二分法,即把实践分为"道德的实践"和"技术的实践"。康德所谓的实践智慧就是实践理性,涉的领域仍然局限于道德和政治领域,更多地指向普遍的道德律令——人的善良意志。② 现代西方不少学者对实践智慧进行了比较深入的研究,并对实践智慧提出了不同的看法和观点。以奥迪(R. Audi)为代表的研究者们强调,实践智慧是"真实的、伴随着理性的能力状态",认为实践智慧就是追求合理性。深思熟虑和给出理由是其中两大关键。显现在深思熟虑中的是,从最初的欲望到最后的决定再到行动这一推理链,奥迪把这个推理链称为"目的链",它和"我们所有的行动与最后的目的一致"。给出理由意味着对深思熟虑的评价要有"逻辑的、辩证的、推断的和认识的标准",而且运用这些标准时,"必须既运用演绎的,又运用归纳的……以判断前提和结论的正确或错误"。③ 以里弗(Reeve)为代表的研究者们强调"采取行动",认为实践智慧就是对情景的感知、辨别与顿悟。"为了确定自己处于何种环境,实际采取的是何种行动","拥有实践智慧的人就必须具备实践感知"。邓恩(Dunne)等强调"对人类有益或有害的事情",强调实践智慧的道德品性。他们认为,实践智慧"表征了那些知道怎样生活得更好的人",是一种走向"善"的行动倾向,具有技术倾向所缺乏的道德意识,而且"实践智慧和道德品性是一种互惠关系"。④ 杜威将能够深思熟虑的人看成是最有实践智慧的人。伽达默尔是在论述实践智慧和技术的区别中来认识实践智慧的,实践智慧拥有者有深度的专业知识,能把其存在扩展到所有的情境和关系中。伯恩斯坦则主张实践智慧是一种与选择相关的并且包含故意行为的一种理性活动形式,在形成判断时并没有明确的技术规划,通过这种规则,特殊的东西可以直接包摄在一般和普遍的东西之下,需要的是对普遍的东西作出适合于这一特定情境的阐释和具体化。⑤ 马克思主义哲学对"实践智慧"的阐释超越了传统哲学对"实践智慧"的范畴,实现了走向现实生活世界。这主要取决于"马克思首先在现实生活世界中恢复了实践智慧的伦理维度,即实践智慧作为属人的哲学,首先要

---

① 洪汉鼎.论实践智慧[J].北京社会科学,1997(3):5-6.

② 杨道宇.走向实践智慧的课程目的——实践哲学视野下的教育目的观[J].教育理论与实践 2012(25):52-56.

③ [美]Audi R. Practical Reasoning [M]. London:Routledge,1989:33,189.

④ 邓友超,李小红.论教师实践智慧[J].教育研究,2003(3):32-36.

⑤ [美]伯恩斯坦.超越客观主义和相对主义[M].郭小平,等译.北京:光明日报出版社,1992:66.

解答的就是人的存在价值和意义问题"①。在此基础上,从两人"向度"上对"实践智慧"进行了深入的解读:"一是现实向度,即实践智慧首先应指向现实生活世界,在此意义上,技术的实践在现实生活世界中应发挥主导作用,'科学技术是第一生产力',技术的实践促进了物质财富的增长,这是人类获得幸福的最基本保障。但实践智慧并不能仅停留在技术的实践之中,而要超越技术的实践的'单向度'性,这就是实践智慧的第二个向度,即理论批判向度……正是这两个向度规定了实践智慧既指向现实又超越现实的性质。"

2. 教育学视域下的实践智慧

美国心理学家斯腾伯格(Robert J. Sternberg)提出了成功智力理论,认为成功智力包括分析性智力、创造性智力和实践性智力三个关键方面。成功是通过分析、创造和实践三方面智力的平衡获得的,其中分析性智力是进行分析、评价、判断或比较和对照的能力,也是传统智力测验测量的能力;创造性智力是面对新任务、新情境产生新观念的能力;实践性智力是把经验应用于适应、塑造和选择环境的能力。"只有在分析、创造和实践能力三方面协调、平衡时才最有效,知道什么时候、以何种方式来运用成功智力的三个方面,比仅仅是具有这三方面的素质来得更为重要。"②他所强调的"知道何时、以何方式运用",指的就是实践中的教学机智。当前,关于教学机智的权威论述非马克斯·范梅南(Max van Manen)莫属。他在著作《教学机智——教育智慧的意蕴》中明确指出:智慧教育学不是关于教育的行为准则、技术或方法,它是指向实践的,是以"道德"和"向善"为原则的规范性活动。他引用荷兰语"Menses-kermis",即理解人的行为和心理活动的智慧,指出智慧教育学的核心就是理解儿童或青年人。教育学的智慧不在于思考"教育是什么",而是探寻教育能给予儿童什么,能为儿童的成长和发展做些什么。基于这样的思考,范梅南提出:教育学的智慧来自于教育生活经验和对教育对象(儿童)生活世界的体验,智慧教育学不是抽象笼统的理论性知识,而是聚焦于教育生活,指向于儿童生存和发展的实践知识,并在具体的教育情境中,探求如何更好地利用教育机制使教育对儿童更有意义和价值。③

20世纪60年代末,随着布鲁纳(J. Bruner)的课程改革的失败,许多学者开始对这场课程改革运动进行反思,施瓦布(J. Schwab)就是其中之一。施瓦布反对将

---

① 陆杰荣,牛小侠.实践智慧演进逻辑的当代审视[J].河北学刊,2013(1):37.

② 曹正善.从斯滕伯格的成功智力理论看教育智慧的结构[J].当代教育论坛,2008(1):120-122.

③ 王娜娜.试探范梅南的智慧教育学思想[J].现代教育科学,2007(6):10-12.

教育理论简单地应用到教育实践中,强调教师在教育实践中的慎思,认为脱离教育实践,脱离教师的课程开发范式是不恰当的。当代国外对教师实践知识(实践智慧)研究的著名学者舒尔曼(L. S. Shulman)和艾尔贝茨(F. Elbaz)等人都以施瓦布的研究为基础,施瓦布被普遍认为是当代实践性课程理论的创立者。"但是施瓦布特别强调教师慎思的理智层面,将教学表述为一种反思性的做出决定的复杂过程,忽视了教学实践的伦理层面。"①加拿大学者康奈利(M. Connenly)和柯兰蒂宁(D. J. Clnadinin)在"教师个人实践知识"的研究方面取得了富有创造性的成就,提出通过自传、日记以及教师的个人叙事等自我反思的方法促进教师个人实践知识的生成,康奈利和柯兰蒂宁重视对教师的个人经验的反思。当然,他们也提及教师需要与他人合作来反思自己的经验传统。总之,康奈利和柯兰蒂宁研究的目的就是揭示教师的经验传统所蕴含的巨大力量和潜在意义。美国学者舍恩(Schon)提出了"反思性实践者"的概念,强调个体的反思,但是与康奈利和柯兰蒂宁的观点有所不同。舍恩将反思性实践划分为"行动中的反思"和"对行动的反思",而舍恩更强调行动中的反思,强调对个体自身独特情境的深入理解。美国著名学者舒尔曼是教师合作的坚定支持者,他指出:"我们需要让教学成为'共同体的财产',通过这样做,我们就使教师的工作面向公开讨论和仔细检测,创造同行评论是非常必要的。"②日本著名学者佐藤学也探讨了合作在教师实践智慧生成中的重要性,他指出:在课堂中,教师要学会倾听学生;教师要相互开放教室,而学校应向社区开放;创建相互探究、创造、表现的教师学习共同体。而另一位美国学者艾尔贝茨指出了教师实践知识生成的五个面向,特别提到教师的实践知识要面向教育理论:"第一,知识要面向教师所遇到的实践情境(情境适应);第二,实践知识要面向自我;第三,实践知识有一个社会面向;第四,实践知识存在于特定经验的语境中,实践知识正是在这种特定的经验中被习得,实践知识面向经验,因为它反映和形成了认知者的经验;最后一个方面,自相矛盾的是实践知识要面向理论。"③事实上,她的观点非常全面地概括了教师实践知识生成的方法:面向情境就是要做到行动中的反思、反思性的实践;面向自我就是反思教师个体的经验传统;面向社会就是要面向同事、学生和社区,当然对教师而言,最重要的还是面向同事和学生;最后就是要面向

---

①　〔美〕Van Manen, M. Pedagogy, Virtue, and Narrative Identity in Teaching〔J〕. Curriculum Inquiry,1994,24(2):135 - 170.

②　〔美〕Shulman, L. S. The Wisdom of Practice:Essays on Teaching, Learning, and Learning to Teach〔M〕. Wilson,S. M. (ed.),San Francisco:Jossey-Bass,2004:453.

③　〔美〕Elbaz, F. Teacher Thinking:A Study of Practical Knowledge〔M〕. London:Croom Helm,1983.

教育理论。

（三）我国学者对教师实践智慧的研究

我国教育界对教师实践智慧已经越来越关注，也作出了一定的对教师实践智慧的相关研究，但是针对其含义、诉求及养成的系统讨论和阐述还不够充分。探析教师实践智慧的含义、诉求及养成途径对教师适应新的基础教育改革和提高自身的专业素养均有重要的意义。

1. 教师实践智慧的含义

金生鈜指出："教师实践性智慧是指教师在实践上知道怎么做的知识类型和推理形式，它不等同于任何脱离主体而存在的'客观知识'，它是教师在生活世界中知道怎样做的知识和经验。"[①]赵瑞情和范国睿认为："教师实践智慧是教师在教育教学实践中基于善的教育价值追求，对教育教学工作的规律性把握、创造性驾驭、深刻洞悉、深度思考、敏锐的感悟与反应以及灵活机智应对的综合能力。"[②]吴德芳认为："教师的实践智慧，是指在教学实践活动中形成的、有关教学整体的真理性的直觉认识。它来源于教学经验，通过对具体的教学情境和教学事件的关注和反思，将感性的、表面化的经验提升，使其内化为教师的实践能力。"[③]刘冬岩指出："教师实践智慧是指主体在具体教学实践过程中产生的，源于教学活动自身的真与善相统一的体验，它是人类生存过程中的自觉追求，是生命力与向善力的和谐统一。"[④]杨启亮认为："实践智慧是关于践行的知识，是在理论智慧的创造之后，可能是更高的智慧。实践智慧不只是对普遍事物的知识，而更重要的是对特殊事物的知识，并且经验在其中起了重要作用。"[⑤]石学斌和袁玲俊认为："实践智慧是教师在教学实践活动中生成的有关教学的机智性理解和行动能力，它不同于理性智慧，不同于实践知识，而是二者在教学实践活动中的完美结合。"[⑥]张光陆认为："教师实践智慧即教师理解，教师如何通过自我反思、理解他人，并最终理解自己，将是教师实践智慧生成的关键。"[⑦]而邓友超、李小红也指出："教师实践智慧就是指教师对教育合理

① 金生鈜.教育哲学是实践哲学［J］.教育研究,1995(1)：17－22.

② 赵瑞情,范国睿.实践智慧与教师专业发展［J］.教育导刊,2006(7)：7－9.

③ 吴德芳.论教师的实践智慧［J］.教育理论与实践,2003(4)：33－35.

④ 刘冬岩.实践智慧：一种可能的教学价值［M］.南京：南京师范大学出版社.2009.

⑤ 杨启亮.规约与释放：教学实践智慧的选择［J］.教育理论与实践,2002(11)：6－9.

⑥ 石学斌,袁玲俊.论新课程实施背景下教师教学实践智慧及其培养［J］.中小学教师培训2005(6)：14－16.

⑦ 张光陆.教师理解与教师实践智慧的生成［J］.教师教育研究,2009(4)：22－26.

性的追求,对当下教育情景的感知、辨别与顿悟以及对教育道德品性的彰显。"①张晓峰认为:"教师实践智慧是作为反思性实践者的教师在追求教育合理性的驱动下,对自己和他人的教育教学、生活经验反思性地感悟积累和基于实践背景解读相关理论而形成的有利于探究、解决教学实践问题,有利于提升教育教学质量和促进教师学生全面和谐发展且彰显道德性的一种综合才能。"②

2. 实践智慧的特征

朱丽认为,实践智慧的基本特征是"动态生成、情境性、个人性、模糊性"③;张晓峰认为,教师实践智慧的主要特征有"实践生成、机智灵活、个体默会、多元整合和道德品性"④;洪鲁鲁主张教师实践智慧的主要特征是"知识性、主体性、情感性、独特性、内因性、动态性"⑤;成晓利则认为,实践智慧的特点是"个体性、艺术性、缄默性、创造性和实践性"⑥;朱桂琴认为教师的实践智慧具有"实践性、动态生成性、内生缄默性、个体独特性、多元整合性、情境性"⑦的特征。王建社则认为,教师个人实践智慧的表现特性在"不可言传性、个体独特性、动态生成性、复杂层次性"⑧等方面;谢泽源和卢敏也指出,教学实践智慧具有"动态生成性、不可言传性、个体独特性、随机偶然性"⑨等基本特征。石学斌和袁玲俊认为:"实践智慧具有内在缄默性、动态生成性、个体独特性、行动实效性的基本特征。"⑩李启凤和缑智博指出:"教师实践智慧的特征:动态生成性和高效践行性、个体性和独一无二性、情境创造性、默会性。"⑪

---

① 邓友超,李小红.论教师实践智慧[J].教育研究,2003(9):32-36.

② 张晓峰.解读教师实践智慧的内涵及其特征[J].辽宁教育行政学院学报,2008(1):40-41.

③ 朱丽.论教师的实践智慧及其生成[D].武汉:华中师范大学,2004.

④ 张晓峰.解读教师实践智慧的内涵及其特征[J].辽宁教育行政学院学报,2008(1):40-41.

⑤ 洪鲁鲁.教师专业化视野下的教师实践智慧探究[D].芜湖:安徽师范大学.2007.

⑥ 成晓利.论教学智慧及其生成[D].济南:山东师范大学,2007.

⑦ 朱桂琴.教师的实践性格[D].武汉:华中师范大学.2009.

⑧ 王建社.教师个人实践智慧与学生发展共进问题研究[J]教学与管理,2009(18):31-32.

⑨ 谢泽源,卢敏.教师教学实践智慧及其培养策略[J].江西教育科研,2006(10):46-48.

⑩ 石学斌,袁玲俊.论新课程实施背景下教师教学实践智慧及其培养[J].中小学教师培训,2005(6):14-16.

⑪ 李启凤,缑智博.论教师的实践智慧及其生成[J].西藏教育,2010(4):18.

3. 教师实践智慧的表现

吴德芳指出:"就教学过程而言,实践智慧表现为对知识传授的超越;就教学方法而言,实践智慧表现为一种教学机智;就教师发展而言,实践智慧表现为对自我完善的不懈追求。"[①]朱丽认为:"有实践智慧的教师,善于抓住教育的时机,不拘泥于教学常规,能够将教书与育人统一。"[②]石学斌和袁玲俊指出:"教学实践智慧的主要表现在教学行为的创新;教学机智的发挥;教学风格的展示。"[③]成晓利指出:"教师实践智慧在教学内容上表现为对文本的创造性解读,在教学过程中表现为预设与生成的相得益彰,在教学方法上表现为个性特色的挥洒。"[④]郑苗苗认为:"教师实践智慧表现在教师的知、情、行三方面:知即教师有良好的教育信念,主要包括教师对教育教学的看法,对自身、对学生、对师生关系等的看法与理解;情即教师的教育情感,主要有教师对教育教学的责任感、成功感与归属感,对学生的爱与关心以及教师自己独特的美感;行即教师的教育行为,教学机智和教学艺术是教师的实践智慧在教学行为上的体现。"[⑤]张彦杰认为:"教育实践智慧主要表现为教育能力、教育机智和教育艺术。"[⑥]刘华指出,教学实践智慧首先表现在将"促进学生全面自由发展"这一教育终极价值追求落实在具体的教学目标上。

4. 教师缺乏实践智慧的原因

刘桂辉认为:"教师的自我束缚阻滞了实践智慧的生成与释放,教师的实践智慧蛰伏于教育制度的规约之中。"[⑦]宋志莲则依据博弈理论分析,认为:"在这种令人心浮气躁的市场经济背景下,教学实践智慧的丧失几成必然,这是教育管理者(学校)、教育者(教师)、受教育者(学生)三方共同博弈的直接结果。由于个人主义、相对主义、拜金主义等价值运动,个人的自由发展越来越成为私人领域事务,并被慢慢淡化、漠视。学校的教育功能正在被消解,教师的教育智慧、教学智慧也被

① 吴德芳.论教师的实践智慧[J].教育理论与实践,2003(4):34-35.
② 朱丽.论教师的实践智慧及其生成[D].武汉:华中师范大学,2004.
③ 石学斌,袁玲俊.论新课程实施背景下教师教学实践智慧及其培养[J].中小学教师培训,2005(6):14-16.
④ 成晓利.论教学智慧及其生成[D].济南:山东师范大学,2007.
⑤ 郑苗苗.论教师的实践智慧[D].成都:西南大学,2008.
⑥ 张彦杰.教师的实践智慧及生成途径[J].教学与管理,2008(35):3-5.
⑦ 刘桂辉.教师实践智慧:课堂教学的活力之源[J].黑龙江教育学院学报,2008(7):48-50.

隐没在人们对教育的功利追求的背后。"①武云英则还对新教师实践智慧缺失性原因进行了具体分析,认为:"新教师实践智慧形成的'引领'偏差;新教师教育理论与教学实践脱节;新教师实践智慧形成的'基础'不实;新教师实践智慧形成的'动力'缺乏;新教师实践智慧形成的阻力来自同行的竞争。"②

5. 教师实践智慧的生成途径

石学斌和袁玲俊认为:"教学实践智慧的培养途径:注重知识的建构过程,体现知识生成的动态性;注重课堂教学实践培训,强化教学行为的创新性;注重课堂教学实践的反思,倡导教育科研的行动性;注重课例校本研究,提升实践性知识的科学性;注重自主教学管理,追求教学秩序的人文性。"③谢泽源和卢敏明确指出了培养教师教学实践智慧的策略:"在教师培训中,注重教师个人的教育观念,强化教学行为的准备性;在课堂教学活动中,注重知识的建构;在教育科研中,注重课堂教学实践的反思,倡导教育科研的行动性过程,体现知识生成的动态性;注重自主教学管理,追求教学秩序的人文性。"④王素梅认为:"掌握有效的专业知识,提高教师的认知水平和思想素质;重视课堂教学实践培训,倡导教育科研的行动性;加强与同行的合作,实行教育智慧共享。"⑤许占权认为:"提升教师的教育实践智慧:让心中充满爱,做幸福型的教师;汲取教育理论智慧,做学习型教师;总结积累实践经验,做反思型教师;向名师及同伴学习,做合作型教师;开展案例研究,做研究型教师。"⑥席梅红对新时期加速教学实践智慧发展进行了具体设想:"一是加速'混沌与秩序'的转化,创设优化的教学情境;二是强化教学感情、教学沉浸和教学反思,采取有效的发展手段;三是对已经发生的教学实践展开研究,总结教学经验,使教学实践智慧增值。"⑦武云英还对促进新教师实践智慧形成的策略进行了探讨,认为:"学校要为新教师角色转变提供制度保障;树立正确的教育观念,完善新教师的知识结构;形成有效的教学—反思—研究的实践智慧生成机制;新教师要努力创建

① 宋志莲.教学实践智慧缺失的原因及应对策略——一个基于博弈理论的简单分析框架[J].山东师范大学学报(人文社会科学版),2010(1):132-135.

② 武云英.新教师实践智慧的缺失性研究[J].浙江教育学院学报,2010(4):78.

③ 石学斌,袁玲俊.论新课程实施背景下教师教学实践智慧及其培养[J].中小学教师培训,2005(6):14-16.

④ 谢泽源,卢敏.教师教学实践智慧及其培养策略[J].江西教育科研,2006(10):46-48.

⑤ 王素梅.教师的实践智慧及其培养途径探微[J].江苏教育学院学报(社会科学版),2006(6):14.

⑥ 许占权.提升教育实践智慧促进教师专业发展[J].教育导刊,2007(8)上:8-10.

⑦ 席梅红.教学实践智慧发展论[D]上海:华东师范大学,2009.

和谐的师生关系;新教师要加强与同行的合作,实行教育智慧共享。"①原晓慧指出了教师实践智慧的养成途径:"在课堂教学中培育教师实践智慧;在实践性反思中培养教师实践智慧;在教育科研中培养教师实践智慧。"②高原认为:"教师实践智慧的培养途径要注重知识的建构过程,体现知识生成的动态性;注重课堂教学实践培训,强化教学行为的创新;注重课堂教学实践的反思;注重提升实践性知识;注重自主教学管理,追求教学秩序的人文性。"③

6. 思想政治教师实践智慧问题研究

目前关于思想政治教师实践智慧的研究,就公开发表的研究成果而言,只有王荣华的硕士毕业论文《高中思想政治课教师实践智慧研究》。在这篇论文中作者分析了研究高中思想政治课教师实践智慧的缘由,以及研究现状和方法,指出应对时代挑战与机遇的高中思想政治教育、走进教育实践的教师研究、走向智慧的教师境界养成都要求加强高中思想政治课教师实践智慧的研究。而现今,对于高中思想政治课教师这一单独教师群体的实践智慧研究处于较为缺乏的境地。该论文还对研究内容与方法做了交代和说明,对高中思想政治课教师实践智慧进行了深入解读。首先梳理和分析了智慧和实践智慧的含义,在此基础上提出了高中思想政治课教师实践智慧的内涵;其次探讨了高中思想政治课教师实践智慧情境性、反思性、生命性这三个特征;再次阐明了高中思想政治课教师实践智慧是改进高中思想政治课教学和高中思想政治课教师自我发展的需要。另外,其阐述了高中思想政治课教师实践智慧的结构,指出了实践之真、实践之美、实践之善是高中思想政治课教师实践智慧的主要构成体系,并论证了高中思想政治课教师实践智慧的发展。首先分析了影响高中思想政治课教师实践智慧的主要因素是高中思想政治课的现状、现行的教育教学体制和教师自身的不足;其次提出了高中思想政治课教师实践智慧培育的基本思路:重视教师个人生活体验和教学实践反思、更新高中思想政治课教师教育模式、构建教师智慧成长群体——学习型组织、为高中思想政治课创造良好的课程实施环境。④

① 武云英.新教师实践智慧的缺失性研究[J].浙江教育学院学报,2010(4):78.
② 原晓慧.论教师实践智慧及其养成[J].开封教育学院学报,2010(4):65-67.
③ 高原.新手教师教学实践智慧提升之策略探究[D].济南:山东师范大学,2007.
④ 王荣华.高中思想政治课教师实践智慧研究[D].长春:东北师范大学,2009.

（四）对实践智慧、教师实践智慧和思想政治教师实践智慧研究成果的简要评述

1. 要推动教师实践智慧内涵的科学探讨

目前对于教师实践智慧内涵研究方面的不足，一是在分析与解读上呈现出差异，缺乏定论，主要表现在把教师实践智慧理解为或知识，或经验，或能力，或品质等，在理论界与学术界还没有形成一个具有普遍认可的科学内涵。二是对于与之相类似的教育智慧、教学智慧等概念并未做出严格的区分与界定，有的或等同，有的或混淆，有的或替代。其实，教师实践智慧内涵的科学化与具体化问题的解决，从根本上说还是要对"实践智慧"追根溯源，要挖掘"实践智慧"的哲学意蕴，要探讨"实践智慧"的中西方文化差异，要结合我国新时期教育教学改革的价值诉求以实现对"实践智慧"合理、有效的本土化研究，从而真正赋予"实践智慧"和教师实践智慧以中西方共有的文化价值诉求目标，赋予"实践智慧"和教师实践智慧以中国文化特有的元素，赋予"实践智慧"和教师实践智慧以时代气息与教育特质。

2. 要丰富教师实践智慧生成的实然研究

对于教师实践智慧生成或形成问题的研究，各位专家与学者主要集中于理论探讨与宏观设想方面，对于揭示教师实践智慧"应然"状态的确提出了一系列富有创造性的主张与看法。而事实上，实践智慧的生成与发展过程是工作在教育教学一线的教师对亲身教育教学实践的自我感悟、自我总结、自我反思与自我提升的过程，这一过程是真实的、具体的，同时也是复杂的、动态的。作为理论工作者，我们的教育专家、学者理应更多地走进具体的教育教学情境之中，真实而具体地深入了解教师日常教育教学实践，从而实现理论研究主体与实践操作主体的真诚对话，实现研究主体与研究客体的良性互动，尤其要进行科学、有效、具体的调查研究。因为，"没有调查就没有发言权"，有了真实的调查研究，才能够根据教师实践智慧生成与发展过程中存在的现实问题，针对其背后的深层次原因，为工作在一线的教师不断践行科学教育教学理念、不断进行深入实践反思、不断开拓科学研究视野、不断丰富教育教学经验、不断创新教育教学模式、不断提升生活质量与生命价值提供富有实效性与可操作性的意见与建议。

3. 要深入教师实践智慧价值的多维分析

多数专家与学者对教师实践智慧的价值分析集中在促进教师专业化发展上。因为，实践智慧无论是作为一种知识存在，还是作为经验外化，抑或作为能力与素质彰显,都可以理解为既是教师专业化发展重要组成部分,又是促进教师专业化发展的重要动力资源。事实上,教师实践智慧的价值还体现在更多维度上,如通过塑造教师完美形象、提高教师教学技艺、提升教师职业素养以彰显教师人格魅力;通过提升教师教育效能感、培养学生创新意识与创新思维、充分体现教育本质以实现教育教学中的师生互动;通过践行新形势下高职院校思想政治教育教学新理念以提供强劲动力、实现新形势下高职院校思想政治教育教学目标以实现改革诉求、创设生活化情境以展现改革成效,从而进一步推进新形势下高职院校思想政治教育教学改革。新形势下高职院校的教育教学过程将实现教师与学生之间有"生命"的"对话"。从本质上说"对话"是人作为"类生命"的自我完善与群体交流的一种基本范式,是人作为理性动物适应生存环境并谋求发展的一种常态,是人作为"类"追求彼此心灵相通、情感相融的一种互动过程。教师在其丰富实践智慧引领与指导下,能够在这一互动过程中不断实现教育教学科学性和艺术性的完美统一,即教学以"求真""向善""尚美"的共生共荣,从而真切地体验到学生个性张扬与智慧启迪带来的幸福和自我价值实现与自我生命提升带来的幸福。而这种幸福体验只有具备实践智慧的教师才能在具体教育教学实践中独有。

4. 要拓展教师实践智慧研究的理论视域

目前对于教师实践智慧的研究主要还是以哲学为理论基础,以教育学为理论依据,与其他相关学科的整合性不够,研究的理论综合化程度还不高,研究的学术专注度还不强。当今,各学科间研究内容的交叉性不断增大,研究方法的通用性不断提高,研究思维方式转变趋势不断强化。因此,任何科学研究都必须以开放的姿态不断推向深入,只限于本学科领域的科学研究很难取得实效和突破性进展,关于教师实践智慧的研究也同样如此。在进一步深化教师实践智慧的研究中,要在总结现有国内外研究成果的基础上,积极吸收当前心理学、伦理学、文化学等学科的最新研究成果,不断开阔教师实践智慧的研究视域,不断夯实教师实践智慧的理论基础。

(五)本研究对教师实践智慧的界定

根据以上专家与学者关于教师实践智慧的论述,结合自身的学术研究背景与专业研究领域,笔者认识到,教师实践智慧是新时期教师专业化发展的新视界与新维度,是现代教学论研究的重要课题与学术前沿,是对教师教育生命的关注与尊重。笔者认为,教师实践智慧是教师在自身学科专业知识、教师伦理与人文素养的基础上,在构建与创新教育教学情境与模式时,基于实践背景解析,整合与运用相关教育教学理论、经验与职业道德、品质、精神而形成的切实探究与解决教育教学实践问题，不断提升教育教学质量与水平，不断推进教师与学生充分、全面、自由与和谐发展的一种综合素养。而这种综合素养既来源于教育教学实践，又要回归到新的教育教学中进行检验与完善，从而彰显出作为这一综合素质的真正价值与智慧魅力。

三、研究意义

（一）理论意义

1. 丰富高职院校思想政治学科教学论的研究内容

本研究以新形势下高职院校思想政治教师实践智慧为研究对象，在分析当前关于实践智慧、教师实践智慧、高职院校思想政治教师实践智慧的研究现状的基础上，明确提出新时期高职院校思想政治教师实践智慧的含义、基本特征与表现形式，比较深入地分析了高职院校思想政治教师实践智慧的当代价值，比较全面地解读了当前高职院校思想政治教师实践智慧缺乏的现实表现及主要原因，比较粗浅地梳理了高职院校思想政治教师实践智慧的生成机制，并以此为基础，对构建高职院校思想政治教师实践智慧培育与提升的基本策略进行了比较系统的探讨，即深入领会新形势下高职院校思想政治教育教学的精神实质、整合与优化学科知识结构、积极开发与利用政治课程资源等途径丰富高职院校思想政治教师的理论智慧以夯实其实践智慧的理论基础。通过加强与改进教师实践反思、培育与提升教学研究素养、构建与完善教师对话机制等途径整合动力资源以激活高职院校思想政治教师实践智慧的生成动力，通过培育关系性思维方式、运用探究式教学方法、构建生活化教学情境、锤炼高超教学艺术等途径创新教学模式以培育其实践智慧的主要载体，通过建设重人文关怀的物质与管理文化、追求高尚人生境界的精神文化、科学评价教师素养的制度文化等途径彰显人文关怀以构建高职院校思想政治教师实践智慧的文化环境。所有这些，都使高职院校思想政治学科教学论有关教师教学理念、教学方法、教学艺术、教学研究、实践反思、教学环境等研究内容得到进一步丰富和发展。

2. 实现高职院校思想政治教育教学改革的价值诉求

高职院校思想政治理论课是进行马克思列宁主义、毛泽东思想、邓小平理论和"三个代表"重要思想的基本观点教育，以社会主义物质文明、政治文明、精神文明建设常识为基本内容，引导学生初步形成正确的世界观、人生观、价值观，为终身发展奠定思想政治素质基础。为此,新形势下要求高职院校思想政治教师在具体的教育教学实践中,要加强思想政治方向的引导与注重学生成长的特点相结合,要构建以生活为基础、以学科知识为支撑的教学内容,并进行有效的课程资源开发与利用,要强调课程实施的实践性和开放性。事实上,只有具备丰富与深厚实践智慧的高职院校思想政治教师才能更好地实现新形势下高职院校思想政治教育教学的上述价值诉求。而本研究关于新时期政治教师实践智慧问题的研究能够为教师实现高职院校思想政治教育教学改革的价值诉求提供重要的理论支撑,如对高职院校思想政治教师实践智慧的价值分析为高职院校思想政治教师实现思想政治教育教学的价值诉求提供了重要理论依据。因为,高职院校思想政治教师在追求与实现其实践智慧的生成与发展的过程中,能够不断塑造高职院校思想政治教师的完美形象,提高高职院校思想政治教师的教学技艺,提升高职院校思想政治教师的职业素养,从而不断彰显其教师人格魅力;高职院校思想政治教师在追求与实现其实践智慧不断生成与发展的过程中,能够不断提升高职院校思想政治教师教育效能感,培养学生创新意识与创新思维,充分体现思想政治教育的本质,以实现教育教学中的师生互动;高职院校思想政治教师在追求与实现其实践智慧不断生成与发展的过程中,能够不断践行新形势下高职院校思想政治教育教学理念以提供强劲动力,实现新形势下高职院校思想政治教育教学目标以实现改革诉求,创设生活化情境以展现改革成效,从而不断推进高职院校思想政治教育教学改革的全面性、系统性与深入性。只有这样,高职院校思想政治教师才能在具体的教育教学实践中实现自我完善与自我提升,并且为实现高职院校思想政治教育教学的价值诉求提供源源不断的动力。

3. 拓展高职院校思想政治教育与教学的研究视野

本研究内容能够为新时期高职院校思想政治教师实践智慧的生成与发展提供可操作性的建议与意见,能够为新时期高职院校思想政治教师实践智慧的培育与提升提供重要的理论借鉴。本研究是在对当前国内外学术界与理论界关于实践智慧、教师实践智慧等大量文献资料分析与总结的基础上,对新时期高职院校思想政治教师实践智慧培育与提升的基本策略进行比较系统、深入地探讨,强调通过丰富高职院校思想政治教师的理论智慧以夯实其实践智慧的理论基础,通过整合动力资源以激活高职院校思想政治教师实践智慧的生成动力,通过创新教学模式以培育其实践智慧的主要载体,通过构建彰显人文关怀的高职院校思想政治教师实践智慧的文化环境。在上述基本策略的具体探讨中,本研究强调从哲学、教育学、心理学、社会学、文化学等多学科的视角来拓展关于高职院校思想政治教师、思想政治教学和思想政治教育的研究视野,尤其是具体分析引入了"关系性思维"来培育高职院校思想政治教师实践智慧教育开拓了当前高职院校思想政治教师、思想政治教学和思想政治教育研究的新领域,对高职院校思想政治教师实践智慧的内涵、表现形式、生成机制等内容都进行了具有开创性与拓展性的思考。

(二) 实践意义

1. 有利于高职院校思想政治教师自身完善与提升

本研究中所要构建的新时期高职院校思想政治教师实践智慧的基本策略,无论是深入领会新形势下高职院校思想政治教育教学的精神实质、整合与优化思想政治学科知识结构、积极开发与利用思想政治课程资源以夯实其实践智慧的理论基础,还是加强与改进教师实践反思、培育与提升教学研究素养、构建与完善教师对话机制以激活高职院校思想政治教师实践智慧的动力资源,无论是培育关系性思维方式、运用探究式教学方法、构建生活化教学情境、锤炼高超教学艺术以培育其实践智慧的主要载体,还是建设重人文关怀的物质与管理文化、追求高尚人生境界的精神文化、科学评价教师素养的制度文化以构建高职院校思想政治教师实践智慧的文化环境,都是为新时期通过实践智慧的培育与提升推进高职院校思想政治教师自我素质完善与自我生命提升提供具有操作性的意见和建议。

2. 有利于推进新时期高职院校思想政治教学改革

在不断深化新时期高职院校思想政治理论课教学改革过程中,高职院校思想政治教师要注意学科知识与生活主题相结合,要恰当运用哲学、经济学、政治学、法学等学科的基本概念、基本原理和基本方法,并将其融入生活化教育情境与现实性教育实践之中,要围绕学生关注的社会生活热点问题组织课堂教学与实践教学,要重视教学策略的灵活性与教学方法的创新性,不断提高学生理解、认同、确信科学世界观、人生观与价值观的能力,大力培养学生开拓创新的意识、求真务实的态度和团结合作的精神。本书通过高职院校思想政治教师实践智慧的研究可以对推进新时期思想政治教学改革的要求做出积极回应。高职院校思想政治教师实践智慧来源于教师具体、真实而丰富的教育教学实践活动。本研究引入了"关系性"教学思维方式的培育以促进高职院校思想政治教师实践智慧的生成与发展,当高职院校思想政治教师通过以关系性思维为代表的科学而理性教学思维的方式,以师生良性互动、同事经常对话、自我深入实践反思、强化科学研究等途径把一种实然的教育教学实践样式、教育教学活动方式转换、提炼为一种适应面广、合理化程度高的新型教学思维范式,高职院校思想政治教师实践智慧便具有了显性、观念、共享的实体价值与生成意义,其中的积极元素得以继承和发扬,消极元素得以清理和过滤,使其实践智慧在不断扬弃、积淀和升华的过程中为新时期高职院校思想政治教育教学改革提供强劲的动力支持。

3. 有利于促进高职院校思想政治教师专业化发展

高职院校思想政治教师专业化发展根植于具体而丰富的高职院校思想政治教育教学实践之中,高职院校思想政治教师专业化发展客观上要求教师在具体而丰富的高职院校思想政治教育教学实践过程中不断领悟教育教学的真谛,不断进行教育教学实践反思,以及不断实现和超越自我生命价值。事实上,丰富的实践智慧是高职院校思想政治教师专业化发展的坚实基础和重要标志。因为,高职院校思想政治教育教学实践的不断丰富与发展客观上要求教师用自身高超的理论智慧与深厚的实践智慧科学地规划实践内容、合理地部署实践过程、积极有效应对实践变动,并在长期的历练中不断提升自身的理论智慧与实践智慧,尤其是不断培育与生成具有实践反思性、注重创新性、动态生成性、个体独特性、多元整合性、生活情境性的实践智慧,能够使高职院校思想政治教师在具体教育教学实践中,表现出科学的教育理念与完整的知识结构、强烈的职业归属与和谐的师生关系、坚定的教育信念与崇高的人生理想、高超的教学技艺与健全的教育机制。正是在这个意义上,实践智慧一定是高职院校思想政治教师的"实践"之知,高职院校思想政治教师只有将"做中学"与"学中做"有机统一起来,才能不断转识成智,这需要高职院校思想政治教师在新时期教育教学实践的探索与发现中不断改变传统教育教学实践的工具理性趋向和技术化品质,使高职院校思想政治教育教学理论真正内化为自我生命意义生成与价值实现的丰富实践,突破传统教学思维方式与行动惯性的束缚,转变自己的思想政治教育教学实践行为方式,提升自身实践智慧的价值品质,从而不断提高高职院校思想政治教师专业化发展的质量与水平。

四、研究目标与创新之处

(一)研究目标

本研究是在分析与总结当前国内外关于智慧、实践智慧、教师实践智慧、高职院校思想政治课教师实践智慧研究现状与相关理论成果的基础上,结合本研究依据、研究理论意义与实践意义,界定新形势下高职院校思想政治教师实践智慧的内涵。具体分析高职院校思想政治教师实践智慧的主要特征,深入探讨高职院校思想政治教师实践智慧的表现形式,全面论证高职院校思想政治教师实践智慧的价值,并以此为逻辑起点,根据调查研究,分析与归纳当前高职院校思想政治教师实践智慧缺乏的现实表现及主要原因,剖析与梳理了新时期高职院校思想政治教师实践智慧的生成机制。有针对性地具体阐释新时期培育与提升高职院校思想政治教师实践智慧的基本策略,即深入领会新形势下高职院校思想政治教育教学的精神实质、整合与优化学科知识结构、积极开发与利用政治课程资源等途径丰富高职院校思想政治教师的理论智慧以夯实其实践智慧的理论基础,通过加强与改进教师实践反思、培育与提升教学研究素养、构建与完善教师对话机制等途径整合动力资源以激活高职院校思想政治教师实践智慧的生成动力,通过培育关系性思维方式、运用探究式教学方法、构建生活化教学情境、锤炼高超教学艺术等途径创新教学模式以培育其实践智慧的主要载体,通过建设重人文关怀的物质与管理文化、追求高尚人生境界的精神文化、科学评价教师素养的制度文化等途径彰显人文关怀以构建高职院校思想政治教师实践智慧的文化环境。通过以上探讨为新时期高职院校思想政治教师实践智慧研究的科学性与全面性、开拓性与前瞻性提供具有建设性和可操作性的建议和意见。

(二) 创新之处

1. 界定并分析了高职院校思想政治教师实践智慧的内涵

根据本研究的时代背景与价值诉求,结合对古今中外先贤圣哲关于智慧、实践智慧的经典论述与当代学术界与理论界关于实践知识、实践智慧、教师实践智慧的全景诠释,以笔者现有的学科理论和观察思考所得,界定了高职院校思想政治教师实践智慧的内涵。所谓高职院校思想政治教师实践智慧就是指高职院校思想政治教师以科学的教育教学理念、完整的学科专业结构、丰富的校本课程资源为理论基础,以关系性思维为代表的教学思维方式为整合工具,以高职院校思想政治教育教学深刻的实践反思、深厚的科研素养和完善的对话机制为动力资源,以思想政治先进的教学方法、高超的教学艺术和生活化的教学情境为主要载体,以民主、文明、和谐的校园文化为优质外部环境,从而完美展现当代高职院校思想政治教师人格魅力,充分实现高职院校思想政治教育教学目标和全面提升高职院校思想政治教师人生境界的一种综合实践能力与素养。并对这一内涵进行比较深入的解读,即从"理论智慧——实践知识——实践智慧"的维度强调实践智慧是高职院校思想政治教师对"教学之真"的追求,从"理性思维——理性实践——实践智慧"的维度强调实践智慧是高职院校思想政治教师对"教学之善"的坚守,从"敬畏生命——彰显幸福——实践智慧"的维度强调实践智慧是高职院校思想政治教师对"教学之美"的塑造。由此可见,高职院校思想政治教师实践智慧内涵是丰富性的、全景式的、立体式的。

2. 探讨了高职院校思想政治教师实践智慧的生成机制

本研究明确指出了高职院校思想政治教师实践智慧生成机制的含义,在丰富而复杂的教育教学实践中,高职院校思想政治教师在各种主客观要素矛盾冲突的过程中,将抽象的高职院校思想政治教育教学理论与具体的高职院校思想政治教育教学实践有机统一,从而不断实现学生生命体验丰富与生命价值提升与自身生命体验丰富与生命价值提升完美融合的各种制度支持和环境保障。在此基础上,本研究探讨了高职院校思想政治教师实践智慧生成机制的基本内容,主要包括生成素养培育机制、生成动力整合机制、生成路径拓展机制、外部环境保障机制。事实上,在不断创新与发展的高职院校思想政治教育教学实践中,要科学解决遇到的新情况、新问题,积极面对新机遇、新挑战,正确回答新困惑、新质疑,客观上都需要高职院校思想政治教师不断地完善自身的职业素养,不断地深入实践反思、加强科学研究、改进对话合作,不断地锤炼课堂教学艺术、追求个性教学风格、健全教育机智。与此同时,学校和社会还要为高职院校思想政治教师提供富有人文关怀的文化环境,从而使高职院校思想政治教师在自我完善与提升中,在他人的对话与合作中,在思想碰撞与视界融合中,促进自身实践智慧的培育与生成、丰富与发展。

3. 引入关系性教学思维方式以探讨高职院校思想政治教师实践智慧生成策略

基于相关思想与理论,结合本研究内容,把关系性思维的培育作为促进高职院校思想政治教师实践智慧生成与发展的重要策略之一,并比较全面而深入地探讨了关系性教学思维方式内涵、特征与培育路径问题。所谓关系性教学思维方式主要是指教师基于生活化教学情境与现实生活的相互交往、良性对接与有机融合,在教学中践行教学理念、规范教学行为、优化教学设计、改进教学过程,以期达到师生知识的认同与建构,教学意义的理解与生成,从而实现师生之间对彼此生命的尊重、关爱、完善与提升的认知方式与模式。在促进实践智慧生成与发展的过程中,高职院校思想政治教师要以对话合作超越二元对立、以多元主动超越一元被动、以动态生成超越静态预定、以多维开放超越封闭单一的传统教学思维,实现传统教师权威与地位的双重解构,并使高职院校思想政治教育教学实践中的师生关系日益蜕变为一种"共生、共存、共进、共荣"的新型关系。

五、研究思路与方法

（一）研究思路

本研究通过文献研究法对智慧、实践智慧、教师实践智慧、高职院校思想政治教师实践智慧的国内外研究现状进行分析与梳理。与此同时,运用问卷调查、访谈研究、随堂听课等方法获得本研究所需要的第一手资料,并将以上两方面获得的信息、资料、数据、结论等进行比较分析,从而界定和解读高职院校思想政治教师实践智慧内涵,总结高职院校思想政治教师实践智慧的主要特征和表现样态,分析高职院校思想政治教师实践智慧的价值,并在结合现有研究成果的基础上,以获得的第一手资料为主要依据,总结当前高职院校思想政治教师实践智慧存在的主要问题及原因,进而全面、深入而系统地来探讨新时期培育与提升高职院校思想政治教师实践智慧的基本策略。

（二）研究方法

1. 文献研究法。通过对各种学术著作、学术期刊、学位论文等文献资料的检索与整理,通过对相关网络教育教学信息的收集与梳理,总结了现有国内外有关智慧、实践智慧、教师实践智慧和高职院校思想政治教师实践智慧研究的理论成果,从而及时、准确地把握当前高职院校思想政治教师实践智慧研究现状及最新发展态势,在积极借鉴现有研究成果的基础上,确立本文的研究重点与突破口。更为关键的是,通过对相关文献资料与本研究的比较分析,总结本研究与各位专家学者学术成果的异同点,提高借鉴前人研究理论成果的科学性、针对性与有效性,从而为本研究的顺利开展奠定坚实的理论基础。

2. 问卷调查法。为了获得真实而具体的第一手资料以保证研究的科学性与客观性,本研究采用了问卷调查法。因为,通过问卷调查可以比较直接地了解与真实地把握当前高职院校思想政治教师现实智慧缺乏的现实表现。本研究主要采取抽样问卷调查的方法,选取贵州、吉林、陕西、辽宁、浙江、黑龙江、福建、北京、天津等省、直辖市 20 所高职院校的 120 名高职院校思想政治教师,针对他们目前的职业认同感与师生关系进行了问卷调查。分析和总结了当前高职院校思想政治教师实践智慧缺乏的现实表现及主要原因,为本研究提出具有针对性与可操作性的意见与建议提供真实可靠的第一手资料。

3. 访谈研究法。由于问卷调查对一些无法量化、外显出来的诱因进行描述,在调查结束后又采取了个别访谈的方法，以更深入地分析高职院校思想政治教师实践智慧的主要特征与表现样态，更系统地分析高职院校思想政治教师实践智慧的价值，更全面地总结高职院校思想政治教师实践智慧存在的主要问题及原因，更有效地提出推进高职院校思想政治教师实践智慧生成与发展的基本策略。

4. 比较分析法。本研究以问卷调查、个别访谈和随堂听课等方式获得的高职院校思想政治教师实践智慧现状的第一手资料为基础，对专家型教师与新手教师在高职院校思想政治教育教学新理念的领会程度、学科知识结构的完善性、教学方法的先进性、课堂教学的艺术性、教育机智的健全性、实践反思的深入性、教学研究的实效性等方面的数据和信息进行了比较分析，以进一步提高本研究的科学性。

第二章 高职院校思想政治教师
实践智慧的内涵解读

高职院校思想政治教师实践智慧是构建"生命化"思想政治课堂的源头活水。新形势下高职院校思想政治教育教学具有鲜明的灵活性与变通性,课堂教学具有生活情境性与动态生成性,这在客观上需要高职院校思想政治教师对构建生命化课堂有理论智慧的保障与支撑和实践智慧的创造与整合,需要高职院校思想政治教师能够科学而有效地将自身教育教学实践经验与反思、教育教学理性与情感、教师角色定位与融合进行有机统一与科学提升,所有这些,在客观上都需要高职院校思想政治教师具备丰富而深厚的实践智慧。

一、高职院校思想政治教师实践智慧的基本含义

(一)高职院校思想政治教师实践智慧基本内涵

本研究认为,高职院校思想政治教师实践智慧是高职院校思想政治教师在思想政治学科专业知识、职业技能、实践反思与科学研究的基础上,不断彰显独特人格魅力、实现新形势下高职院校思想政治教育教学改革目标与提升人生境界的一种综合素养。这一综合素养是以科学的教育教学理念、完整的学科专业结构、丰富的校本课程资源等丰富的理论素养为基础,以关系性教学思维方式为整合工具,以深刻的实践反思、深厚的科研素质和完善的对话机制为动力资源,以高超的教学艺术、先进的教学方法和生活化的教学情境为主要载体,以健全的教师教育与管理制度和和谐的校园文化环境为优质外部条件。高职院校思想政治教师实践智慧与日常教育教学实践中的具体情境、真实过程、问题解构、意义生成紧密相连。在日常教育教学实践中,这一实践智慧内化为高职院校思想政治教师强烈的职业认同感与职业幸福感,外化于各种常规思想政治教育教学实践现场的科学规划、预先设定

与策略部署,彰显于各种异态思想政治教育教学实践场域的审时度势、冷静应对与巧妙化解。

(二)高职院校思想政治教师实践智慧内涵解析

1. 理论智慧—实践知识—实践智慧

建构主义知识观认为,所谓知识更多的是人们对于客观世界某一方面、某一领域所做的一种解释,或一种假设,或一种假说。无论是解释,还是假设,抑或假说,都需要学习者在主动习得的基础上,在深入理解的过程中,结合亲身的感知、经验、体悟对其进行重新加工、整合与创造,最终在自己头脑中建构起具有自身属性与特质的知识经验。根据高职院校思想政治教师实践智慧内涵,结合建构主义知识的观点,本研究认为,高职院校思想政治教师实践智慧所指出的教育教学理念的科学性、学科知识结构的完整性、校本课程资源的丰富性和教育教学思维的关系性,都是在强调培育深厚的实践智慧离不开丰富的理论智慧。实践智慧的生成过程就是高职院校思想政治教师在具体、真实、多样的思想政治教育教学实践过程中,根据多变的、生活化的思想政治教育教学情境的需要对自身原有思想政治学科、教育学、心理学知识和已有教育教学经验等信息进行新的加工、整合、再造与优化,以不断构建自身丰富而完整的思想政治教育教学实践知识,促进理性思维的完善与发展,并将其日臻完善与日益发展的教学思维方式用于精确指导与科学规整新的思想政治教育教学实践过程中,进而逐步培育与发展为自身的实践智慧。总之,高职院校思想政治教师实践智慧的培育、生成与完善的过程是"高职院校思想政治教师理论智慧(主要是教学理念、学科素养、教学思维方式等)—高职院校思想政治教师实践知识—高职院校思想政治教师实践智慧"的发展与建构过程。

2. 理性思维—理性实践—实践智慧

实践智慧在实践过程中具有不可替代的价值。因为,"实践智慧是促使人们审时度势地认清什么是'貌似善'与'真正的善'的区别的关键性力量"[①],也就是说在辨别"伪善"与"真善"具体实践过程中,实践智慧能够为其提供理性思维,以充分实现其实践目的及价值,从而完成理性实践。事实上,实践智慧更强调的是实践者践行本身的目的与价值,更为关注的是展开有力度、有广度、有深度的实践,从这个维度考察,实践智慧不仅实现了确定性实践目标系统,而且关注实践者自身理性实践

---

① 刘宇.当代西方"实践智慧"问题研究的四种进路[J].现代哲学,2010(4):11.

品格的养成过程。同理,作为拥有实践智慧的高职院校思想政治教师,就要以其能够精确辨别思想政治教育教学实践中"伪善"与"真善"的(以关系性教学思维方式为代表的)理性思维指导具体的思想政治教育教学的理性实践,即整合思想政治教材体系有力性、自身思想政治学科知识结构完整性、开发与利用思想政治校本课程资源有效性,追求思想政治教育教学实践反思的深刻性、学科教师对话的深入性、教育教学科学研究素养的深厚性,从而实现这种理性思维指导与引领下的思想政治教育教学理性实践在力度上逐步加大、广度上逐步拓展、深度上逐步加强。据此,本研究认为这一过程的最终目的就是实现高职院校思想政治教师优良实践品格的生成与完备,从而以理性思维指导并开展思想政治教育教学中的理性实践,进而培育与提升其实践智慧。

3. 敬畏生命—彰显幸福—实践智慧

实践智慧本身具有某种向善性,能够使人趋善避恶。由此可见,实践智慧本身也就具有了某种"育人"(使人能够向善)价值。在教育教学实践中,实践智慧所具有的这种"育人"价值,融入具体教育教学实践进而生成教师实践智慧有某种必然性与现实可能性。实践智慧所具有的这种"育人"价值也使其指向人的整体生命,因而其本质上具有生命力,并且能够实现"向善性"与"生命性"的和谐统一。正是在这个意义上,在思想政治教育教学实践中,教师实践智慧指向学生的整体生命存在,这在客观上要求高职院校思想政治教师必须尊重学生生命、关爱学生生活,无论是先进教学方法的运用,还是高超教学艺术的施展,无论是生活化教学情境的创设,还是生命化课堂的构建,都是对学生生命的敬畏与对教师生命诠释的有机统一。因此要在规划与改进思想政治教学实践中最大限度地展示高职院校思想政治教师完美的人格魅力,突显高职院校思想政治教师高尚的职业素养,彰显高职院校思想政治教师崇高的人生境界,进而不断增进高职院校思想政治教师的职业认同感与职业幸福感。事实上,只有高职院校思想政治教师实践智慧的专业理性诉求与职业幸福追求在量与质的维度上都达到这种尽善尽美,才能使思想政治课堂教学达到知识之真、目的之善、状态之美的完美融合,才能使思想政治教学实践达到敬畏生命、育人价值、彰显幸福的理想愿景。

综上所述,"理论智慧—实践知识—实践智慧"的维度强调的是高职院校思想政治教师实践智慧对"教学之真"的追求,"理性思维—理性实践—实践智慧"的维度强调的是高职院校思想政治教师对"教学之善"的坚守,"敬畏生命—彰显幸福—实践智慧"的维度强调的是高职院校思想政治教师对"教学之美"的塑造。由此可见,高职院校思想政治教师实践智慧内涵是丰富性的、全景式的、立体式的。

二、高职院校思想政治教师实践智慧的主要特征

(一) 实践反思性

实践反思性是高职院校思想政治教师实践智慧的根本特征。"如果说理论智慧是'知',那么可以说实践智慧是'行',或者说是一种与'行'有关的理性能力。"①通常情况下,高职院校思想政治教师实践智慧既来源于思想政治教育教学实践,又回归思想政治教育教学实践之中,并得以进一步地丰富与彰显。日常的思想政治教育教学活动具有鲜明的实践性,高职院校思想政治教师实践智慧正是对所从事的思想政治教育教学活动作出的积极回应和有效整合,是独特人格魅力与优秀职业品质在思想政治教育教学实践中的有力彰显与全景展现。而高职院校思想政治教师这种独特人格魅力与优秀职业品质的生成与完善,不仅需要高职院校思想政治教师具有健全的学科专业知识、高尚的教师职业道德,而且需要高职院校思想政治教师在丰富的教育教学实践与良性的师生互动中不断积淀与升华。高职院校思想政治教师实践智慧源于教师的具体思想政治教育教学实践,更需要在思想政治教育教学实践中完善与提升。由于思想政治教育教学是一项实践性很强的活动,因此,实践智慧的生成与提高过程中,还需要教师对真实的、具体的、复杂的思想政治教育教学实践的积极回应、有效总结与深刻反思,在不断丰富的思想政治教育教学实践中培养与提升其职业素养与实践品质。这种职业素养与实践品质的培养与提升,丰富而完整的思想政治学科理论知识是前提条件,具体而真实的思想政治教育教学实践是主要载体,对思想政治教育教学活动的问题、疑惑、矛盾、冲突的深刻反思是关键环节。因为,"改进教育实践的最好的希望是把教师提升为自主的和反思的人"②。高职院校思想政治教师更是如此。更为关键的是,来源于并丰富于具体教育教学实践的高职院校思想政治教师实践智慧能够直接指导新的思想政治教育教学实践。在有目的、有计划的思想政治教育教学实践活动中,具有丰富实践智慧的高职院校思想政治教师"通过创新活动方式、优化活动内容、整合活动程序来更科学、有效地解决具体教育教学中现实问题,通过总结经验、教学实践反思与科学研究进而丰富与提升其实践智慧"③。

---

① 张志伟,欧阳谦.西方哲学智慧[M].北京:中国人民大学出版社,2000:57.

② [美]威廉·派纳,威廉·雷诺兹,帕特里克·斯莱特里,彼得 M.陶伯曼.理解课程[M].张华,等译.北京:教育科学出版社,2003:787.

③ 李宏昌,杨秀莲.高校教师实践智慧问题探讨[J].黑龙江高教研究,2012(12):91.

（二）注重创新性

注重创新性是新时期高职院校思想政治教师实践智慧的核心特征。在教育教学实践中,高职院校思想政治教师实践智慧更多地外化为具有创新性的教育方法、教学方式和教学情境。事实上,教育方法的创新性、教学方式的创新性与教学情境的创新性都是衡量高职院校思想政治教师实践智慧有无和丰富与否的重要指标。因为,教育情境是复杂多变的,教育对象是不断成长的,这在客观上决定了教师要"在具体的教育教学情景中,科学运用其实践智慧来积极应对与恰当处理"[1],要善于创新、勇于创新、乐于创新。新形势下,教师对课程而言,既是执行者,又是研究者,更是开发者。因此,高职院校思想政治教师在日常的教育教学活动中,要结合自身能力与素质、教育教学对象和具体的教学情境等多种因素,对现有教育教学资源进行科学解读、精心加工、巧妙构思,选取科学的教育教学方法,设计有效的教育教学策略,实现教育方式与教学方式的创新与发展。其实,高职院校思想政治教师实践智慧的创新性不但体现在教师对教育方法与教学方式的创新上,也体现在高职院校思想政治教师实践智慧的动态发展中。由于日常思想政治教育教学实践不可能完全预设与完全规划,这就决定了高职院校思想政治教师实践智慧必然要在具体思想政治教育教学情境中不断培育与生成,并在科学预见与准确把握思想政治教育教学实践中增强确定性,即高职院校思想政治教师始终坚持对自身教育教学实践的深刻反思,始终坚持自己教育教学理念的与时俱进,始终坚持对生活化教育教学情境的精心构建,从而为科学而有效地规划、组织与完成新的教育教学活动奠定坚实的基础。高职院校思想政治教师实践智慧的创新性还体现在自身的动态发展上。高职院校思想政治教师实践智慧"既需要在具体的教育教学实践中不断得到磨砺与改进,更需要在指导新的教育教学实践中进行完善与提升,从而实现动态的发展"[2]。

（三）动态生成性

高职院校思想政治教师实践智慧是伴随着具体的思想政治教育教学实践而逐渐培育的,是在新的思想政治教育教学实践中的动态生成中发展的,是在所有思想政治教育教学实践中不断丰富中提升的。事实上,思想政治教育教学实践是"一个

---

①　李宏昌,杨秀莲.高校教师实践智慧问题探讨[J].黑龙江高教研究,2012(12):92.
②　李宏昌,杨秀莲.高校教师实践智慧问题探讨[J].黑龙江高教研究,2012(12):92.

既丰富多彩又复杂多变的动态过程"①。日常思想政治"教育教学情境既真实,又具体,同时充满了不确定性"②。这在客观上决定着高职院校思想政治教师既要对具体的思想政治"教育教学情境有科学的规划与合理的预案,又要对其不确定性有精心的准备与积极的应对"③,而这一过程也是高职院校思想政治教师实践智慧得以"培育—生成—展现—丰富"的过程。之所以这样,是因为作为思想政治教育教学实践主导的教师与作为思想政治教育教学实践主体的学生都是独立的生命个体,日常的思想政治教育教学实践的对象、环境和内容也都处于不断变化与发展之中。在实践中,以往过于强调整个教学过程的严密性、各个教学环节的逻辑性、具体教学内容的确定性、实现教学目标的有效性。实践证明,这种倾向不利于高职院校思想政治教师实践智慧的生成和发展,必须有效克服,直到彻底根除。因此,教师在应对与处理这些不断变化与发展的教育教育实践中既能促进自身实践智慧的生成,又能促进自身实践智慧的丰富。也就是说,高职院校思想政治教师实践智慧在这种复杂多变的思想政治教育教学实践中通过对具体情景的预见、规划与处理而不断生成,这一过程是复杂的、变化的、动态的。总之,高职院校思想政治教师实践智慧源于思想政治教育教学实践,离开具体教育教学实践,高职院校思想政治教师实践智慧就成为"无源之水、无本之木"。复杂多变的教育教学实践与富有生活内涵的教学情境使得高职院校思想政治教师实践智慧永远处于不断生成与丰富的过程中,思想政治教育教学实践过程成为高职院校思想政治教师实践智慧的展现与提升的动态过程。

(四) 个体独特性

高职院校思想政治教师富有个人特色的教育教学实践使其实践智慧具有鲜明的个体独特性。高职院校思想政治教师实践智慧是"以教师个体的理想信仰、教育理念、价值观念为指导,在具体教育教学实践中通过领悟、总结、反思和研究等方式逐渐生成,具有突出的主体性与鲜明的个性化的独特智慧和人格魅力。事实上,由于作为个体存在与发展的教师,其教育背景、生活阅历、思维方式等方面都存在着明显的差异性,使其应对具体思想政治教育教学实践时,其实践智慧的表现形式和表现水平也呈现出明显的差异性"④。正因为如此,丰富而高超的实践智慧将高职

---

① 李宏昌,杨秀莲.高校教师实践智慧问题探讨[J].黑龙江高教研究,2012(12):91.

② 李宏昌,杨秀莲.高校教师实践智慧问题探讨[J].黑龙江高教研究,2012(12):91.

③ 李宏昌,杨秀莲.高校教师实践智慧问题探讨[J].黑龙江高教研究,2012(12):91.

④ 李宏昌,杨秀莲.高校教师实践智慧问题探讨[J].黑龙江高教研究,2012(12):92.

院校思想政治教师深厚的职业素养与独特的职业品质得以充分展现与有效彰显。事实上,每位高职院校思想政治教师实践智慧生成及其表现都是各种各样主客观因素共同作用的结果,都是独一无二的、不可复制的,从而使其实践智慧都能呈现出鲜明的个体独特性。高职院校思想政治教师实践智慧的个体独特性主要源于"教师个体的主动领悟、生命体验与实践反思,并在丰富生动而复杂多变的具体教育教学情境中逐渐生成与提升。或是表现在处理师生关系时的得心应手,或是表现在擅长挖掘学生的学习潜能,或是表现在应对突发事件时的机智灵敏,或是表现在对自我教育实践的深刻反思,或者表现在对课程改革的积极回应,或是表现在对教育生命的深切关怀"①。也就是说,虽然每位教师的实践智慧绝不仅仅是单一维度的能力或素质,但是每位教师作为生命个体存在与发展时,在具体的思想政治教育教学实践和教育教学情境中表现出来的实践智慧都有不同的侧重点和着力点。在日常思想政治教育教学中同样表现出具有丰富而高超实践智慧的高职院校思想政治教师,面对同一教学内容、设计同一教学过程、达到同一教学目标时一般都采取不同的思维方式、处理方式、构建方式,但都能取得良好的教学效果。每一位高职院校思想政治教师其实践智慧培育、生成、提升、外化都是由特定的时空、对象、环境等诸多主客观因素共同作用的必然结果。因此,实践智慧的个体独特性才孕育了高职院校思想政治教师各具特色的教学风格和异彩纷呈的教学图景。

(五) 多元整合性

高职院校思想政治教师实践智慧是教师对各种思想政治教育教学实践中"主客观多元因素进行科学规划、理性分析、客观解读、慎重选择并付诸行动的整合过程"②。从教学论的视角分析,高职院校思想政治教师实践智慧是一种将思想政治"教育教学情境中的内容、对象、模式等元素在科学教育教学理念指导下进行高度综合化、系统化、有序化整合的过程"③。事实上,"展现智慧的人似乎都具有在复杂而微妙的情境中迅速地、十分有把握地和恰当地行动的能力"④。从职业素养的视角分析,高职院校思想政治教师实践智慧是高职院校思想政治教师"学科知识结构、教育教学经验、职业基本技能与优秀道德品质相互整合的产物,是教师具有的

---

① 李宏昌,杨秀莲.高校教师实践智慧问题探讨[J].黑龙江高教研究,2012(12):92.
② 李宏昌,杨秀莲.高校教师实践智慧问题探讨[J].黑龙江高教研究,2012(12):92.
③ 李宏昌,杨秀莲.高校教师实践智慧问题探讨[J].黑龙江高教研究,2012(12):92.
④ [加]马克斯·范梅南.教学机智——教育智慧的意蕴[M].李树英译.北京:教育科学出版社,2001:165.

能够科学审视客观教育世界和理性解读主观教育世界的才智、品质与技艺的完美结合"①。正如创造、创新都是一种优化与整合一样,实践智慧也是一种优化与整合。高职院校思想政治教师智慧就是对具体教育教学情境中的内容、对象、模式等元素的不断优化、高度整合和有机统一,从而使其达到一个更高的层次和境界,即真正意义上的教育之真、教育之善、教育之美,实现高职院校思想政治教师实践智慧对教育教学面貌与愿景的全局性把握和整体性构建。从合作教学的视角分析,高职院校思想政治教师实践智慧是"教师在特定的教育教学实践中,对自己与同行之间实践经验、学科理论、专业知识等多元化因素与信息进行科学分析与有效整合的过程"②。总之,高职院校思想政治教师实践智慧动态地整合了教师学科理论与专业知识,教师个体之间、教师个体与群体之间的思想政治教育教学实践经验与领悟,从而促进教师个体科学教育理念的形成,专业知识结构的完善,教育教学实践的丰富和职业道德品质的提升。

(六) 情境构建性

思想政治教育教学实践的过程是复杂多变的,思想政治教育教学实践的内容是常讲常新的,思想政治教育教学实践的对象是不断成长的,思想政治教育教学实践的情境是动态生成的。所有这些,都在客观上要求高职院校思想政治教师以丰富的实践智慧来积极应对与冷静处理具体教育教学实践中存在的问题和突发事件。因此,高职院校思想政治教师实践智慧必须"根植于具体的教学情景,只考虑具体环境和事实,关注的对象是个别事件,具有情境性。教师实践智慧表现为在复杂多变的教育教学情境中,面对具有易变性、不确定性和特殊性的教学因素,能迅速地做出判断和决策,从而采取不同的适合特定情境的行为方式和方法,富有弹性和实效地解决问题"③。也就是说,富有实践智慧的高职院校思想政治教师能够充分考虑具体环境及其实际情况,能够充分重视具体的教学事件和意外的教学事件,因为无论是常规教学事件,还是意外教学事件,都是思想政治教育教学的具体情境,尤其意外教学事件更是展现与丰富高职院校思想政治教师实践智慧的情境因素与平台。因此,拥有丰富实践智慧的高职院校思想政治教师在复杂多变的教育教学情境中,能够科学、实效地解决所面临的复杂多变的问题。在课堂教学中,高

---

① 李宏昌,杨秀莲.高校教师实践智慧问题探讨[J].黑龙江高教研究,2012(12):92.
② 李宏昌,杨秀莲.高校教师实践智慧问题探讨[J].黑龙江高教研究,2012(12):92.
③ 黄伟,谢利民.教学机智:跳荡在教学情境中的燧火[J].北京大学教育评论,2005(1):58-62.

职院校思想政治教师积极主动地将教育教学情境中所获得的知识、经验、感悟适时转化为自身的实践性知识,这只是其实践智慧培育与生成的初始阶段。而思想政治将获得的具有个体性、缄默性的实践性知识在新的教育教学情境中不断运用、检验,进行必要整合与优化,才能逐步地转化与生成为其实践智慧。思想政治教育实践智慧培育与生成的过程就是高职院校思想政治教师"在复杂的语境中展开的实践性的问题解决过程;是要求高层次的思考、判断、选择的决策过程"①。总之,思想政治教育教学实践具有情境性和真实性,这在客观上要求教师在具体的思想政治教育教学实践中,要科学把握教育教学情境中各要素的性质与特征,要机智对待具体思想政治"教育教学情境中各要素间的变化与互动,并在此过程中实现自身实践智慧的生成与丰富"②。

三、高职院校思想政治教师实践智慧的表现样态

高职院校思想政治教师具备丰富的实践智慧时,其主要表现样态包括:教育教学理念先进、学科知识结构健全、教师职业认同强烈、师生关系和谐、教育教学技艺精湛与教育机智健全完备。

(一)先进的教育教学理念

先进的教育教学理念是高职院校思想政治教师实践智慧得以充分涵养、有效生成与可持续发展的深厚理论底蕴。富有实践智慧的高职院校思想政治教师在教育教学实践中,"一是教会学生敬畏和珍惜生命,真正领悟生命真谛,只有生存才能优雅;二是教会学生做人,老实做人是根本,只有学会了做人才能人格完善、心灵安宁;三是教会学生做学问,只有有学习的生存、有责任的生存,才能有尊严地、有品位地生活"③。实践智慧涵养、生成与发展的过程也是新形势下高职院校思想政治教师不断培育、形成与具体运用个体独特教育教学理念的实践过程。通过访谈,本研究发现,凡是具有丰富实践智慧的高职院校思想政治教师都能既深入领会上述先进教育教学理念,又能够在具体的思想政治教育教学实践中科学践行上述先进教育教学理念。因为,这些先进的教育教学理念的出发点和落脚点都要求高职院校思想政治教师真正地坚持"以学生为本"。在具体的教育教学实践中,富有实践

---

① [日]佐藤学.课程与教师[M].钟启泉,译.北京:教育科学出版社,2003:223.
② 李宏昌,杨秀莲.高校教师实践智慧问题探讨[J].黑龙江高教研究,2012(12):92.
③ 贾宝先.优雅生存视阈下的高职院校思想政治理论课教学理念探析[J].教育与职业,2013(12):140.

智慧的高职院校思想政治教师,能够注重充分发挥学生在构建生活化教育教学情境中的主体性、积极性与创新性,充分尊重学生生命、尊重学生个体差异性、尊重学生的创新精神,能够不断启发学生思维、启迪学生智慧,能够真正地把对思想政治教育教学事业的"爱与责任"和对学生的"情与宽容"始终贯穿于新形势下高职院校思想政治教育教学改革的实践之中,能够不断坚定学生的理想信仰、不断提高学生的生命质量、不断提升学生的人生境界,从而促进学生全面、自由、和谐发展。与此同时,具备这一先进的教育教学理念的高职院校思想政治教师也使思想政治教育教学实践活动日益成为实现自己人生价值的良好平台。只有具备先进教育理念的高职院校思想政治教师才能对学生进行先进的知识引导、信仰培育、人格塑造,才能在具体的思想政治教育教学实践中使学生将马克思主义世界观、人生观与价值观内化为自己坚定的政治信仰与崇高的人生理想,进而促进其专业人格的健全与职业品质的提升。

(二) 合理的学科知识结构

拥有丰富实践智慧的高职院校思想政治教师要具备合理的学科知识结构。高职院校思想政治教师学科知识结构由其本体性知识、条件性知识、实践性知识、一般文化知识构成。所谓本体性知识主要是指马克思主义基本原理、基本观点,包括马克思主义政治经济学、政治学、哲学、文化学、伦理学、社会学等思想政治教育专业的基础知识与基本理论;所谓条件性知识主要是指教育学、教育心理学、思想政治教育学、思想政治学科课程与教学论、管理心理学、教育技术学等教师教育专业的基础知识与基本原理;所谓实践性知识主要是指高职院校思想政治教师通过长期的教育教学实践所积累的经验性知识,这些知识是其在长期教育教学实践积累下来的;所谓一般文化知识,主要包括当代人文科学、社会科学、自然科学等领域内的基础知识与最新理论成果。通过访谈,本研究发现,具有丰富实践智慧的高职院校思想政治教师,普遍能够及时、全面、准确地了解与把握思想政治学科的本体性知识,特别是关注国内外重大时事和新闻事件。比如,每年的"两会"专题报道,专家对党和国家最新颁布的政策、方针的专业解读,中美关系、中日关系、中俄关系、中欧关系、中非关系等重大外交事件的新闻追踪,"三农"、弱势群体权益保障、房价、就业、收入差距、社会公德、教育公平、反腐倡廉等社会热点问题的持续关注,这些都能够丰富高职院校思想政治教师的本体性知识。

具备丰富实践智慧的高职院校思想政治教师一般都"有先进的教学法知识,包括对教育学、心理学、学科教学论、教育心理学、教育管理学等基础知识与基本理论能够准确掌握,且能够创造性地运用兼具先进性与人文性的教育教学方法"[1]。具有丰富实践智慧的高职院校思想政治教师还具有比较丰富的实践性知识。"从教学实践场景来看,真正主导教师教育教学的是一种融合了公共知识以及教师个体经验、体验、信念等的知识,即教师的实践性知识。"[2]对于高职院校思想政治教师而言,其实践性知识孕育于丰富的思想政治教育教学实践之中,又因高职院校思想政治教师的个体差异而表现出鲜明的个性特征,即因为高职院校思想政治教师个体教育教学实践的不同而表现出"个体性、经验性、情境性、伦理性及复杂性等特征,且蕴含于其中而成为教师知识范畴内的重要组成部分"[3]。其实,没有个性化的思想政治教育教学实践,就没有丰富的思想政治教育教学实践性知识,也就不会生成特色鲜明的思想政治实践智慧。具备丰富实践智慧的高职院校思想政治教师能够获取实践性知识并拥有积累意识,不断增强其具体教育教学行为的科学性、针对性、目的性,以提高观察敏锐性、审视精确性、体验全面性、感悟深刻性,从而积极获取更为丰富的实践性知识以培育个性化的教师实践智慧;能够不断增强理论素养,高职院校思想政治教师无论从具体的教育教学实践到丰富的实践性知识,还是从丰富的实践性知识转化为教师实践智慧都是感性认知到理性感悟、从自发行为到自觉实践的不断超越自我、提升自我的动态生成过程,而这一过程如果没有丰富的理论素养,要实现不断超越与提升是不可能的;能够培养高职院校思想政治教师合作精神与团队意识,促进其与社会、学校、同行、学生之间的团结与协作,从而科学开发与有效利用校内外教育教学资源,进而促进高职院校思想政治教师之间对实践性知识的共生、共长、共享。丰富的教育教学实践经验是高职院校思想政治教师成长的基石,只有在具体的思想政治教育教学实践中不断积累和丰富实践性知识,并进行科学尝试、大胆创新、不断探索,才可能凭借坚实的理论素养与丰富的实践性知识不断生成教师实践智慧,而教师实践智慧的培育、发展、升华将最终成就智慧型高职院校思想政治教师。实践证明,合理的学科知识结构有利于高职院校思想政治教师实践智慧的有效生成与不断增进。

其实,具备丰富实践智慧的高职院校思想政治教师不仅"对本学科的基础理论有着深入的先进研究,对本专业的前沿问题有着较高的学术造诣",而且"对相关学科、专业知识也广泛涉猎又能灵活运用,并在具体教育教学情境中旁征博引、潇洒

---

① 李宏昌,杨秀莲.高校教师实践智慧问题探讨[J].黑龙江高教研究,2012(12):90.

② 杨燕燕.培养实践智慧的教师职前实践教学——以加拿大卡尔加里大学为例[J].全球教育展望,2012(4):39.

③ 谭仁杰.做研究型教师[M].西安:陕西师范大学出版社,2006:79.

自如"。^① 这里所说的"相关学科、专业知识"主要是指一般文化知识。

如,有的教师在讲授马克思主义哲学基础知识时,用"掩耳盗铃""画饼充饥""望梅比渴""智者疑邻"说明主观主义者的荒唐;用"邯郸学步""东施效颦""削足适履""揠苗助长"讽刺唯心主义的愚蠢;用"知己知彼、百战不殆""星星之火、可以燎原"证明唯物辩证法的巨大威力;用"沉舟侧畔千帆过,病树前头万木新"说明新生事物不可战胜;用"山重水复疑无路,柳暗花明又一村"表达前进性与曲折性的辩证统一。^②

(三)强烈的教师职业认同

众所周知,"教师是传播做人的道理,传授学科知识和从业技能,帮助受教育者解决学习、生活中的困惑和烦恼的专业人员。社会又把教师群体视为理性的典范,道德准则的楷模,文化科学的权威,特定社会价值的拥护者。从这一视角观察,教师不仅是一名从事教育教学的专业人员,而且是一个文明的传承者、文化的传播者,这也正是教师职业有别于其他职业的特殊之处"^③。富有实践智慧的高职院校思想政治教师能够对此产生强烈共鸣,对所从事的教师职业产生强烈的职业认同。强烈的教师职业认同是高职院校思想政治教师得以涵养、培育与生成实践智慧的重要情感元素。通常情况下,高职院校思想政治教师总是"以一种科学教育教学理念和高尚人生境界追求作为其教育教学实践的指导方针"^④。在日常的教育教学实践之中,富有实践智慧的高职院校思想政治教师能够对思想政治教育教学本质进行永恒追寻,对思想政治教育教学工作始终富有无限热情,对高职院校思想政治教师职业性质进行理性认知,对高职院校思想政治教师职业幸福具有深切体验。所有这些,正是高职院校思想政治教师对所从事的教师职业强烈认同的集中反映。事实上,新时期高职院校思想政治教师强烈的职业认同形成于对思想政治教育事业的忠诚,对思想政治教学工作的执着,对学校可持续发展的关注,对学生健康成长的关爱,对学生与自己生命的敬畏。一般情况下,具有实践智慧的高职院校思想政治教师都具有强烈的职业认同,并能够以此有效构建高职院校思想政治教师共有的精神家园。共有精神家园的构建与经营能够使更多的高职院校思想政治教师产生和增强教师职业认同。这种强烈的职业认同的获得与强化也是高职院校思想

---

① 李宏昌,杨秀莲.高校教师实践智慧问题探讨[J].黑龙江高教研究,2012(12):91.
② 张连科.谈在思想政治课上发挥教学艺术的魅力[J].雁北师范学院学报,2000(2):63.
③ 边宏.教师职业认同感缘何缺失.中国教育报[N].2007-9-20.
④ 李宏昌,杨秀莲.高校教师实践智慧问题探讨[J].黑龙江高教研究,2012(12):90.

政治教师在具体教育教学实践中领略职业魅力、确认职业价值、感受职业荣耀和享受职业幸福的过程。有了这种强烈的职业认同的高职院校思想政治教师才能寓教于乐、勇于探索、完善自我，从而促进高职院校思想政治教师与学生的共生共荣、和谐发展。

（四）和谐的师生关系

高职院校思想政治教师实践智慧无论以何种形式呈现与表征，都根源于其对学生博大、无私、纯真的爱，对教育事业的无限热爱、执着与追求。具备丰富实践智慧的高职院校思想政治教师能够深入了解学生、真心爱护学生和充分尊重学生。深入了解学生既是高职院校思想政治教师真心教育和精心培养学生的基础与前提，也是高职院校思想政治教师对学生的爱与责任的真实体现，更是其高尚职业道德与独特人格魅力的有力彰显。具备丰富实践智慧的高职院校思想政治教师更能够给予学生充分的信任。尤其是对思想政治学科学习成绩不理想、学习缺乏良好习惯、不被家长和老师重视的学生，这些教师能够充分调动他们上思想政治课的主动性、积极性，能够尊重他们的心理需求，能够激发出学生上进的动力。具备丰富实践智慧的高职院校思想政治教师更能够充分尊重学生的个体差异性。现实生活中，学生在生活经验、兴趣、智能上存在明显差异，一般男生好动、比较粗心，女生好静、比较细心。具备丰富实践智慧的高职院校思想政治教师能够正视学生个体差异与性别差异，并在思想政治课堂教学中使各种差异取长补短、相互融合，以让学生在差异中丰富和拓展自己。具备丰富实践智慧的高职院校思想政治教师更懂得欣赏每一个学生的优点，鼓励每一个学生的特长。这种赏识体现这些高职院校思想政治教师"对学生生命和人格的尊重，对学生优点和进步的认可。它能使学生心情愉快，充满成就感，成为学生进步的原动力"①。具备丰富实践智慧的高职院校思想政治教师更善于激励学生，他们能够视激励为自己教育教学工作中的重要组成部分，而不是一味地强调批评与处罚。具备丰富实践智慧的高职院校思想政治教师更讲究公平，他们对学生一视同仁，这种公平观念和做法与学生思想政治课成绩好坏无关，与学生是否遵守规则无关。在他们看来，"没有不好的学生，只有不好的教育"，他们是这一理念的现实践行者。当高职院校思想政治教师能时刻铭记教师职业责任与职业使命时，当高职院校思想政治教师时刻尊重、理解与信任学生时，当高职院校思想政治教师始终对学生一视同仁时，无论遇到何种教育教学难题，他们都不会埋怨、训斥与贬低学生。即使学生有时侵犯自己尊严，他们也不会在言语和行为上

---

① 周位群.漫谈赏识与惩罚[J].教育艺术,2008(6):4.

伤害学生心灵,而是在充分尊重学生个性心理,尊重学生生命价值的前提下,采取合情合理、行之有效的方式方法以实现思想政治教育教学的根本价值诉求。

如,有的高职院校思想政治教师通过主题班会、座谈会,开辟师生之间对话的渠道,有的高职院校思想政治教师通过电子邮件、微博、QQ聊天等方式与学生共同讨论学习中的困惑、情感上的烦恼。其实,学生与教师进行经常性的、深入的思想交流与情感沟通,能大大地增强师生间的感情,使教师更加了解与关心学生,学生更加尊重与爱戴教师,从而最大限度地拉近师生的心理距离。高职院校思想政治教师以爱和责任为基础与学生实现平等、友好的互动是促进教师实践智慧生成与发展的有效途径,而和谐的师生关系也是高职院校思想政治教师实践智慧在教育教学实践中得以生成与发展的优良软环境。

(五) 精湛的教育教学技艺

精湛的教学技艺是高职院校思想政治教师实践智慧的另一种重要表现样态。在现实生活中,伴随思想政治教育教学实践的逐渐深入和教育教学实践性知识的不断积累与内化,高职院校思想政治教师教育教学技艺也不断强化与提升。具有丰富实践智慧的高职院校思想政治教师"能够科学、合理地结合实践中的教学技能和教学经验,灵活、熟练地运用现代化的教学手段与先进的教育方法,不断提升其最佳教学效果"[1]。精湛的教学技艺主要"集中于具有实践智慧的教师在教学语言、教学方法选择、教学手段运用、教学组织管理、教学风格塑造过程中所表现出来的技术含量与艺术品位"[2]。具有丰富实践智慧的高职院校思想政治教师能够根据教材内容选取恰当的教学方法,借助相得益彰的教学手段,激发学生的情感体验,使学生产生强烈的思想共鸣,增强了思想政治课堂教学的趣味性、艺术性与实效性。

如,有的教师在讲解《矛盾普遍性与特殊性及其辩证关系》时,就选择了与教材内容相符合的四段音乐:小提琴协奏曲《梁祝》、钢琴曲《命运》、二胡曲《二泉映月》、萨克斯曲《回家》。由于学生对这四段音乐都比较熟悉,因此,每放一段,有学生就能说出它的名字。四段音乐播放完毕,这位老师又让学生回答:"试着说一下每段音乐是用什么乐器演奏的?"由于都是大家耳熟能详的乐曲,学生们热情高涨,一一回答出了每段乐曲对应的乐器。根据学生的回答,这位老师进行了总结:"我们之所以能区分清音乐的名称,就是因为每一段乐曲都有不同的特点,有的如泣如诉,有的激昂,有的婉转优美;每一种乐器也都有不同的特点,可见,此事物之所以

---

① 李宏昌,杨秀莲.高校教师实践智慧问题探讨[J].黑龙江高教研究,2012(12):91.
② 李宏昌,杨秀莲.高校教师实践智慧问题探讨[J].黑龙江高教研究,2012(12):91.

是此事物而不是彼事物,就是因为他们具有不同的特点,这就是我们区分不同事物的标准。"①通过将不同乐器演奏的乐曲引入课堂教学之中,激发学生的学习兴趣,利用学生对每个乐曲所用乐器的判断与分析,巧妙地将抽象的哲学问题融入现实生活中的精彩画面,能够使学生对哲学产生浓厚的兴趣,使学生真正意识到"生活之中处处有哲学"。

有的教师在讲授《唯物辩证法的实质与核心》第二部分"坚持对具体问题作具体分析"时,还巧妙地运用央视"白加黑"感冒片的广告语"白天吃白片,不瞌睡;晚上吃黑片,睡得香"来引导学生分析:"白天为什么要吃白片,而晚上为什么要吃黑片?""如果是白天吃黑片,而晚上吃白片,这样行不行? 那又是为什么?"通过对日常生活中的小事蕴含的哲理进行分析,有助于学生深入把握矛盾特殊性原理,培养学生在实际生活中遇到问题时学会"对症下药",从而更好地坚持具体问题具体分析。

其实,无论是引入耳熟能详的音乐的,还是分析朴实无华的广告语,都是通过日常生活中的小事件来揭示其中蕴含的哲理,这种看似简单的做法却能够反映出这些高职院校思想政治教师组织课堂教学的技巧性和艺术性。而精湛的教育教学技艺,其魅力就在于高职院校思想政治教师所主导与引领的具体教育教学实践活动是一种具有创造性劳动。在这种"创新性劳动"中,富有实践智慧的高职院校思想政治教师能够不断优化课堂教学设计、追求课堂教学丰富性与艺术性,从而不断提高课堂教学效果。为此,富有实践智慧的高职院校思想政治教师乐于加强美学修养、提高审美情趣,善于研究学生的个性特征、挖掘教材中蕴含的艺术,能够从语言、情感、形象、风格等各方面力求达到真善美的完美统一。

(六) 完备的教师教育机智

对于不同类型的高职院校思想政治教师,"其实践智慧表现出不同的形式,如新教师的实践智慧还处于精心培育与逐渐生成的状态,而对于具有丰富教育教学经验的教师,其实践智慧是教学技艺的精湛性与教学机智的完备性的完美结合"②。所谓教师教育机智就是教师的"一种教育教学实践中的行动能力"③。在思想政治教育教学实践中,"对于教师来说,教育机智就意味着随机应变、因势利导、对症下药、化险为夷,意味着沉着冷静、镇定自若、实事求是、掌握分寸"④。健全而

---

① 仇琨.五年制高师思想政治教学艺术研究[D].苏州:苏州大学,2008.

② 李宏昌,杨秀莲.高校教师实践智慧问题探讨[J].黑龙江高教研究,2012(12):91.

③ 李宏昌,杨秀莲.高校教师实践智慧问题探讨[J].黑龙江高教研究,2012(12):91.

④ 王枬.教育智慧:教师诗意的栖居[J].社会科学家,2002(3):7.

完备的教育机智是高职院校思想政治教师实践智慧的集中体现之一,是高职院校思想政治教师"丰富教育教学实践经验的结晶,是高职院校思想政治教师教育理念、职业素养与实践反思多元整合的必然产物"①。具备丰富实践智慧的高职院校思想政治教师要能够科学预见并灵活机智地应对复杂多变的教育教学情境,从而全方位、立体式地展现高职院校思想政治教师实践智慧魅力与价值。在具体的教育教学实践中,高职院校思想政治教师实践智慧更多地表现为教育机智的健全性与灵活性。在课堂教学中,富有实践智慧的高职院校思想政治教师能够机智地引领学生进行教学过程,能够机智地传授理论知识,能够机智地转化各种教学困境。在面对渴望知识与个性鲜明的学生群体,富有实践智慧的高职院校思想政治教师能够细心观察、真心体验、精心策划,恰当地捕捉教育时机,一语道破教学难点问题,使学生更好学习理论、感悟生命价值、领悟教育真谛。

如,有的教师引用毛泽东的两句诗:"坐地日行八万里,巡天遥看一千河。"生动而贴切地向学生说明了"绝对运动"与"相对静止"的辩证统一关系。有的老师在讲述"人生的真正价值在于对社会的奉献"时,介绍胜利油田的廖永远的事迹,并引用他的自撰对联:"干事业,有风有雨有得有失,得比失多;搞钻井,有惊有险有苦有甜,苦比甜多。"通过这副对联的背景介绍与内容分析,使学生得以顺利突破"人生的真正价值在于对社会的奉献"这一教学难点问题,收到了良好的教育效果。

面对突发事件或偶发情形时,富有实践智慧的高职院校思想政治教师善于变被动接受为主动应对,变不利因素为有效资源,变沉闷、呆板的教学过程为活跃、灵动的教学情境。

如,讲到公民享有的政治自由时,恰巧窗外飞过一只气球,课堂起了一阵小小的骚动:"哎,气球哎",有调皮的男生甚至伸长了脖子去看。教师索性哼了一句:"在你的心上自由地飞翔。"接着又念道:"生命诚可贵,爱情价更高。若为自由故,两者皆可抛。"学生们都笑了起来,教师又大声地说道:"但是,现实中有没有不受任何限制的自由呢?"让学生仔细阅读课文后进行探讨,学生们的思绪重又回到课堂中来。②

显然,这位思想政治教师对突然发生的真实情境的敏锐把握和有效调控就是健全而完备的教育机智的表现。而这样的教育机智,是高职院校思想政治教师在长期的教育教学实践的不断磨炼、不断历练中逐步形成、完备和健全起来的,是高职院校思想政治教师丰富的理论性知识、深刻的实践性反思与个体生活智慧的结晶。

---

① 李宏昌,杨秀莲.高校教师实践智慧问题探讨[J].黑龙江高教研究,2012(12):91.
② 姜红晓.思想政治教师的教学机智及培育[D].南京:南京师范大学,2011.

第三章 高职院校思想政治教师 实践智慧的价值分析

事实上,高职院校思想政治教师实践智慧的生成与发展,能够不断塑造高职院校思想政治教师完美形象,增进高职院校思想政治教师教学技艺,提升高职院校思想政治教师职业素养,从而不断彰显高职院校思想政治教师独特的人格魅力;能够不断提升高职院校思想政治教师教育效能感,培养学生创新意识与创新思维,充分体现思想政治教育的本质,从而有效实现思想政治教育教学实践中的良性师生互动;能够不断践行新形势下高职院校思想政治教育教学新理念以提供强劲动力,实现新时期高职院校思想政治教育教学改革诉求,创设生活化情境以展现改革成效,从而全力推动新时期高职院校思想政治教育教学改革不断深化。所有这些,都充分体现了实践智慧对高职院校思想政治教师个体、对高职院校思想政治教育教学改革和思想政治教育教学实践创新与发展所具有的重要理论价值与实践价值。

一、彰显高职院校思想政治教师人格魅力

所谓人格魅力,是指"一个人表现出来的各种行为举止与精神气质,以及通过自己的这种举止和气质影响他人的能力,因此人格魅力是一种人品、能力、情感的综合体现"[1]。在日常教育教学实践中,教师人格魅力作为一种宝贵的、无形的教育教学资源具有更强的思想影响力、心灵渗透力,对作为实践对象的学生身心健康成长与发展既具有最直接的示范与引领作用,又具有更持久的感化与塑造价值。高职院校思想政治理论课教学是对学生进行马克思列宁主义的世界观、人生观和价值观教育教学的实践过程。大学时代是人生的黄金时期,也是学生健康、高尚、和谐人格培育与生成的关键时期。而具备丰富实践智慧的高职院校思想政治教师

---

① 刘显著.教师人格魅力与和谐课堂的构建——以高校思想政治理论课为例[J].咸宁学院学报,2009(1):105.

能够从思想政治的学科特点和教育优势出发,充分尊重学生生命,切实关注学生心灵;能够以渊博的知识激励学生,以完美的职业形象引领学生,以精湛的职业技艺培养学生,以优雅的职业行为教育学生,以高尚的职业素养塑造学生。事实上,高职院校思想政治教师只有在培育与提升自身实践智慧的过程中才能更好地彰显其完美的职业形象、高超的教学艺术和完善的职业素养,并以此有效推进思想政治教育教学实践的全面、协调和可持续发展。

(一)塑造高职院校思想政治教师的完美形象

所谓教师形象,一般是指"教师在从事教育职业活动时,由职业活动的特殊性要求而应该形成和具有的行为举止上的风貌、特征,包括教师的教学形象(知识状态、教学能力、教学风格、服务态度)和生活形象(价值观、生活方式)"①。在日常教育教学实践中,高职院校思想政治教师的完美形象是其实践智慧得以培育与生成的重要标志,丰富的高职院校思想政治教师实践智慧是其完美形象得以展现与彰显的动力资源。因此,只有拥有丰富与高超实践智慧的高职院校思想政治教师,才能在教育教学实践过程中,真正尊重和利用教育教学基本规律和学生身心健康成长规律,努力践行"学为人师、行为世范"的职业道德与职业理想,进而不断塑造与养成乐于实践反思、注重内外兼修、强调角色整合的完美职业形象。

1. 乐于实践反思

完美的教师形象是教师科学践行教育理念的必然结果,是教师特定姿态和精神风貌的集中反映,是社会、公众和学生对教师的良好期望。一般情况下,教师形象被划分为两类:一类是基于传统教学理念、过分依赖教育教学经验和现代教育技术的"经验型教师"(或称之为"技术型教师");另一类是与其相对应的"反思型教师"。"反思型教师"是对当代教师形象的重新定位与全新解读。早在20世纪80年代,受后现代主义课程观影响,有学者对现代范式下的学校教育重新审视,对学校课程与课堂教学进行解构与重建,并在此基础上对教师形象进行了批判性地反思和建设性地探讨,进而提出了"反思型教师"这个对当代教师形象的定位与解读。当代的"反思型教师"是对传统的"经验型教师"的批判与超越。"反思型教师"形象的塑造与养成更关注教师在教育教学实践中的反思,以期全力改变科学主义与技术操作对教育教学实践的实际控制与固化影响,使教育教学理论与教育教学实践建立起全新的操作平台与融合环境。通过"反思型教师"形象的价值诉求,积极推

---

① 程瑞,田万惠.教师形象构成及其教育价值积极实现途径[J].淮北煤炭师范学院学报(哲学社会科学版),2010(4):158.

动教师超越对传统教学经验和现代教育技术的过分依赖,真正走向对教育教学实践的自主性反思、创造性反思与自觉性反思。

在新形势下,高职院校思想政治教师必然由传统的"经验型教师"向当代的"反思型教师"转变。作为高职院校思想政治教师,其实践智慧本身就具有实践反思性,而这种实践反思性有助于教师在其教育教学实践中培育与养成乐于反思的教师形象,并最终成就为具有当代意义的"反思型教师"。实践证明,拥有丰富实践智慧的高职院校思想政治教师是善于并乐于实践反思的。在处理教育教学理论与实践的关系时,拥有丰富实践智慧的高职院校思想政治教师能够以改革创新的理念、开放性思维和包容性心态观察与分析教育教学对象、内容、过程与环境因素,使其日益成长为思想政治教育教学理论的思考者与建构者和思想政治教育教学的实践者与开拓者。在具体的教育教学决策中,拥有丰富实践智慧的高职院校思想政治教师能够以创新性思维科学地整理掌握的新资料、新事件、新数据、新成果等信息资源,并对此进行全方位的分析与综合,为决策提供坚实的理论基础与实践素材。这一过程既关注思想政治教育教学过程的动态性,又关注思想政治教育教学结果的实效性,从而实现了对自身教育教学实践过程与学生知识建构、道德培养、人格塑造的双重的、积极的实践反思。在教学方法选择与教学模式构建时,拥有丰富实践智慧的高职院校思想政治教师更关注探究式与合作式,能够培养学生合作意识与合作精神,能够指导学生建构问题、分析问题与探究问题,并以研究者的姿态和主导者的身份引领整个思想政治教育教学实践发生、发展、完成与反思的全过程,并把日常教育教学和科学研究紧密结合起来。总之,拥有丰富实践智慧的高职院校思想政治教师无论是在处理教育教学理论与实践关系时,还是在具体的思想政治教育教学决策中,都能够以开放、创新、建构的思维方式对其教育教学实践进行积极性、经常性、深刻性的反思,从而不断培育与塑造出乐于实践反思的完美教师形象。

2. 注重内外兼修

高职院校思想政治教师形象是其师德、知识、才华、体魄、风貌等各种素质在教育教学实践中的有机结合与完美统一。高职院校思想政治教师是学生健康、和谐人格的重要参照与理想化身。事实上,拥有丰富实践智慧的高职院校思想政治教师在塑造自身完美形象时更注重内外兼修,既追求教师外在的良好风貌与优雅风度,又注重教师内在的独特气质与文化修养。

(1)塑造内在美。一是高贵的真理品格。思想政治理论课进行马克思列宁主义、毛泽东思想、邓小平理论和"三个代表"重要思想和科学发展观的基本观点、基本理论教育,使学生能够领悟辩证唯物主义和历史唯物主义的基本观点和方法,并初步形成正确的世界观、人生观、价值观,为终身发展奠定思想政治素质基础。思想政治课的这一性质表明其内容具有真理性。因为,无论是辩证唯物主义和历史唯物主义,还是中国共产党的指导思想都是真理,这在客观上要求作为教育者的高职院校思想政治教师要把学生引入真理的殿堂,自己必须首先具备追求真理、捍卫真理与践行真理的优秀品质。拥有丰富实践智慧的高职院校思想政治教师坚持真理、捍卫真理、敢于探索、勇于创新,具备不断发现、永远捍卫和推动发展真理的理论素养;具备以科学的方法、有效的方式来热情传播、耐心解读科学真理的教育能力;具备将尊重知识、崇尚科学、追求真理的思想播入学生心灵的实践技艺,从而将思想政治教育教学演变为追求、捍卫与发展科学真理的实践过程。二是高尚的道德品格。高职院校思想政治教师职业道德是在其教育教学实践活动中,将教师职业道德规范内化为自身教师职业道德修养,并在日常教育教学实践中又外化为完美教师职业形象的动态过程。拥有丰富实践智慧的高职院校思想政治教师能够对培育学生自主、自立、自强的能力和态度有更科学的认知,对树立学生的爱国主义、集体主义和社会主义思想情感有更有效的方式,对初步形成正确的世界观、人生观和价值观有更深刻的体验,这也决定了高职院校思想政治教师在日常教育教学实践中要积极追求更高尚的职业道德、更高贵的职业品质、更高远的职业理想。以上的真理品格和道德品格构成了拥有丰富实践智慧的高职院校思想政治教师职业形象的内在美,是其人格魅力的核心内容与集中体现,是高职院校思想政治教师外在仪表的主要内容和重要基础。

(2)展现外在美。一、语言精准,富有内涵。语言是教师传播知识、传承文化、传递文明最基本的载体,是教师对学生知识建构、道德教化、心灵启迪最基本的工具。拥有丰富实践智慧的高职院校思想政治教师能够以本学科基础知识、基本理论为话语背景,遵循本学科知识特点、理论特质,运用本学科的专业术语、特有思维、理论建构来科学、准确、深入地讲解教育教学内容,真正做到突出教育教学重点,突破教育教学难点,并且在运用思想政治学科概念、判断、推理的教学思维方式时,更追求与讲究通俗性、逻辑性、建构性;在对学生发言、活动的评议中,更加注重规范性、准确性和启迪性。二、举止文明,仪表优雅。拥有丰富实践智慧的高职院校思想政治教师既注重教育教学实践本身规划的科学性、操作的规范性和结果的有效性,又注重自己作为具体教育教学实践主导者行为举止的文明、礼貌、得体。因为,拥有丰富实践智慧的高职院校思想政治教师既要有较高的学科理论素养和精湛的专业技能,还要在日常教育教学实践中追求自己举止的精益求精和仪表的尽善尽美,从而能够以稳重举止、端庄姿态、整洁着装、优雅气质塑造自身的美好形象。因此,只有将具有内涵的内在美与展现优雅的外在美全方位地整合与彰显,才能在教育教学实践中塑造高职院校思想政治教师的完美形象。

3. 强调角色融合

一是课堂教学的促进者。新时期高职院校教育教学改革要求高职院校思想政治教师树立教学促进者的形象。因此,高职院校思想政治教师的职业责任是要通过课堂教学实现新形势下高职院校思想政治教育教学改革的基本目标。作为思想政治课堂教学的促进者,富有实践智慧的高职院校思想政治教师能够科学规划课堂教学过程,能够构建课堂教学生活化情境,能够积极调动学生的主动性与创造性,能够有效实现课堂教学中的师生、生生良性互动,以充分实现思想政治课程的知识、技能与情感、态度、价值观"三位一体"的教育教学目标。二是学生成长的引导者。实践证明,拥有丰富实践智慧的高职院校思想政治教师更加尊重学生生命,更加包容学生个体差异,从而能更好实现对学生由"被动接受—主动完成—自觉成长"的积极引导过程。在这个动态生成的过程中,具有丰富实践智慧的高职院校思想政治教师能够积极借鉴已有的教育教学经验,有效整合现有校本教育教学资源,恰当运用现代教育技术,科学设计整体教学过程;能够有计划、有步骤地积极引导学生完成与实现预定目标;能够引导学生回顾与总结已经完成和实现的教育教学实践过程,不断培养学生的科学态度、创新意识与合作精神;能够引导学生保持个性、张扬个性、发展个性,成就具有自我特质的人生;能够引导学生保持乐观心态,秉承人文关怀,诠释生命价值。三是学生发展的评价者。新时期高职院校教育教学改革要求高职院校思想政治教师对学生在教育教学实践中呈现出的成长状态与发展质量作出科学、有效的评价。拥有丰富实践智慧的高职院校思想政治教师不仅能实现对学生学科知识的识记和理解情况的科学测评,而且能对学生学科基本技能的把握与运用程度进行客观分析。更为重要的是,富有实践智慧的高职院校思想政治教师在上述科学测评与客观分析的基础上,能够充分考虑学生知识习得、结构完善和技能掌握、实际运用过程中的主观精神状态与客观情境因素,如时间、空间、情感、意志、心境、互动等多种因素,全面、具体、真实地记录学生知识习得、情感成熟、心理成长的过程,从而实现对学生身心健康发展科学、有效的评价。四是终身学习的践行者。高职院校思想政治教师实践智慧,不仅要经过健全专业知识、扎实职业技能、坚实行业素质的职前养成,而且要经过真实、具体、复杂的思想政治教育教学实践的锻炼、打磨与洗礼,还需要参加定期的、有序的、持续的继续教育,才能得到全方位的培育与提升,并日益完善与发展。因此,实践智慧的培育、生成与发展是一个伴随高职院校思想政治教师终身的实践过程,这也在客观上要求高职院校思想政治教师在养成与提升自己实践智慧的过程中日益成为一名终身学习者。高职院校思想政治教师成为终身学习践行者的过程,是自我学习、向专家学习、与同事合作学习、向学生学习、向所有具有更高超实践智慧者学习的实践过程,只有这样,才能以"活到老,学到老"的积极心态实现"学真知、求真理、做真人"的人生目标。五,教学行动的研究者。在论及高职院校思想政治教师实践智慧的过程中,高职院校思想政治教师更多的是被研究者、被分析与解读的对象、被塑造与诠释的客体。事实上,高职院校思想政治教师若要更为全面与富有实效地培育与提升自身的实践智慧,除了自己科学地建构其学科专业知识结构、积极借鉴和吸纳学术界与理论界的最新研究成果以指导新的教育教学实践外,更为关键的是自己也要成为研究者,以关系性思维、开放式思维、动态性思维不断促进思维方式变革,从而加强与改进实践反思、培育与提升科研能力、构建与完善教师对话机制,不断健全其教育教学科研素养。只有这样,才能促使高职院校思想政治教师真正地了解自己、解剖自己、完善自己,才能真正地实现经由研究自己而不断推动其教师专业化成长、新形势下高职院校思想政治教育教学改革目标落实与高职院校思想政治教育教学实践创新。

(二)提高高职院校思想政治教师的教学艺术

高职院校思想政治教师在其丰富实践智慧的引领与指导下,能够实现思想政治课堂教学科学性和艺术性的完美统一,即实现思想政治课教学以"求真"(客观再现思想政治教育教学内容)、"向善"(达到人的道德、精神、素养、境界的多重提升)、"尚美"(思想政治教育教学艺术性与共享主体生命创造幸福)的共生共荣。其实,对真、善、美的追求是人类进入文明社会以来永恒的追求,也理应成为高职院校思想政治教师自觉培育与提升其实践智慧的价值诉求。对于思想政治教育教学实践中所表现出来的科学态度、崇高品行、神韵气质,作为实践对象的学生要先机械记忆、感性认知,然后是理性把握、深入领悟,进而将其内化为正确世界观、人生观、价值观。因此,在具体的教育教学实践中,高职院校思想政治教师要不断锤炼自己的教学艺术。

1.以情启智。富有实践智慧的高职院校思想政治教师在不断培育与提升教学艺术的过程中会向学生注入更多的关爱,对教学注入更多情感,为职业担当更多的责任。可以说,在教育教学实践中,所注入的"爱"、所倾注的"情"、所担当的"责"都将不断地增强高职院校思想政治教师的职业认同感与职业幸福感。在传统灌输式的教育教学实践中,高职院校思想政治教师更多的是把占有的专业知识进行机械的存储、整理,再通过简单的语言、常规的表述、一般的理解传授给学生,学生对思想政治学科基础知识与基本理论更多停留在死记硬背上,能够进行知识建构、意义理解、内化素质的并不多见。而富有实践智慧的高职院校思想政治教师,能够超越传统灌输式的教学,以高超的实践智慧引领注入丰富情感、构建生活情境、追求意义生成的教育教学实践。其实,当高职院校思想政治教师实践智慧外化为高超的教学艺术时,最直接的表现形式就是能够创设生活化教育教学情境。因为源于实践智慧而生成的高超的教学艺术,能够促使教师在具体教育教学实践中,用经验来激活知识,用思维来建构知识,用情感来丰富知识,用想象来拓展知识,用智慧来批判知识,用心灵来感悟知识。

如,在讲解"中国共产党是我国社会主义事业的领导核心"时,有的教师就运用了这样的排比修辞:"从鸦片战争的烽火到林则徐虎门销烟,从公车上书之壮举到戊戌变法六君子的暴尸街头,从谭嗣同的'有心杀贼,无力回天'的愤感到孙中山'革命尚未成功,同志仍须努力'的嘱托,从卢沟桥的炮声到渡江作战的号角,从第一面红旗的冉冉升起到东方雄狮的仰天长啸,从大漠深处蘑菇云的升腾到改革开放的伟大业绩,从香港、澳门的顺利回归,到'反对分裂,坚持统一'的对台政策……"①以饱满的激情去诉说近代以来民族的灾难史和革命的斗争史,并配以丰富的表情、优美的教态、抑扬顿挫的声调,以一种扣人心弦的情感魅力,感召学生、震撼学生、教育学生,以情动人,入情入理,从而使学生相信:"只有中国共产党是我国社会主义事业的核心"。

实践证明,高职院校思想政治教师实践智慧越提升、越发展,其教学艺术就越精湛、越高超,就越能激发学生求知欲,越能提高学生审美力,越能激起学生爱国情,还学生以学习的愉悦,还教学以生命的尊重,还教育以生活的本质,进而更有效地启迪与发展学生的智慧。

2.风趣幽默。著名教育家苏霍姆林斯基认为:"如果教师缺乏幽默感,就会筑起一道师生互不理解的高墙:教师不理解儿童,儿童也不理解教师。"②而快乐的氛围、愉悦的环境、人文的气息,能够使学生更容易接受知识、理解意义、生成价值。富有实践智慧的高职院校思想政治教师更善于和乐于在教育教学实践中营造有利于学生成长的氛围。通过问卷调查、教师访谈与随堂听课,本研究发现,那些既关心理论智慧涵养,又关注实践智慧提升的高职院校思想政治教师往往能够通过富有哲理的寓言故事、影视作品的经典人物、内涵丰富的漫画赏析、古今中外的名言

---

① 张连科.浅谈在思想政治课上发挥教学艺术的魅力[J].雁北师范学院学报,2000(2):62.

② [苏]苏霍姆林斯基.给教师的一百条建议[M].天津:天津教育出版社,1981.

警句等表现形式,使思想政治课堂教学呈现出丰富多彩、轻松愉悦的良好氛围。

如,有的教师在讲到企业强强联合是市场行为,而不是背离经济规律时,指出"让两个具有坚实基础与发展潜力的企业'自由恋爱',他们就能'喜结连理'、共同辉煌;而如果'拉郎配',那么'强扭的瓜'不会甜,结果是结不成婚反而可能双双殉情。"这一幽默的表述能够激发学生的学习兴趣,激起学生的学习热情,消除学生的厌学情绪,使思想政治课真正意义上实现情景交融、寓教于乐。

此外,高职院校思想政治教师在课堂教学中针对学生回答出现的障碍、错误和另类言行,能够用一个幽默表情、一句机智的回应、一个风趣的手势,就可以避免学生的情绪波动,就可化解学生的尴尬状态,就可以消除学生的抵触态度,就可以缓和紧张的课堂气氛。一般情况下,当看到有学生伏在课桌上打瞌睡时,大多数高职院校思想政治教师或是亲自把这些学生叫起来,或是让身边的学生把他们叫起来。而有的老师并不是这样做的。

如,有的老师是先把教课内容停了下来,给大家讲了一个小故事:"听说有一个小企鹅,在跟师父垒巢时,总是爱把头和长长的脖子贴到地面上待一会。它师父问:'你这是什么意思?'小企鹅回答说:'我是对师父的礼貌'。由此我深受启发,有的同学上课总喜欢把头贴在桌子上,可能这也是对老师的礼貌吧!"话音刚落,学生大笑,睡觉的学生被突如其来的笑声"惊醒",从表情能够看出他们的羞愧,教师此时却是还以微笑。[①]

这位老师以如此幽默的小故事把昏昏欲睡的学生重新唤回了课堂,既避免了睡觉学生被突然叫醒的尴尬,又营造了课堂友好、和谐的氛围。总之,高职院校思想政治教师培育与生成其实践智慧的过程,其实也是尊重与利用教育教学客观规律和培养与提高课堂教学艺术的过程,从而实现高职院校思想政治教育教学实践中的规律性和艺术性有机统一。

3. 评价科学

思想政治教育教学作为一种目的性与计划性结合、规律性与艺术性统一的实践活动,客观上要求作为这一实践主导者的教师能够对作为教学主体与实践主体的学生和对整个教育教学的方式、方法、过程、目标、实现程度作出科学分析与价值判断,这种科学分析与价值判断过程就是思想政治教育教学评价过程。这种评价过程是完整的教育教学实践的重要环节。因为,科学的、系统的、客观的、具体的教学评价,能够直接指向并指导已经完成的思想政治教育教学实践显现的或潜在的

---

① 仇琨.五年制高师思想政治教学艺术研究[D].苏州:苏州大学,2008.

意义与价值,并做出科学、公正、合理的判断与测评。由于受应试教育惯性思维的负面影响,在传统思想政治教育教学实践活动评价体系与评价机制中,忽视学生个体差异性的客观存在,直接阻碍了高职院校思想政治教育教学目标的有效实现和学生生命价值的完美生成,直接导致了高职院校思想政治教师职业幸福感的严重缺失和思想政治学科特质的彰显无力。为了根除应试教育惯性思维的消极影响,为了适应素质教育倡导的全面发展的教育理念,为了实现高职院校思想政治教育教学改革的基本目标,就必须对传统思想政治教育教学评价体系和评价机制进行根本性变革。构建具有科学性、发展性的评价体制与评价机制将成为当前思想政治课程改革的一种必然选择。现实生活中,拥有丰富实践智慧的高职院校思想政治教师在评价时更加尊重学生生命,更加关注学生个体差异,更加富有人文关怀,更专注学生学习的快乐与教师教学的幸福。这就要求高职院校思想政治教师在评价学生学习时更注重评价的肯定性与鼓励性,评价学生个体时更关心学生的个体差异性与全面性,评价学生学习过程时更关注学生学习的阶段性与动态性,评价教学效果时更注重发展性与价值性,评价自己的教学活动时更多关心学生理解性与成就感,全力构建结构科学、内容全面、内涵丰富、目标明确、富有人文性的思想政治教育教学实践评价体系与评价机制,从而在真正意义上实现学生充分、全面、自由与和谐的发展。

(三)提升高职院校思想政治教师的职业素养

教师职业素养,主要是指教师切实履行教师职责,有效完成教育教学任务,全面实现教育教学目标所必备的理论、技能、行为、艺术、作风、品格等各种"质"的要求及其各要素有机地结合在一起的综合素质与修养。高职院校思想政治教师实践智慧所关注的职业素养,主要是指高职院校思想政治教师职业内在的规范性要求,这是从事思想政治教育职业的基础性工程,是思想政治教育教学实践中的人文性底蕴,是推进学生身心健康的持久性动力。培育高职院校思想政治教师实践智慧,促进高职院校思想政治教师实践智慧发展对其职业技能提高、职业行为规范和职业作风强化都具有十分重要的价值。

1. 精湛的职业技能

高职院校思想政治教师的职业技能是其从事思想政治教育事业必备的职业技术和职业能力的总称。扎实的职业技能是教师从事思想政治教育教学实践活动的重要基础,是教师实践其职业道德、职业素养的重要保证。通常情况下,拥有高超实践智慧的高职院校思想政治教师也具备丰富理论智慧。因为,在培育与发展其实践智慧的过程中,高职院校思想政治教师必然要构建健全与完备的学科专业知识结构,必然要践行科学的、先进的教育教学理念,必然要总结与整合教育教学实践经验。其实,这些都为其培养与锻造扎实而精湛的职业技能奠定了雄厚的理论根基。因此,高职院校思想政治教师在培育与提升其实践智慧的过程中,将理论智慧与多媒体教育教学为主体的现代化教育技术紧密结合起来,将进一步增强其思想政治教育教学职业技能的扎实性。为了在思想政治教育教学实践中获得其实践智慧的进一步发展,高职院校思想政治教师将雄厚的理论根基与先进的教育技术有机统一起来,提高教育教学组织、管理、协调能力,增强教育教学科学研究能力,提高新形势下的创新能力。事实上,高职院校思想政治教师职业技能的培养与提高是根植于思想政治教育教学丰富、广泛而深入的实践活动。因为,实践,也只有实践才能增进高职院校思想政治教师学科专业知识、提高职业技能、加强道德修养、生成实践智慧。高职院校思想政治教师要勇于实践、善于实践、乐于实践。只有这样,才能在实践中反思教学过程、在实践中总结教育经验、在实践中提升职能技能,并使职业技能在扎实性与精湛性追求中达到更高的水准与层次。

2. 规范的职业行为

高职院校思想政治教师的职业行为是其职业素养的主要表现形式。广义的高职院校思想政治教师职业行为体包括其教学行为、思想政治工作行为、组织管理班级行为等基本内容。狭义的高职院校思想政治教师行为主要是指其教学行为,因为教学行为是其最基础的职业行为。所谓教学行为是教师在推进师生良性互动的过程中,组织和引导学生的认知、理解与运用思想政治学科知识、观点、原理以实现其知识、能力、情感、态度、价值观等教学目标的实践行为。高职院校思想政治教师在培育与增进实践智慧的过程中能够有效规范这一教学实践行为。这主要表现在:伴随高职院校思想政治教师实践智慧的培育与增进,其教学行为更符合思想政治教学目标、教学内容和学生发展的价值诉求;其教学行为更能表达思想政治教学的宗旨,以使学生更深入地理解思想政治教学内容;其教学行为更能从不同角度,以不同形式,用不同方法表述思想政治教学内容;其教学行为更能引起学生强烈共鸣和学生积极参与以实现师生之间良性、持久、有效互动;其教学行为更能真正达到教学目标,更有利于学生掌握思想政治学科知识,发展认知、理解与运用能力,培养个性品质和高尚道德情操。

3. 稳健的职业作风

高职院校思想政治教师的职业作风是其职业活动中表现出来的一贯态度和行为。它是高职院校思想政治教师组织与指导教育教学实践的良好心理背景和实现教学目标的必备条件。通常情况下，缺乏实践智慧的高职院校思想政治教师在其职业中往往表现出教育教学经验不足、教育教学方法单一、教育教学策略失位，而富有实践智慧的高职院校思想政治教师在其职业中更多表现为教学经验丰富、教育教学技艺高超、教育教学目的明确，其教师角色得以融合、和谐人格得以构建、教师风格得以完善、职业作风得以成熟。因此说，高职院校思想政治教师培育与增进其实践智慧的过程有助于其树立稳健的职业作风。具有丰富实践智慧的思想政治教师具备良好的真理品格，能够在其教育教学实践中坚持真理、解放思想、实事求是、与时俱进，这是高职院校思想政治教师必备的理论作风和整个教育教学工作的根本出发点。一切从实际出发，是我们党的优良传统和作风，也是富有实践智慧的高职院校思想政治教师的优良职业作风。这些优良的、踏实的职业作风有利于高职院校思想政治教师在教育教学实践中尊重事实、尊重学生实际，有利于高职院校思想政治教师开展调查研究，有利于高职院校思想政治教师充分认识思想政治教育教学的本质与规律。更为关键的是，高职院校思想政治教师肩负着为全面建设小康社会，推进中国特色社会主义事业永续发展，培养德、智、体、美全面、协调、可持续发展人才这一历史重任和教育使命，必须全身心投入到教书育人的工作之中，积极进取、乐观向上、踏实负责、甘于奉献，做到爱岗敬业、精益求精、严谨负责，为党和国家的育人事业做出新的、更大的贡献。总而言之，高职院校思想政治教师要以稳健的职业作风，积极、认真、负责地开展思想政治教育教学实践活动。

二、实现高职院校思想政治教育教学中的师生互动

教师实践智慧视域下思想政治教学师生互动的内涵：一般情况下，师生互动是指教师和学生在特定的教育教学环境中，尤其是指在课堂上师生之间为了实现特定的教育教学目标而展开的各种各样的相互作用、相互影响的过程。此时的互动，分为教师与学生个体之间的互动、学生与学生之间的互动、教师与学生整体的互动。而无论是哪种具体的形式，都是基于教师和学生原有的知识、经验，以各自的逻辑思维考虑、分析问题，就同一问题、事件、过程的不同认识、理解进行交流，实现知识的解构、智慧的生成与生命的沟通。这种解构、生成与沟通的过程是动态的、持续的。课堂也因此成为师生之间真正意义上交流、互动、互惠的舞台。从这个意义上说，师生良性互动必将建构一种和谐的教育关系、心理关系和社会关系。

高职院校思想政治教师实践智慧引领下的师生互动主要包括如下内容。

1. 注重交往与合作

高职院校思想政治教师实践智慧引领下的师生互动以思想政治学科知识为基本载体,以高职院校思想政治教师与学生情感交流为基本路径,以高职院校思想政治教师实践智慧养成与学生智慧培育为主要目的,以高职院校思想政治教师对自己生命幸福与学生生命尊重为终极关怀。高职院校思想政治教师通过对教学文本知识及其他课程资源的选择、加工与整合,为思想政治教学中实现良性师生互动创造条件与奠定基础。此时的教师和学生互教互学,彼此将形成一个真正的"学习共同体",构建一种功能独特的"思想政治教学生态系统"。只有有交往、有合作的活动才是真正平等的、富有人性的思想政治教学活动,才能体现师生之间的对话。

2. 注重民主与平等

高职院校思想政治教师实践智慧引领下的师生互动更加强调教师与学生的平等,尤其注重师生之间在人格上的平等。在思想政治知识学习与双方智慧养成上的平等,要求充分尊重学生对思想政治知识的认识、理解与感悟的权利,要求充分信任学生对原有思想政治知识的掌握与理解能力和对新思想政治知识的疑问与解释的能力。知、情、意、行的有机统一构成师生双方各自完整的人格。此时的师生的互动是建立在师生之间平等关系基础上的。

3. 注重生成与创新

高职院校思想政治教师实践智慧引领下的师生互动强调的是教师与学生在各自原有知识结构与生活经验的基础上,在教师的精心思想政治教学设计与科学教学理念引导下,尊重学生对思想政治知识的渴求、对科学真理的追求和对人生价值的诉求,从而实现师生间对新思想政治知识的建构、生成与创新,对彼此作为"人"的智慧养成与生命完善。

正因为高职院校思想政治教师实践智慧引领下的师生互动具有如此丰富的内容,使其在思想政治教学中表现出如下重要价值。

(一)提升思想政治教育的效能感

在全面推进高职教育教学改革的进程中,我们特别强调高职院校思想政治教师要有全新的、科学的思想政治教育理念,要改进与完善自己的学科知识结构,要规范与和重塑自己的教师完美形象,这些都是高职院校思想政治教师实践智慧引领下的师生互动的前提与基础,同时也是师生互动得以健康发展、良性运行的保障与动力。因为,教师对学生的各种指导、教育要想取得预期效果,互动是其最佳选择之一。其实,高职院校思想政治教师实践智慧引领下的师生互动是一种综合各方面教育以作用于学生知识习得、道德养成的最直接的途径之一。高职院校思想政治教师实践智慧引领下的师生互动的良性发展与运行将大大提高思想政治教师的教育效能感。所谓思想政治教育效能感是教师"对自己在特定情景中是否有能力操作行为的预期,它本质上是指自己是否具有引发某一结果的能力的信念,即个体对自己能力的自信程度"①。思想政治教师的教育效能感是指教师对思想政治教育所具有的作用以及自己的教学能力的信心与能力,它对于思想政治课教师的专业发展具有重要意义。高职院校思想政治教师实践智慧引领下的师生互动像润滑剂一样,使得学生更乐于接受思想政治教育教学影响,能够实现思想政治教育的效果,进而提高教师对思想政治教育的作用和自己从事思想政治教育的信心,提高其思想政治教育的效能感。与此同时,高职院校思想政治教师在其实践智慧引领下的师生互动中,能够有意识地改变自身的教育个性与特点,即教师可以通过这种师生互动所构建的有效平台展现自己平等、民主、合作、乐观、积极等方面的教学个性与特点,以全面提升思想政治教育的质量与效果。为此,高职院校思想政治教师要善于组织学生积极、主动、深入地参与到课堂教学之中,充分调动学生的主体意识与合作精神,增强学生的自信心与自豪感。特别要努力面向学生整体,让每一个学生都能够乐于参与到思想政治课堂教学之中,不能忽视所谓学习困难的学生,不能只关注所谓优秀的学生,要让全体学生共享大家的知识、思考、观点和情趣,从而使师生之间、学生之间的感情在积极、主动、广泛的互动中得到增进与加强。

实践智慧引领下的师生互动,要求高职院校思想政治教师能够营造出一种积极的教学情境,能够引导学生参与到课堂教学过程之中并努力践行其学习责任。所以说,这种师生互动能够打破传统灌输式教学造成的僵化刻板的教学气氛,能够实现思想政治课堂教学中思想与思想的碰撞、心灵与心灵之间的共鸣。思想政治课堂教学中教师所具有的热情、真诚、期待,师生关系所呈现出的平等、民主与和谐,师生之间所感受到的亲切、关爱与幸福,都源于思想政治实践智慧的培育与发展。拥有了实践智慧的高职院校思想政治教师更善于与乐于尊重学生、倾听学生、平视学生、相信学生、理解学生。之所以这样,是因为教师不仅更专注于发现不同学生及其发出的不同声音,还启发所有学生自觉地发出自己的声音。此时,富有实践智慧的高职院校思想政治教师与缺乏实践智慧的高职院校思想政治教师最主要的区别在于,前者能够抑制后者所不愿、不能抑制的一种权威冲动,从而能够以期待的目光、包容的心态、敬畏生命的情怀给予所有学生以最大限度的关心与尊重、

---

① 陈丽梅,陶志琼.论教师人生境界提升的意义与途径[J].宁波大学学报(教育科学版),2007(2):60.

诚心与耐心、信任与激励。实践智慧在这种师生互动中的彰显能够有力地推动思想政治教育效能感的实现。

众所周知,教学相长,和谐共生。高职院校思想政治教师实践智慧引领下的师生互动更是如此。实现思想政治教育效能感客观上需要教师营造一个师生对话时轻松、愉悦的氛围,创设一个师生超越已有经历与生活体验的学习情境。高职院校思想政治教师实践智慧引领下的课堂追求开放性、平等性、动态性,推崇师生合作性、互动性、创新性。这将为高职院校思想政治教育实现与提升其效能感提供良好的氛围与优质的情境,充分实现教师与学生各自知识背景与生活背景有机统一,让双方的知识回归生活化的教育教学情境,以教育教学实践过程的生活性、丰富性、情趣性使学生进入到生活化情境,并真切地感受合作式学习、体验式学习和探究式学习的真谛。因此,笔者认为高职院校思想政治教师实践智慧引领下的师生互动,能使教师精深的专业知识、丰富的实践知识与学生实际掌握的理论知识和现实生活的体验形成一种互动合作的融合、共生关系,在课堂教学的过程中建立起一种新的知识习得、认知与意义生成过程,成就出一条消解学习对象和学习主体之间相互矛盾的智慧之路。良性、持久、有效的师生互动是高职院校思想政治课堂教学必须确认的一个重要前提是教师在生活化教学情境中真诚邀请全体学生积极、开放而诚实地面对课堂质疑、解决教学问题和分享课堂教学经验的重要平台。只有这样的师生互动,才能尊重与理解师生之间内心的感觉,才能不断积累与丰富师生共有的情感经验,才能真正进入知识学习与智慧启迪相融合的思想政治教学之中。

(二)培养学生创新意识与创新思维

高职院校思想政治教师实践智慧引领的师生互动也是师生之间思维互动教学的过程。这种师生之间思维互动教学是教师积极引导学生建构和完善其知识结构,在表达与凝结其情感的过程中唤醒学生创新意识,启蒙学生创新思维的教学过程,从而使思想政治课堂呈现出积极、鲜活、热烈气氛和情趣,使"教"与"学"合力成为一种充满希望、注入感动、启迪智慧的幸福体验。在高职院校思想政治教师实践智慧引领的师生互动中,正因为有了尊重、平等、真诚,才会有师生之间真实、丰富、可贵的情感表达,进而才能有效地开发、启迪、构建创新性思维。日常思想政治教育教学实践中,要培养学生的创新意识与创新思维,最基本也是最见效的途径是教师积极引导学生不断地、主动地汲取思想政治知识与经验,然后通过自主整合以自觉内化为自己的知识、体验与感悟。实践证明,仅仅依靠简单的问答、常规的交流、传统的互动很难实现这一教育教学目标与价值诉求。只有富有实践智慧的高职院校思想政治教师才能组织、开展与调控这样的师生思维互动,才能有效运用分析与综合、比较与分类、归纳与演绎等思维方法开启学生的创新意识与创新思维。

高职院校思想政治教师以其实践智慧,借助师生互动平台培养学生的创新思维主要是指引导、启发学生学会学习、学会观察、学会思考、学会建构过程中所需要的抽象思维与逆向思维。事实上,从形象思维到抽象思维是思维生成与发展的一般规律,也是培养学生思维表达的基础性工程。形象思维注重表象、形象与想象,并以此为基本信息试图发现事物的本质与规律;抽象思维注重判断、推理、演绎,并以此为基本信息积极探究事物的本质与规律。高职院校思想政治教师实践智慧引领的师生互动更注重培养与发展学生的抽象思维,更注重学生在教师积极指导下自主地去观察与思考,自觉地研究和探索。这就在客观上要求高职院校思想政治教师必须具备一定的实践智慧,才能在必要时机与关键环节上启发学生实现由形象思维向抽象思维的生成与发展,才能通过充分合作与真诚交流实现学生以个性化的抽象语言表达其对事物本质的认知、思考与把握,从而使抽象思维状态与抽象语言表达相统一,真正使学生实现由形象思维向抽象思维的实质转变与超越。高职院校思想政治教师实践智慧引领的师生互动在实现学生由形象思维向抽象思维生成与发展的同时,还能够启迪学生勇于发现问题、善于分析问题和乐于解决问题,并注重学生思维由顺向思维向逆向思维的生成与发展。顺向思维方式是指推测、联想、判断、概括。一般情况下,高职院校思想政治教师以教材为蓝本,采取设问、询问和拆问的方式引导学生去探索未知领域的问题或练习,顺着课堂教学的思维路径从正面引导学生理解和分析教材内容,梳理与加工知识体系,提炼自己的判断与观点,从而主动建构当前事物的意义。而实践智慧引领下的思想政治课堂中,教师常常以反问、曲问、追问的形式帮助学生打破思维定式,从相反方向重新思考问题,以达到对新形象、新事物、新情况深入理解与有效探究。如果说,教师引导学生以顺向思维是按事物的转化关系层层推理、循序渐进地发现事物的本质与规律,那么,逆向思维则是反其道而行之,以获得一种新认识、新理解与新思考。

(三) 充分体现思想政治教育的本质

高职院校思想政治教师实践智慧引领的师生互动能够实现对传统意义上"教师中心地位"的解构,强调"教师为主导"与"学生为主体"的新型师生关系。是在思想政治教育过程中对学生主体地位的确认,是注重学生学习的主动性的集中表现,是让学生乐于参与到思想政治教育活动中的有效途径。因为,从系统论的角度出发,新形势下的师生互动是由教师与学生共同构成的一个教学生态生成系统。特别是思想政治教育作为指向人的思想政治素质、道德修养、理想信仰、精神境界培育与提升的社会实践活动,是在思想政治教育实践基础上社会思想政治、道德修养、理想信仰、精神境界个体化和个体思想政治、道德修养、理想信仰、精神境界社会化的统一过程。在这一过程中,教师与学生要共同参与、积极互动,从而有效推动整个实践过程健康、有序、和谐发展。这与以往的思想政治教育的本质差别在于,它是对单纯强调教师的"教"而忽视学生的"学"的彻底否定,是对教师"教"与学生"学"的应有价值的完全肯定。在具体教育实践中,教师的任务除了传授知识外,更为重要的是启发、设问、鼓励学生学会质疑,对学生在其原有知识、经验基础上对新知识与新理论的构建与整合给予科学的引导与客观公正的评价,以增强学生在互动过程中的信心、勇气与动力。这种思想政治教学注重立足现实,能够充分实现思想政治教育的本质。

新形势下高职院校思想政治教育理应是构建"生命化"课堂,在这种新型的课堂构建中逐步实现教师与学生之间有"生命"的"对话"。因为,从本质上说"对话"是人作为"类生命"的自我完善与群体交流的一种基本范式,是人作为理性动物适应生存环境并谋求发展的一种常态,是人作为"类"追求彼此心灵相通、情感相融的一种互动过程。正如有学者指出:"已有研究从结构范型的角度提出,人总是归属于一定的社会群体之中,社会群体具有一定的结构和规则,而发生在群体中的个体间互动更多的是群体结构和规则的一种反映,具有一定的稳定性,并具有总体特征。"①正是在这个意义上,新时期高职院校思想政治教育需要教师实践智慧引领实现师生良性互动,即教师与学生之间的交往在互动中开启、生成与改进。这种师生互动特别强调的是基于思想政治教育自身特别属性,其只能是也必然是一种交互的而非对立的互动。因此,这种师生互动既具有某种目的的确定性与预设性,又追求并实现师生之间的真诚合作与良性探究。因为这种师生互动在师生之间合作的过程中培养团队意识与团队精神,能挖掘作为教育主导的教师和作为教育主体的学生的巨大潜在能量,从而实现思想政治教育的价值诉求。更为关键的是通过高职院校思想政治教师实践智慧引领的师生互动中的合作与探究,无形中淡化了学生在传统课堂教学中对"教师权威"的敬畏,消解了教师的中心地位,学生心灵获得开启,心理获得自由,从而激发了学生的主体意识、平等意识、民主意识,培养了学生合作精神、团队精神。事实上,高职院校思想政治教师实践智慧引领的师生互动所倡导的师生对话、共同发展的生命互动,提倡师生之间思想的碰撞、精神的交流,能够充分体现思想政治教育教学过程动态生成的观念,真正彰显思想政治教育教学过程中生命的活力与张力,进而不断深化对高职院校思想政治教育本质的新

---

① 刘晶波.师幼互动行为研究——我在幼儿园里看到了什么[M].南京:南京师范大学出版社,1999:42-48.

理解、新感悟。

　　实践证明,实践智慧是高职院校优秀思政治教师共同的教学能力、职业素养与教育品格。具备丰富而高超实践智慧的高职院校思想政治教师所构建、组织的包括课堂教学在内的一切教育教学实践活动都不是个体的"独角戏",而是实践智慧引领下师生共同积极参与的"交响乐"。这是因为,实践智慧引领与指导下的师生互动,能够充分挖掘和彰显学生个性特征的生命品质,能够提升高职院校思想政治教育教学的效能感,能够培育与发展学生的创新意识与创新思维,能够充分体现与展示高职院校思想政治教育教学的本质内涵与学科魅力。高职院校思想政治教师实践智慧的生成与发展以学生学习智慧的培育与生成为检验标准和重要标志。师生互动是一个永恒的、充满实践智慧的教育教学课题,真正有生成意义的师生互动也必然会产生一种积极的、永恒的实践智慧。在这个意义上来说,笔者认为思想政治教育教学中的师生互动将是新时期高职院校教育教学改革中一个与高职院校思想政治教师实践智慧同步发展的重要课题。

三、推进高职院校思想政治教育教学改革

　　《关于进一步加强和改进新形势下高校宣传思想工作的意见》是当前推进高职院校思想政治教育教学的重要理论与指导方针,有利于实现高职院校思想政治理论课教学从强调知识传授、注重课堂教学向尊重学生生命、关注学生发展的根本性转变。高职院校思想政治教师作为新形势下高校教学的实施者、主导者和践行者,担当着主要角色、肩负着神圣使命、发挥着重要作用。正是在这个意义上,作为新形势下高职院校思想政治教师,培育与发展其实践智慧就成为一种必然选择。这是因为,这是具备丰富与高超实践智慧的高职院校思想政治教师能够努力践行新课改理念以提供强劲动力、实现新课程目标以实现改革诉求、创设生活化情境以展现改革成效,从而全方位、深入地推进新形势下高职院校宣传思想工作和教育教学改革的实质性进展。

(一)有利于践行高职院校思想政治教育教学改革理念

　　具备丰富与高超实践智慧的高职院校思想政治教师能够在思想政治教育教学过程中践行"以学生为本""一切为了每一位学生的发展"的核心理念。把学生真正视为是具有个体差异和特质的人,具有发展愿意与发展潜能的人,具有自我意识与自我价值的人,这为实践智慧引领高职院校思想政治教师科学规划、有效开展其教育教学实践奠定了坚实的理论基础,提供了宽广的操作平台,指明了明确的改革方

向。通过践行这一核心理念,高职院校思想政治教师能够更加尊重学生、关注学生、研究学生、发展学生,不仅关注学生的知识习得与建构,而且关注学生的情感渴求与满足;不仅关注学生的学习状态和质量,而且关注学生的思维整合与创新;不仅关注学生的个体差异与特质,而且关注学生的自我完善与提升。从而为学生全面、自由、和谐发展提供了理论支撑与实践保障。具备丰富与高超实践智慧的高职院校思想政治教师能够在教育教学实践中努力把加强思想政治方向的引导与注重学生健康成长的目标相结合起来,在充分尊重、关爱、发展学生的基础上,培育平等、民主和发展的新型师生关系。作为具体思想政治教育教学实践的主导者的教师和作为主体者的学生,人格是平等的、地位是平等的、尊严是平等的、精神是平等的。只有在对这诸多平等被正视与尊重的前提下,教师与学生之间才能以平等的身份、平等的心态、平等的关系进行平等互动、愉悦交流、精诚合作,实现共同发展。在这样的背景下,教师才能真正认识与充分尊重学生的个体差异性,学生才能积极回应教师的教学活动与教学管理。具备丰富与高超实践智慧的高职院校思想政治教师能够在教育教学实践中以开放性思维与实践性品格推进校本课程资源的开发与利用,即对思想政治教育教学实践所需要的文字与音像资源、人力资源、实践活动资源、信息化资源进行不断地丰富与拓展。高职院校思想政治教师实践智慧引领下的具体教育教学实践过程也成为其对以生活为基础、以学科知识为支撑的课程模块内容持续生成与转化、课程模块意义不断建构与提升的过程。也就是说,教师能够以其实践智慧的培育与发展实现对新课模块内容、课程资源的有机结合与完美融合,从而将思想政治新课程及其资源整合演变成一个动态的、生成的、发展的教育教学生活化情境再造与实践活动有机统一的生态系统。事实上,高职院校思想政治教师对新课程模块、课程资源的开发与利用的自主权、实践力、智慧性也为其教育教学灵感的生成、教育教学艺术的提升、职业素养的完备提供了动力支持与有力保障。

由此可见,具备丰富与高超实践智慧的高职院校思想政治教师在努力践行思想政治新课程基本理念的基础上,在具体的教育教学实践中,能够更好地实现师生之间的良性互动与构建,彰显和谐与智慧的思想政治课堂,从而真正肩负起传授马克思主义基本基础知识、基本理论与初步引导和促进学生形成科学世界观、人生观、价值观的神圣职业使命。

(二)有利于实现高职院校思想政治教育教学改革诉求

在日常高职院校思想政治教育教学过程中,教师实践智慧通过营造平等、民主、和谐的教学氛围,构建有序的教学活动,创造幸福的教学生活,为实现思想政治新课程的总目标与各类分目标提供有力保障。具备丰富与高超实践智慧的高职院校思想政治教师在组织课堂教学时能够正视学生各自不同的兴趣、爱好、潜能和性格,能够因人而异、因时而异、因事而异地为实现其知识目标、能力目标、情感目标、态度目标与价值观目标营造平等、民主、和谐的教学氛围。在此过程中,教师为实现其教学目标而运用的实践智慧,体现着对学生独特个性行为表现的宽容和需要的满足,学生因教师实践智慧的彰显而得以充分、全面、自由地发展。

具备丰富与高超实践智慧的高职院校思想政治教师能够建构有序的教学活动。高职院校思想政治的每一门课、每一章节、每一单元都有其要实现的具体的教学目标,丰富而高超的实践智慧对于教师组织教学活动以实现这些目标具有不可替代的价值。日常的思想政治教育教学实践需要教师具备一定的理论智慧对其进行科学规划与预先设计,但科学规划与预先设计并非都能完全操作与实施。因为,课堂教学的状态千变万化,教学活动意外时常发生,有时被自己的疑惑所困扰,有时被学生的疑问所左右,有时被其他活动所干涉。此时,具备丰富与高超实践智慧的教师能够以处乱不惊的心态从容直面这些问题,冷静分析这些问题、恰当有效地解决这些问题,从而使偏离正常轨道的教学实践活动得以有序进行,进而全面、充分地实现课堂教学目标。

具备丰富与高超实践智慧的高职院校思想政治教师能够创造幸福的教学生活。具备丰富而高超实践智慧的教师能够在实现教学生活科学、有序、动态地生成过程中感受着教学生活的幸福与真谛。因为,在这样的思想政治教学活动中,教师要具备敏锐感知、科学预测、准确判断具体教育教学实践生成和变动过程可能出现的新问题、新情况、新情境的能力;具备迅速捕捉教育教学灵感、准确把握教育教学时机、有效转化教育教学矛盾、合理化解教育教学冲突的机智;具备根据学生身心发展实际水平和面临的教育教学情境及时作出决策和恰当选择、调节教育教学行为的魄力;具备使学生积极投入课堂教学生活,热爱学习,善于创新,勇于实践,并主动参与师生互动、生生互动以进行心灵对话和生命沟通的魅力。总之,实践智慧能够使高职院校思想政治教师的教育教学实践逐渐达到科学性与艺术性有机统一、完美融合的境界,进而充分展现出其独树一帜的教学风格与教师风采。此时,思想政治教育教学对拥有实践智慧的教师而言,不仅仅是一份工作,而是一种享受;不仅仅是一种职业,而是一种幸福。从而使师生双方在友好、轻松、愉悦的教学情境中感受着自我价值、感激着被尊重、感悟着实践智慧引领与彰显过程中带来的生命尊严感和生活幸福感。

(三) 有利于增强高职院校思想政治教育教学改革成效

建构主义在研究教与学的过程中十分重视"情境""协作""会话"和"意义建构",并把情境创设看作是教学设计的最重要因素之一。具备丰富与高超实践智慧的高职院校思想政治教师所创设的教学情境,是根据思想政治教学内容,以文字、数字及图表等基本素材,通过富有内涵的语言描绘、现代教育技术营造良好教学氛围,通过角色表演体验和认知冲突,创设出贴近学生身心实际、贴近日常生活、能激发学生生活情趣的教学场景,以促使学生对教学问题进行深入思考与积极探索,并在准确理解与科学掌握教学内容的基础上获得丰富的生活感知、生活情感、生活态度与生活体验。

具备丰富与高超实践智慧的高职院校思想政治教师能够利用富有内涵的语言描绘创设情境,在教学中能够巧妙地运用"语言"呈现"悦耳""动听""诗意"的思想政治课堂,让学生在愉快轻松的心理状态下接受思想政治知识,激发学生的学习兴趣,提高课堂教学效率。

如,有的老师在讲授价值规律作用时,就引用了这样一首诗:"啊! 经济规律,既不像勋章可以制作,也不像君主可以废弃,它不献媚于蛮干的权势,有时结几枚酸果慰问那些低能的厂长、经理……想一想吧,为什么'胡子工程'张着饕餮的大口吞噬资金材料,却像只阉鸡形不成生产力? 为什么你领导的企业亏损停滞? ……记住:只有驾驭了经济规律,才会创造经济奇迹。"[①]这首诗的引用,就是用诗歌的形式将抽象的价值规律及其作用形象而生动地展现出来,活跃了课堂气氛,提升了教学效果。

具备丰富与高超实践智慧的高职院校思想政治教师能够利用当代教育技术渲染氛围、营造情境。多媒体技术为新形势下高职院校思想政治教育教学改革提供了有效的技术支持与有力的技术保障,推动了思想政治教学手段的更新、教学方法的创新、教学艺术的凝结,能够营造出栩栩如生、惟妙惟肖、富有生活气息的教学情境。教师要利用多媒体对社会环境和生活环境进行全新整合与艺术展现,使学生如临其境,使课堂教学异彩纷呈,极大地激发学生的学习热情,吸引学生的注意力,促使学生进行积极思考与深入探究,进而丰富学生情感体验与生活感悟。

如,在讲授马克思主义哲学基本原理时,有的老师就运用一些内容健康、主题鲜明、积极向上的歌曲来激发学生的求知欲,来调动学生的积极性,从而使抽象的

哲学知识在欣赏音乐的过程中获得了准确的认知与全新的理解。《众人划桨开大船》告诉学生"事物的发展是量变与质变的统一",《从头再来》说明了"事物的发展是前进性与曲折性的统一",《跟着感觉走》要求学生的"感性认识必须上升到理性认识",《大中国》诠释了"整体与部分的关系",《酒干倘卖无》蕴含着"矛盾的观点、联系的观点"。[①]

　　具备丰富与高超实践智慧的高职院校思想政治教师在课堂教学中,能够利用角色表演体验情境和塑造情境,根据教学内容组织、引导学生通过小品表演、知识竞赛、主题辩论、小组合作等多种形式,鼓励学生积极参与教学活动,让学生得到新感受、新体验。具备丰富与高超实践智慧的高职院校思想政治教师还能够利用认知冲突创设问题探究情境,通过教材内容与学生求知之间产生的"特定问题"以引发学生的认知冲突,让学生意识到问题存在,促使学生去积极发现问题,激起学生学习欲望,促使学生进一步去分析问题、探究问题、解决问题。

---

① 仇琨.五年制高师思想政治教学艺术研究[D].苏州:苏州大学,2008.

第四章 高职院校思想政治教师实践智慧存在的主要问题及原因

教育理念滞后、专业知识匮乏、教学理论片面、课程资源单一都束缚着高职院校思想政治教师的理论视野,影响高职院校思想政治教师对思想政治教育丰富内涵、重要意义、价值诉求的全面认识与精确把握,进而影响其实践智慧的培育与生成。传统思想政治教学理论长期以来坚持把思想政治教学过程的本质定位在教师与学生认识的特殊层面上,即更多地从哲学意义上视思想政治教学的本质为教师传授、指导学生掌握思想政治学科基础知识与基本原理的特殊认识过程。笔者并不否认这种从哲学意义上对思想政治教学过程认知的合理性,然而令人担忧的是,在传统思想政治教学实践中这种认识长久地驻足不前,且影响深远,几乎成为这一领域内众多教师与学生整体的"普遍共识"与"价值判断"。事实上,仅仅停留在哲学意义上的这种"普遍共识",是很难在具体教学实践中通过师生互动来达到和实现所期望的"价值判断"与"意义追求"的。因为这种"普遍共识"无法及时、有效地转化为师生互动过程中对具体高职院校思想政治理论课教学内容的科学认知与深入探究,也难以真正实现高职院校思想政治理论课教学实践肩负的神圣使命,更难以彰显高职院校思政治理论课教学活动丰富的内涵、学科价值与时代意蕴。从哲学意义与教育学意义的双重视界去理解高职院校思想政治理论教学实践活动,既能帮助教师有力承担起认识高职院校思想政治学科知识与理论的教育教学使命,又能促使其有效实现丰富学生体验与情感、拓展个性特质内涵、促进和谐人格构建、提升生命价值与追寻生活幸福的教育使命。传统意义上的高职院校思想政治理论课教学由于不能科学、客观、全面反映其上述教学过程所承载的使命,因而在理论上导致对高职院校思想政治理论课教学价值认识的简单化与片面性,并最终导致高职院校思想政治教师在教育教学实践操作中的模式化与同一性,教育教学过程被简化和固化为高职院校思想政治理论课基础知识与基本原理的主动传授与被动接受的过程,更有甚者将思想政治理论课基础知识与基本原理传授直接操作成"告诉"与"被告诉"的过程。所有这些简单化的、缺乏技术含量与意义生成的教育教学实践充分表明高职院校思想政治教师理论智慧亟待培育与涵养。因为缺乏专业科学理念、知识自觉建构和课程资源有效整合的教育教学实践,既不能促进高职院校思想政治教师理论智慧的培养与生成,更无益于高职院校思想政治教师实践智慧的培育与发展。

为了比较全面、真实地了解当前高职院校思想政治教师实践智慧的现实表现,本研究选取贵州、吉林、陕西、辽宁、浙江、黑龙江、福建、北京、天津等省、直辖市 20 所高职院校的 120 名高职院校思想政治教师进行调研,发放 120 份《高职院校思想政治教师实践智慧现实表现的调查问卷》(见附录 2),回收 118 份,回收率 98.3%;与其中的 50 名教师进行了日常教育教学活动访谈(《高职院校思想政治教师日常教育教学活动访谈提纲》见附录 3),并选择了其中 40 名教师进行了随堂听课(《高职院校思想政治教师课堂教学听课记录表》见附录 4)。通过对所回收的调查问卷的分析与对访谈内容的整理,并结合听课记录内容,本研究总结出高职院校思想政治教师实践智慧存在的主要问题及原因。

一、高职院校思想政治教师实践智慧存在的主要问题

虽然,新形势下加强与改进高校宣传思想工作与深化高职院校思想政治理论课教学改革都呼唤高职院校思想政治教师实践智慧,但在具体的教育教学实践过程中,仍然存在诸多背离《关于进一步加强和改进新形势下高校宣传思想工作的意见》精神和高校思想政治理论课教学规律的现象,突出反映在高职院校思想政治教师实践智慧的缺乏上。主要表现如下。

(一) 先进理念领会肤浅

在推动新形势下高职院校思想政治教育教学改革的进程中,特别强调对高校思想政治理论课教学理念的准确理解与科学践行。对高职院校思想政治理论课教学理念深入领会,主要是教师"对于教学活动的理性认识及理想追求,是教师在教学实践中形成的教学价值取向,是一种具有相对稳定性、延续性和指向性的教学认识、教学理想的观念体现。它建立在教师关于教育的观念和理性信念的基础之上,它是教师教学行为的理性支点"[①]。在现实生活中,拥有实践智慧的高职院校思想政治教师,不仅学识渊博、教学技艺精湛,而且专业素养深厚、人生境界高远,所有

---

① 王枬等.智慧型教师的诞生[M].北京:教育科学出版社,2006:203.

这些都与高职院校思想政治教师把科学的、先进的教学理念积极渗透和完美融入到日常教学实践中紧密相连。

伴随我国高职教育教学改革的不断推进，高职院校思想政治教师对教育教学新理念的理解与领会随着改革范围的推广、力度的加大、程度的深入，发生了诸多可喜的转变。然而，通过教师访谈和随堂听课，本研究发现，目前高职院校思想政治教师队伍中仍存在着对教育理念机械解读、主观臆断、刻意模仿等对高校思想政治理论课教学理念领会肤浅、缺乏整合的现象。其实，传统灌输式、填鸭式的教学模式、陈旧的教育教学理念，共同养成的惯性、封闭、线性和二元对立思维，使部分高职院校思想政治教师在理解新课程理念内容、贯彻新课程理念措施、领会新课程理念精神实质上都会出现这样或那样的偏颇、过失与缺位。因此，高职院校思想政治理论课教学虽然将马克思列宁主义、毛泽东思想、邓小平理论、"三个代表"重要思想、科学发展观等基本原理与基本理论做到了"进教材""进课堂"，但却未真正使其"进头脑"，时常出现"叫好不叫座""重形式、轻内涵"等不良教育教学现象。再加上部分高职院校思想政治教师在实践反思与科学研究中缺乏和本地区、本学科、本学校、本班级实际情况相结合的教学内容建构、教学形式创新以及教学意义生成，致使思想政治理论课教学与学生实际、生活及未来工作联系不够紧密。因此，高职院校思想政治教师面对新形势下加强与改进高校宣传思想工作和高职院校教育教学改革所产生的新理念、新名词、新问题，缺乏正确理解与准确认知；面对不断更新的先进教育理念，难以自主、自觉地走出困惑与迷惘；面对富有个体差异与个人特质的学生，难以放下权威、走近彼此；面对丰富多彩的教育教学实践，往往表现为束手无策、缺少灵感。所有这些都表明，当前高职院校思想政治教师对思想政治理论课教学理念领会肤浅时，自然就缺乏将其转化为自身教育教学实践的科学的操作措施和行之有效的方法，更谈不上坚实的教学技能、高超的教学艺术、深切的人文关怀，从而导致高职院校思想政治教师实践智慧也难以生成与彰显。

（二）学科知识结构松散

学科知识及其结构是高职院校思想政治教师实践智慧得以培育与生成的重要理论支撑。高职院校思想政治教师的学科知识，一般情况下主要包括高职院校思想政治教师的本体性知识、条件性知识、实践性知识与一般文化知识。本体性知识是高职院校思想政治教师实践智慧得以培育与生成的基本理论条件；条件性知识是高职院校思想政治教师实践智慧得以培育与生成的重要保障；实践性知识是高职院校思想政治教师实践智慧培育与生成的实践因素；一般文化知识是高职院校思想政治教师实践智慧得培育与生成的必要条件。在培育与生成实践智慧的过程中,高职院校思想政治教师除了要全面、系统、扎实地掌握本体性知识、条件性知识、实践性知识与一般文化知识的基本知识、基本原理、基本观点,更重要的是将其所掌握的这些学科教学和专业提升所需的知识与理论进行有效整合,自觉地建构既具有丰富内涵,又紧跟时代要求,既增进理论智慧,又发展实践智慧的学科知识结构。

在访谈中,对"您认为思想政治学科知识结构都包括哪些"的回答,绝大多数受访者认为"思想政治学科知识结构"主要由马克思主义政治经济学、哲学、文化学、政治学等专业知识,教育学、心理学等教师职业知识,现代教育技术等计算机知识构成。对"您是如何获得,并逐步使其不断完善"的回答,通过对访谈结果的整理,本研究发现,能够经常阅读马克思主义经典著作和专业领域最新学术专著以对自己的"实体性知识"进行"温故知新"的受访者微乎其微,有的只是"作学生时曾经读过一些,但现在由于时间与精力有限基本不读了",有的只是"偶尔在需要确认某一理论或具体知识点时才翻阅一下或到'百度'中搜索一下",有的甚至"至今也从未完整读过一本马克思主义经典著作或专业学术专著"。由此可见,在现实生活中,高职院校思想政治教师对学科本体性知识关注度整体上还有待提高,对马克思主义经典著作与专业学术专著的学习急需加强,因为这些本体性知识是高职院校思想政治教师实践智慧得以涵养、生成与提升的理论根基。尽管对思想政治学条件性知识的经常学习与持续关注是提高高职院校思想政治教师教育教学水平的重要理论支撑,但受访者中能够经常关注教育学、心理学、思想政治教育学、思想政治学科课程与教学论领域学术前沿问题的也很少。至于实践性知识,一般是需要高职院校思想政治教师在日常思想政治教育教学实践中,经常对自己的教育教学经验做过科学总结与深入反思才能持续地、有效地获得。受访者中有的"因为对教育教学实践的总结与反思成效不显著,早已不做了",有的是"因为有点成效,偶尔做一下总结和分析",有的是因为"时间、精力有限,根本就没做过这方面总结与分析"。通过以上回答,不难看出,这些受访者由于对实践性知识在日常思想政治教育教学中的价值认识还不到位,也就很难进行有意识地、有目的的实践性知识积累与整合。对于如何获得与增进思想政治教育教学实践中所需的人文科学、社会科学、自然科学等领域内的基础知识与最新理论成果,认为"很重要,有必要经常性地引入,因为这有利于形成自己的独特教学风格和彰显自己的人格魅力"的受访者虽然不多,但大多数受访者主张"可以偶尔引入,因为这对于丰富思想政治课堂教学内容和激发学生学习兴趣是必要的"。这基本反映了教师对一般文化知识引入思想政治教育教学实践的态度,可以说,思想政治课堂教学的知识性、内涵性与趣味性的有效结合得到了一定的认可。

通过对访谈结果的分析,本研究认为,还有相当一部分高职院校思想政治教师过于强调本体性知识中教材内容与教学参考书内容的学习与理解,而忽视了更为基础的马克思主义原著的学习与把握;更多强调的是条件性知识中多媒体教学技术的学习和运用,而忽视了以思想政治课程与教学论为代表的专业性知识与理论的完善与融合;至于实践性知识与一般文化知识,他们还没有真正地领会其在思想政治教育教学实践中的意义和贯彻实施思想政治新课程标准中的价值。如果这样继续下去,他们对本体性知识将难以准确理解,对条件性知识将难以灵活运用,对实践性知识将难以深刻总结,对一般文化知识将难以充分重视。这必将导致高职院校思想政治教师学科知识的各个组成部分相对独立,缺乏必要的重组与有效整合,高职院校思想政治教师学科知识也就自然缺乏整体性、系统性、结构性,呈现出来的大多是松散的、单一的、静态的存在形式。这样的学科知识及其松散的结构体系必影响高职院校思想政治教师实践智慧的培育与增进。

(三)教师职业认同偏低

所谓职业认同(Professional identity),主要是指个体对所从事工作或职业的目标、社会价值的看法,与社会对该工作或职业的评价及期望一致,即个人对自己从事的工作或职业科学认知、充分认可、正面评价。教师职业认同主要是指"教师作为个人和职业者,对自己所从事的教师工作,受学校内外和教师内外各种因素影响,产生的完全认可的情绪体验或心理感受"[①]。高职院校思想政治教师职业认同主要是指高职院校思想政治教师对所从事的教师职业的社会地位、社会价值及其对自己生命价值、理想信念、人生境界的意义的赞同和认可。强烈的职业认同是高职院校思想政治教师实践智慧的重要表现样态,是高职院校思想政治教师安分守己、乐于奉献、尽职尽责工作的重要心理基础。为了解当前高职院校思想政治教师的职业认同现状,本研究主要针对其"目前工作状态、工作环境、工作待遇满意度""作为高职院校思想政治教师所获得的尊严感""社会地位认可度""在具体思想政治教育教学工作能否不断彰显生命价值、实现崇高理想和不断提升人生境界""对所从事的思想政治教育教学工作总体评价"和"如果重新选择是否愿意继续做高职院校思想政治教师"等方面进行了问卷调查。

通过对"教师职业认同"所反映的数据进行分析,本研究发现这 118 名高职院校思想政治教师中,"对自己目前工作状态、工作环境、工作待遇"表示"很满意"的

---

① Goodson, I. F. & Cole, A. L. Teacher's Professional Knowledge: Constructing Identity and Community[J]. Teacher Education Quarterly, 1994(1).

仅为 12.3％,"基本满意"为 19.6％,"不满意"的高达 65.3％,还有 2.8％的教师对此"说不清楚"(见图 4-1)。通过数据,能够反映出这些教师对目前的工作状态、工作环境和工作待遇整体上是不满意的。对于作为高职院校思想政治教师,仅有 4.2％的人认为"能够经常获得"教师尊严感,15.7％的人"较少能获得",而有 68.2％的人"偶尔能获得",还有 11.9％的人觉得"不能获得尊严感"(见图 4-2)。

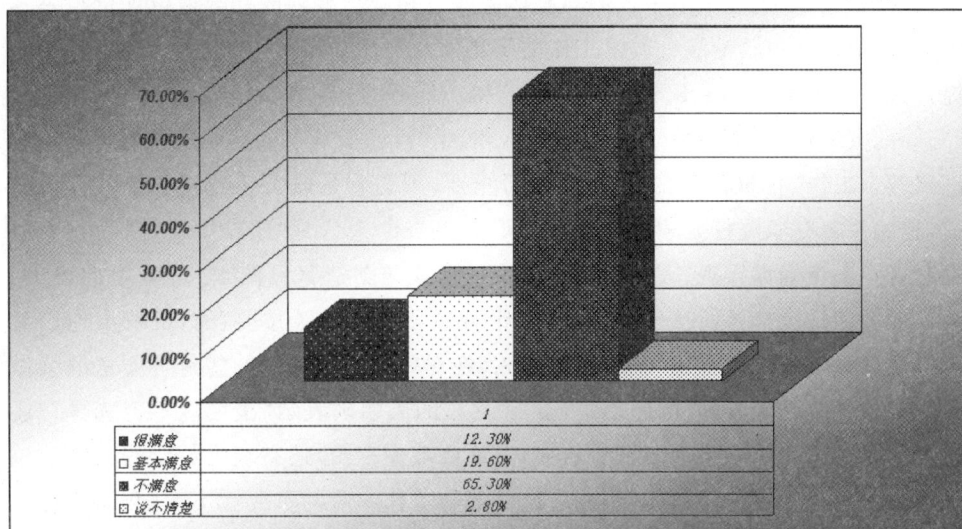

	1
■ 很满意	12.30%
□ 基本满意	19.60%
■ 不满意	65.30%
□ 说不清楚	2.80%

图 4-1　高职院校思想政治教师对目前工作状态、工作环境、工作待遇的满意度

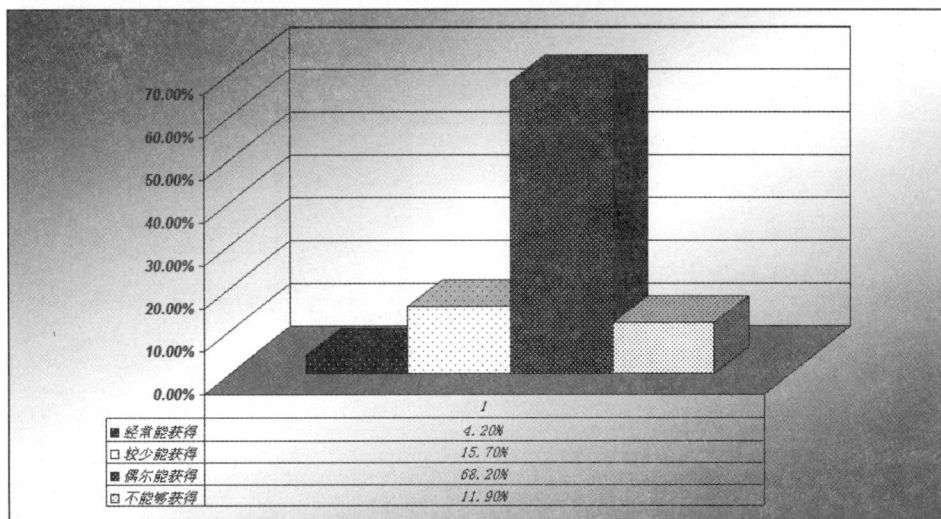

	1
■ 经常能获得	4.20%
□ 较少能获得	15.70%
■ 偶尔能获得	68.20%
□ 不能够获得	11.90%

图 4-2　高职院校思想政治教师日常工作中所获得的教师尊严感

由此可见,这些教师认为从事思想政治教育教学工作能够给他们带来教师尊严感还是有限的。当人对自己从事职业尊严感认知低下时,是很难对所从事的职业产生强烈认同的。至于对自己的社会地位,3.5%的人认为"社会地位高",18.7%的人认为"社会地位比较高",认为"社会地位一般"的达60.4%,还有17.4%的教师认为作为高职院校思想政治教师"基本没有什么社会地位"(见图4-3)。这些数据所反映的情况与现实生活中人们对高职院校思想政治教师的社会地位评价也基本相符。认为"思想政治教育教学工作能够不断彰显生命价值,实现崇高理想和不断提升人生境界"的为11.8%,认为"一般"和"不能"的分别为23.4%和57.3%,还有7.5%的人表示"说不清楚"(见图4-4)。对于"自己所从事的高职院校思想政治理论课教学工作"有50.4%的人认为"十分重要,因为它是既关系到高职生的健康成长,也关系着高职院校人才的培养质量",40.5%的人认为"比较重要,因为它直接关系着学生正确世界观、人生观和价值观的形成与塑造"(见图4-5)。由此可见,大多数教师认为自己所从事的工作是"十分重要"或"比较重要"的,反映出他们对自己从事职业的价值有比较准确的认知。在对"如果重新选择,您是否愿意继续做高职院校思想政治教师"的回答中,有50.4%的人明确表示"很可能不会选择",还有10.6%的人"说不清楚"(见图4-6)。这些数据表明,还有相当数量的高职院校思想政治教师因为工作的环境、社会地位等与工作本身的重要性不匹配,而很可能不再选择做高职院校思想政治教师,这也反映出了他们对教师职业缺乏必要的认同感。

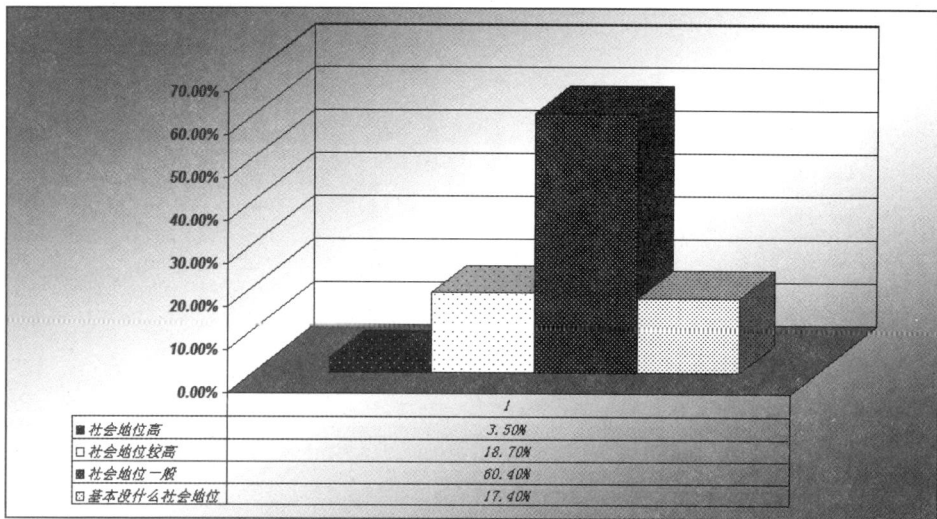

	1
■ 社会地位高	3.50%
□ 社会地位较高	18.70%
■ 社会地位一般	60.40%
□ 基本没什么社会地位	17.40%

图4-3 高职院校思想政治教师对职业社会地位的认可度

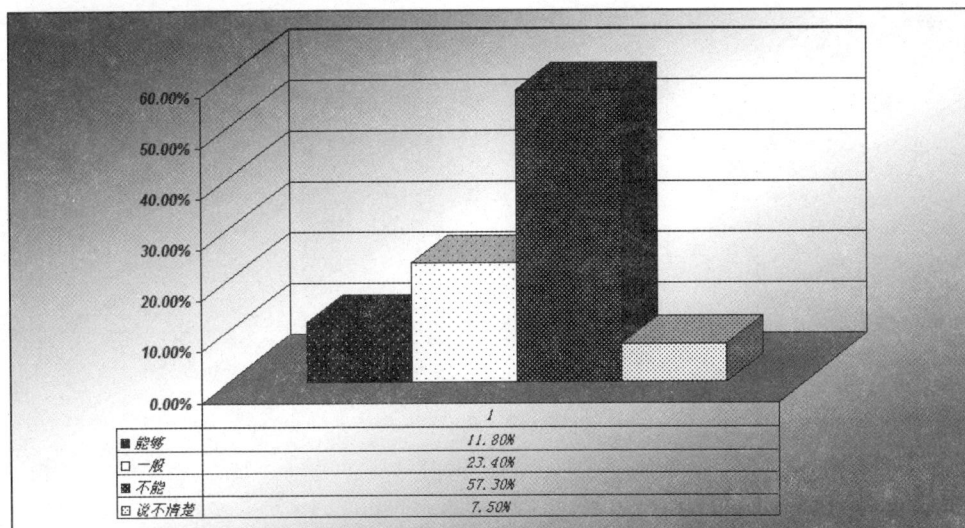

	1
■ 能够	11.80%
□ 一般	23.40%
■ 不能	57.30%
▨ 说不清楚	7.50%

图 4-4 高职院校思想政治教师对所从事的职业彰显生命价值，
实现崇高理想和不断提升人生境界的认可度

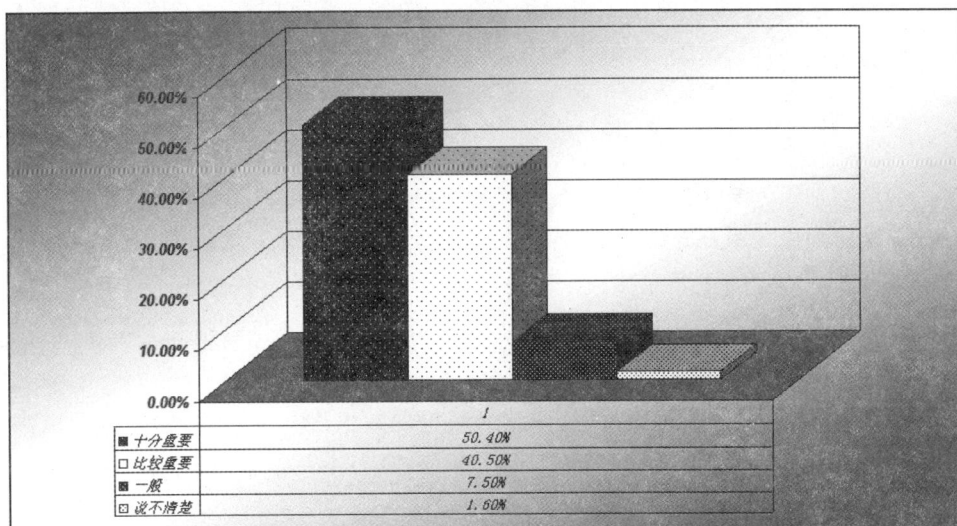

	1
■ 十分重要	50.40%
□ 比较重要	40.50%
■ 一般	7.50%
▨ 说不清楚	1.60%

图 4-5 高职院校思想政治教师对思想政治教育教学工作的整体评价

　　总之,所接受问卷调查的 118 名高职院校思想政治教师,虽然普遍认同思想政治教育教学工作是重要的,但是多数认为这种具有重要意义的工作与其社会地位并不匹配;虽然从事的是具有重要意义的思想政治教育教学工作,但却由于主观上对其社会地位低下存在普遍认同,而直接导致他们认为这一职业对于实现自己教

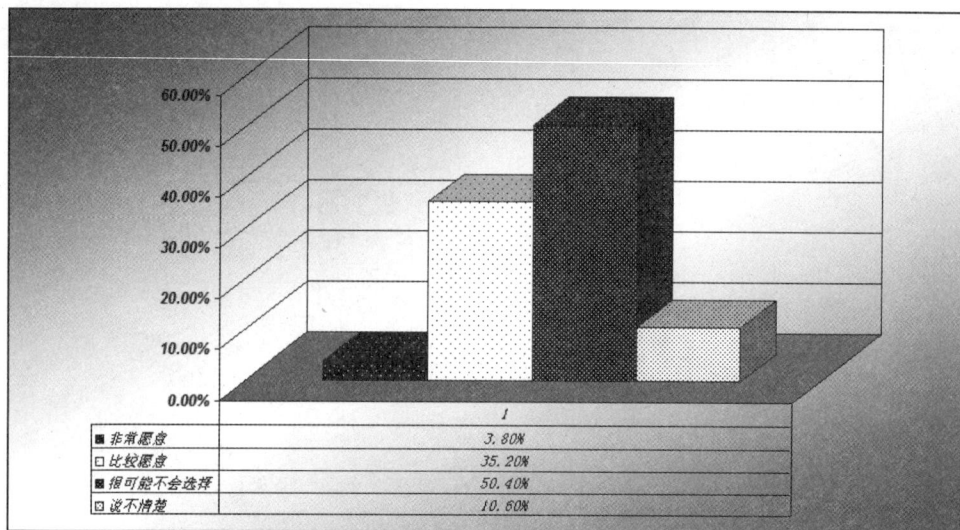

	1
■ 非常愿意	3.80%
□ 比较愿意	35.20%
■ 很可能不会选择	50.40%
□ 说不情楚	10.60%

图 4-6　如果重新选择,是否愿意继续做高职院校思想政治教师

师生命价值,对于坚定崇高理想信念,对于不断提升人生境界表现得十分乏力。在这样的背景下,很多高职院校思想政治教师在培育与发展自己的实践智慧中失去了积极性与主动性,甚至根本就谈不上实践智慧的培育与生成问题。

(四)师生关系趋于紧张

和谐的师生关系是高职院校思想政治教师实践智慧得以彰显的重要标志之一。和谐的师生关系在思想政治教育教学实践过程中具有重要价值,是提高思想政治教育教学质量的重要保证。在进一步加强与改进高校宣传思想工作和深化高职院校思想政治教育教学改革背景下的新型师生关系应该是教师和学生平等、民主、合作、共赢的和谐关系。

通过对"您与学生之间关系"的调查所获得的数据进行分析发现,这 118 名高职院校思想政治教师中,认为"在教育学生的过程中'事与愿违'的现象"经常出现的为 30.3%,偶尔出现的为 60.5%,从未出现仅占 2.4%,还有 6.8%的人说不清楚(见图 4-7)。其实,这一现象表明这些高职院校思想政治教师与学生之间的关系有待改善。因为,"事与愿违"现象的背后是教师与学生之间缺乏真诚沟通、真心交流的平台。有 4.7%的人经常认为"学生在背后议论过自己,贬低过自己,甚至诋毁过自己",偶尔有感觉到的为 43.1%,从未感觉到的为 20.9%,还有 31.3%说不清楚(见图 4-8)。这一现象表明,还有相当数量的教师与学生之间缺乏最基本的互信、互爱。"主动减少接触或拒绝接纳学生"和"用标签式语言来描述个别学

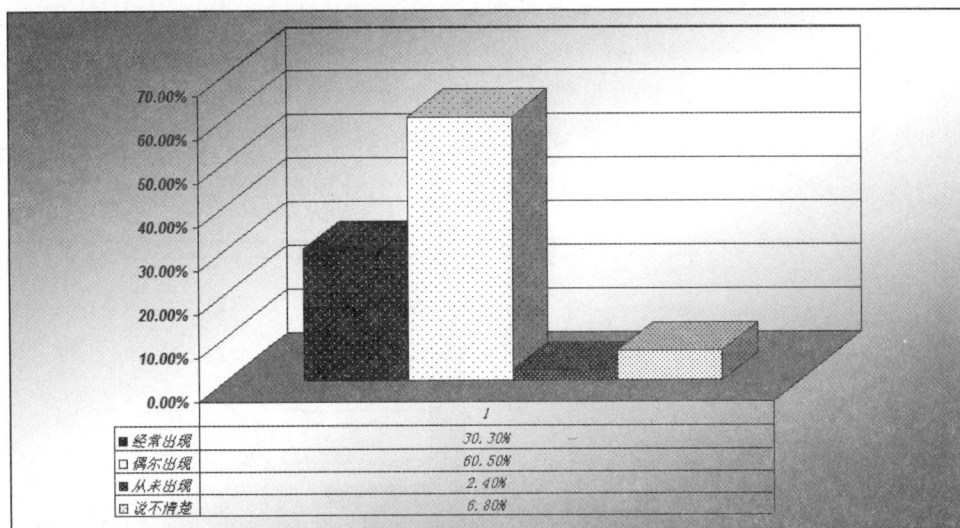

■ 经常出现	30.30%
□ 偶尔出现	60.50%
▨ 从未出现	2.40%
□ 说不清楚	6.80%

图4-7　在教育学生的过程中是否出现过"事与愿违"的现象

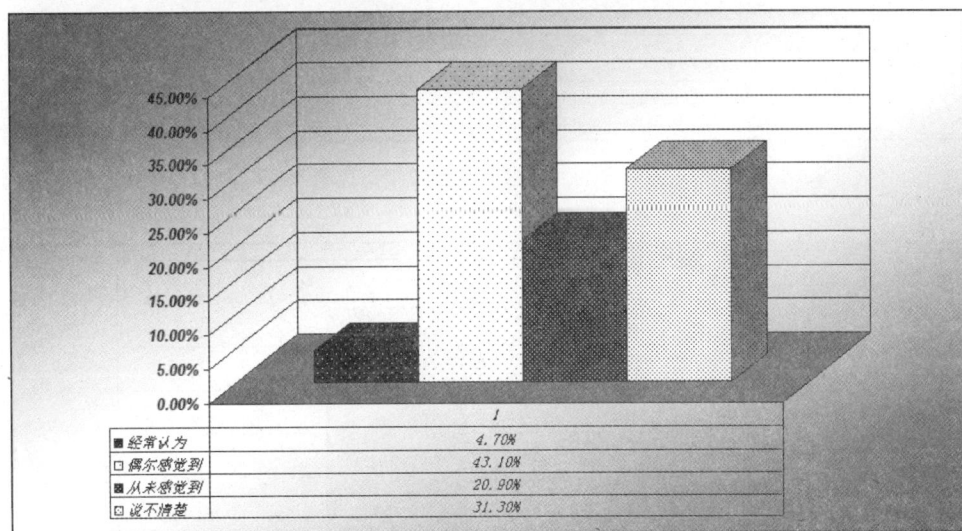

■ 经常认为	4.70%
□ 偶尔感觉到	43.10%
▨ 从未感觉到	20.90%
□ 说不清楚	31.30%

图4-8　是否觉得学生在背后议论过自己,贬低过自己,甚至诋毁过自己

生"的人数都比较少,分别为4.2%和3.7%(见图4-9、图4-10)。这表明这些高职院校思想政治教师在内心还有与学生主动接触的愿望,但能否将这一良好愿望转化为与学生和谐相处、友好往来的人际关系就是从认知上的"应然"走向生活中的"实然"的问题了。在当前深化高职院校思想政治理论课教学改革的进程中,组织富有成效的师生互动已经成为贯彻落实《关于进一步加强和改进新形势下高校

宣传思想工作的意见》精神实质的重要衡量指标。在这 118 名教师中,认为"课堂教学中开展师生互动的效果"很好的占 10.3%,比较好的占 17.2%,效果一般的占 50.7%,效果较差的占 21.8%(见图 4-11)。事实上,师生之间缺乏良性互动,就很难取得良好的教育教学效果,高职院校思想政治教师的职业幸福感也自然较弱。作为教师,"能经常收到学生对您的祝福与得到学生对您的赞美"的人数比较少,仅

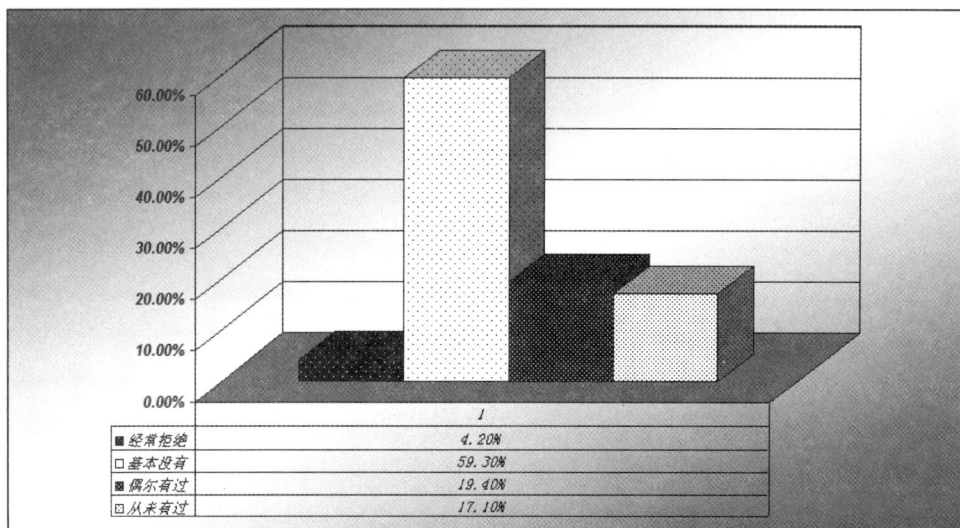

	1
■ 经常拒绝	4.20%
□ 基本没有	59.30%
▨ 偶尔有过	19.40%
▨ 从未有过	17.10%

图 4-9　是否主动减少接触或拒绝接纳学生

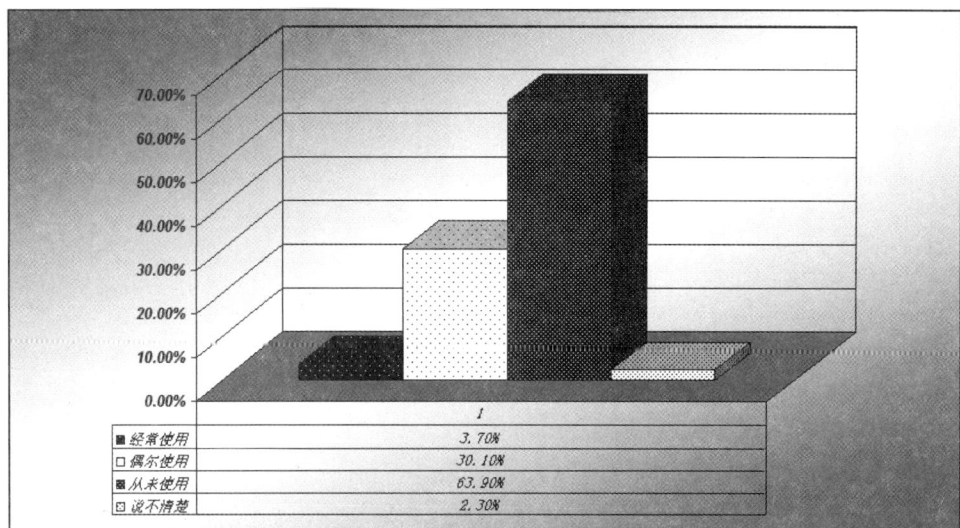

	1
■ 经常使用	3.70%
□ 偶尔使用	30.10%
▨ 从未使用	63.90%
▨ 说不清楚	2.30%

图 4-10　是否用标签式语言来描述个别学生

为 7.2％；而在"在教师节、元旦等节日时能收到学生的祝福"的情况就比较多了，达到70.3％（见图 4-13）。其实，"能经常性地收到学生的祝福和得到学生的赞美"不仅是学生对思想政治教师的教育水平与教学能力的充分认可，也是高职院校思想政治教师获得职业幸福与彰显生命价值的重要表征，更是高职院校思想政治教师与学生之间平等、民主、和谐关系的主要标志。数据表明，这些高职院校思想政

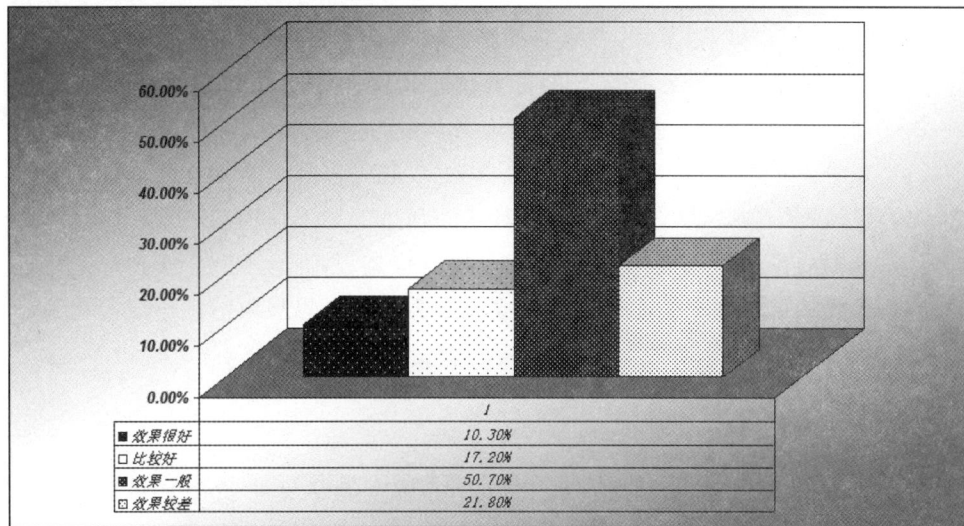

■ 效果很好	10.30%
□ 比较好	17.20%
■ 效果一般	50.70%
□ 效果较差	21.80%

图 4-11　在课堂教学中开展师生互动的效果

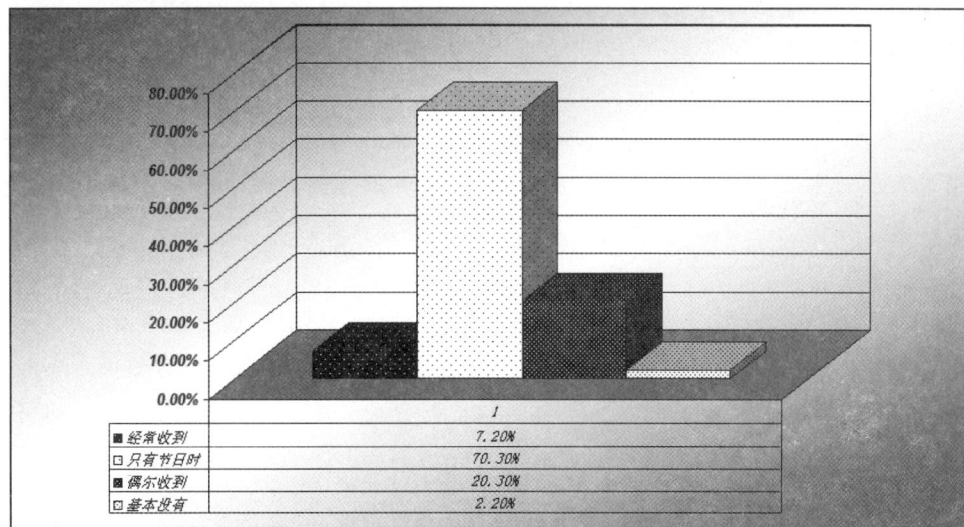

■ 经常收到	7.20%
□ 只有节日时	70.30%
■ 偶尔收到	20.30%
□ 基本没有	2.20%

4-12　是否经常获得学生对您的祝福与赞美

治教师在这方面还需要进一步改进与提高。在和谐的师生关系中,高职院校思想政治教师与人为善、崇尚共生共荣的处事之道与为人准则会潜移默化地感染学生,内化积淀为学生的优良品质,从而实现高职院校思想政治教师与学生之间互相学习、互相帮助,形成积极、健康、进取的精神风貌。其实,这也正是高职院校思想政治教师实践智慧彰显其独特价值的集中反映,但紧张而对立的师生关系恰恰是其实践智慧现实缺乏的重要表现。以上高职院校思想政治教师与学生之间关系存在的问题如果得不到科学、及时、有效的解决,很可能导致高职院校思想政治教师的心理枯竭,会逐渐对学生失去爱心、信心和耐心,表现为开始厌倦学生,备课流于形式,教学缺乏激情,工作失去动力。在处理与学生的关系时,更多地运用所谓的"师道尊严"来管制学生,而不是用动之以情、晓之以理等富有人文关怀的心理疏导方式。古人云:"亲其师,信其道。"紧张而对立的师生关系不仅不利于高职院校思想政治教师树立自己的教师权威和彰显自己的人格魅力,而且不利于实现师生之间的对话与合作,更不利于推动学生健康成长和高职院校思想政治理论课教育教学意义的生成。

(五)教育教学艺术匮乏

具有丰富实践智慧的高职院校思想政治教师都能够及时、充分地结合自身教育教学技能和教学经验,灵活熟练地运用现代化教学方式,不断提升其教育教学艺术。无论在教学语言斟酌和教学方法选择,还是教学手段运用和教学风格塑造的过程中都能表现出其应有的技术含量与艺术品位。而缺乏实践智慧的高职院校思想政治教师教育教学艺术也自然匮乏。

如,G省C校P老师在讲授《思想道德修养与法律基础》的第七章"遵守行为规范,锤炼高尚品格"第一节"公共生活中的道德与法律"时,基本上是照本宣科,既无引人入胜的导入,也无娓娓道来的讲述,明显表现出其教育教学艺术的匮乏,很难实现教学目标。一方面,尽管P老师利用了多媒体教学技术,但其PPT课件制作得相当简单,仅仅是粉笔板书的"电子化"而已(如图4-13)。另一方面,P老师在讲解新章节与新知识点时,可谓"单刀直入",未做丝毫铺垫。在导入课时,也只是简单地介绍章节与标题,然后就直接告之学生本章的"教学重点"与"考核要求",接着让学生把教材打开并翻到第171页,找出"社会公共生活"的含义与特征。这样的讲解自然是枯燥而乏味的,学生要么机械地"配合"老师翻书,要么昏昏入睡,要么低头"刷屏",注意听讲者寥寥无几。相比之下,同校的另一位思想政治教师L老师,同是上这一节课,她的PPT课件制作比较精美,色彩搭配合理、画面清晰、图文并茂(如图4-14)。特别是能够选取与课程紧密相关的新闻图片和宣传板报,大

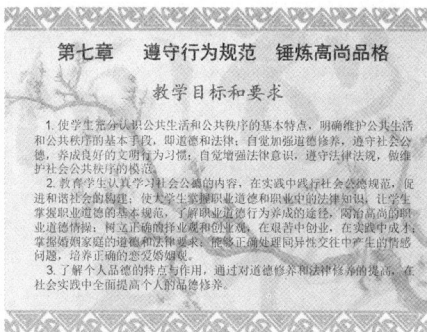

①

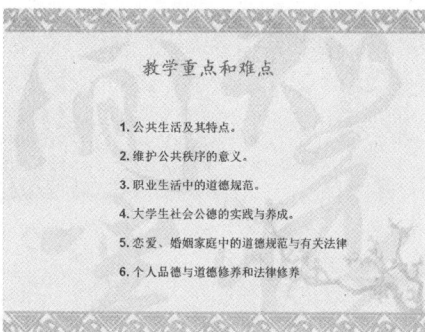

②

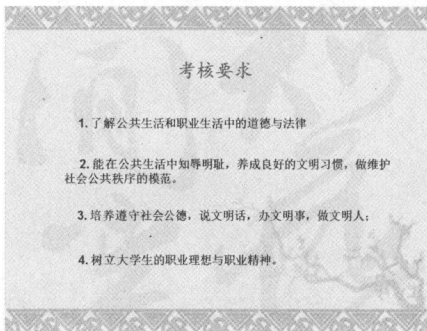

③

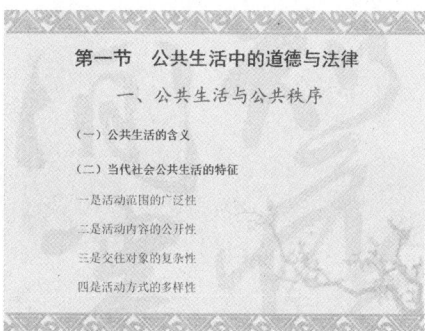

④

图 4－13　P 老师的 PPT 课件

大丰富了信息量,既能够吸引学生的注意力,又能够激发学生的学习兴趣。一方面,L 老师在讲解新课"遵守行为规范,锤炼高尚品格"时,先是向学生通过展示"图4－14 图片①"中的信息,激发学生的学习热情,集中学生的注意力,接着向学生展示"图 4－14 中图片②"上日常生活中社会公德缺失的典型案例,引导学生进一步思考作为新时代的大学生在日常学习、工作与生活中是否"遵守行为规范"?并且通过德国著名诗人、自然科学家、文艺理论家歌德的名言:"无论你出身高贵或者低贱,都无关宏旨。但你必须有做人之道。"(如图 4－14 图片③)提请学生在日常学习、工作与生活中要时刻"锤炼高尚品格"。因为,一个人是否能够严格"遵守行为规范",是否能够时刻"锤炼高尚品格",既关系到自身的健康成长,也关系到作为中国人国际良好形象的养成与塑造。因此,L 老师还特意向学生展示了图 4－14 中的图片④,其中包括在美国珍珠港与法国巴黎圣母院中专门用汉字给中国人标示的"温馨提示"。这样的导入,既展示了 L 老师制作 PPT 课件的良好技术,也彰显了L 老师精湛的教学艺术。

　　通过对以上两位老师讲授同一节课的比较,不难发现教学艺术的有无与优劣

图 4-14　L 老师的 PPT 课件

既直接关系到高职院校思想政治课堂教学效果,也间接反映出高职院校思想政治教师实践智慧的高低。这是因为,这是缺乏教育教学艺术的照本宣科式讲解,很难实现高职院校思想政治理论课的知识目标、能力目标以及情感、态度与价值观目标。事实上,这样的思想政治课课堂教学是枯燥乏味的,这样的高职院校思想政治教师是令人生厌的,不仅压抑着学生的好奇心与求知欲,而且束缚着高职院校思想政治教师教学风格的形成与外化,更阻碍着高职院校思想政治教师专业人格的培育和实践智慧的生成。

(六)教育教学机智缺位

健全而完备的教育教学机智是高职院校思想政治教师实践智慧的重要表现样态。富有实践智慧的高职院校思想政治教师在具体的教育教学实践中,能够对课堂教学中出现的突发事件积极应对,灵活处理。在我们所调查的高中思想政治课堂教学中,绝大多数教师在课前拟定了详尽的授课计划,准备了比较具体的教案与学案,并以此来指导思想政治教育教学实践活动。但在课堂教学实践中,如果学生的反应与预设的教学过程和进度不相符合,或者学生的答案与事先准备的标准答案有明显差异,这些教师基本上还是沿袭已有的教学习惯和既定的教学思路,对学生的"突发奇想""异类问题"进行"及时纠正""有效引导",使学生的思维能够迅速回到自己预设的教学进程之中,引导学生讲出教师想要的答案,以保证课堂教学的顺利进行。有的老师对于出现的类似"突发事件"和学生的"突发奇想"既无招架之功,也无还手之力,只能以自己所谓的"聪明""技巧"等把学生"拉回"既定的教学操作程序之中。

如,T市Z学校的Y老师在讲授《马克思主义基本原理概论》第一章"世界的物质性及其发展规律"第二节"事物的普遍联系与发展"中的"世界是普遍联系的"这一规律时,运用了2012年我国"神舟九号"载人航天飞船发射成功并与"天宫一号"完美对接的案例。Y老师在展示了一些当时的新闻图片和发射成功的视频资料后,向学生提问:"神舟九号为什么能够成功发射并与'天宫一号'完美对接?"由于学生对这一时政热点事件都比较熟悉,所以参与师生互动与生生互动的热情都比较高。经过小组讨论后,每个小组推选的发言人给出了不同的答案,有的指出是我国不断增强的综合国力提供了有力的物质保障,有的认为是依中国共产党的坚强领导和科学决策,有的认为应归功于广大科学技术工作者的辛勤劳动,有的强调是发射时天气晴朗、气候适宜,等等。而没有学生直接回答出"事物是普遍联系的"这一老师事先预设的"标准答案"。于是,Y老师对学生的上述答案既未做肯定性的评价,也未进行必要性的分析,而是直接强调"神九"发射成功并与"天宫一号"完美对接,其实涉及自然环境、经济社会发展水平、科学技术、人力资源等各种主客观因素。然后,他话锋一转,要求学生用"哲学的语言""思辨的意识"和"创新的思维"来重新思考这一个问题,也就是教材中提到的"事物之间与事物内部诸要素之间"是"相互影响、相互制约和相互作用"的,即"事物是普遍联系的"。

事实上,各个小组同学经过认真讨论而得出的答案都具有合理性,只不过不符合Y老师事先准备好的"标准答案",所以他用惯性的"教学技巧"迅速转移学生的注意力,把原本开放的课堂教学利用预设的问题分析无情地封闭起来,这不仅扼杀了学生的创造性和积极性,而且阻碍了思想政治理论课课堂教学情境的动态生成与意义生成。这种缺乏教育机智的课堂教学,最终结果只能是学生对高职院校思想政治教师失去尊重,对思想政治课堂失去兴趣,对思想政治教育教学失去信心。实践证明,学生的好奇心是学习兴趣的重要动力资源,而学习兴趣是学生发现问题、建构问题、分析问题与解决问题的源泉。如果学生在思想政治课堂缺乏问题意识,缺乏充分的想象力,缺少独立的思考力,缺乏探究问题的热情,高职院校思想政治教师所组织与策划的一切课堂教学与实践教学活动都将成为无源之水、无本之木。而现实的教育教学实践中,相信 Y 老师处理学生回答问题的方式,在高职院校思想政治教师群体中肯定不是个案,也不是特例。这就是教育机智的不健全、不完善,既缺乏正确处理课堂教学与实践教学中出现的意外事件的能力,又缺乏巧妙利用学生"突发奇想"进行因势利导的临场应变能力。

二、高职院校思想政治教师实践智慧缺乏的主要原因

现实教育教学实践中,高职院校思想政治教师实践智慧的培育与生成、丰富与发展受到诸多主客观因素的制约。其中,主观因素主要包括:一是专业学理底蕴微薄,主要表现在高职院校思想政治教师先进理念领会肤浅、学科知识结构松散和对新课程资源整合乏力;二是教学思维方式异化,主要表现在拘泥经验而忽视理性探究、热衷确定而鲜于动态建构、盲目从众而缺乏自主创新;三是实践智慧生成动力资源匮乏,主要表现在实践性反思无力度、教育科研重功利性、继续教育亟待改进。客观因素主要包括:一是传统教学障碍重重,主要表现在传统教学体系的羁绊、教育功利主义的盛行、教师职业幸福的缺失;二是外部环境尚需优化,主要表现在现代西方技术文化的负面影响、教育管理制度人文关怀的缺失、高职院校思想政治教师评价制度的落后。正是这些主客观因素严重制约了新形势下高职院校思想政治教师实践智慧的培育与提升,因此,只有科学分析、客观解读、理性探究上述导致当前高职院校思想政治教师实践智慧缺乏的深层次原因,才能提出有针对性、可操作的促进高职院校思想政治教师实践智慧培育与提升的对策。

(一)教学思维方式异化

高职院校思想政治教育教学改革的关键在于教师,在于培养与造就一批又一批具有丰富和高超实践智慧的教师。再科学、再先进的教育教学理念,再美好、再炫丽的教育教学愿景,如果没有教师完善的专业知识结构、精湛的教育教学技艺、高尚的职业道德操守、踏实稳健的职业作风、彰显人文关怀的职业情怀,就是空中楼阁,或是昙花一现。因此,无论是科学、先进教育理念的落实与贯彻,还是美好、炫丽的教育教学愿景的生成与实现,都需要教师思维方式求异、尚新、善变。当前高职院校思想政治教育教学改革要在现有成就的基础上取得实质性进展和根本性推进,就必须根除传统思想政治教育所形成的根深蒂固的思维方式,实现教学思维方式从确定化、程序化、机械分割的实体性思维方式向动态的、整体的、综合渗透的关系性思维方式转化;就要引领学生在认识社会、适应社会、融入社会的实践活动中,感受经济、政治、文化各个领域应用知识的价值和理性思考的意义;关注学生的

情感、态度和行为表现，倡导开放互动的教学方式与合作探究的学习方式；使学生在充满教学民主的过程中，提高主动学习和发展的能力。这一全新的教育教学理念客观上要求高职院校思想政治教师必然要摈弃传统意义上的确定化、程序化、机械分割的实体性思维方式，通过改革与创新，积极构建其动态的、整体的、综合渗透的关系性思维方式。事实上，在进一步加强与改进高校宣传思想工作与深化高职院校教育教学改革背景下，高职院校思想政治教师只有具备这样的思维方式才能充分实现对教学文本的整合优化、教学实践的创新发展、教师与学生生命价值的提升。正是在这个意义上，笔者认为，动态的、整体的、综合渗透的关系性思维方式也必将有助于推进高职院校思想政治教师的实践智慧培育与增进，也就是说，教学思维方式变革是生成与发展高职院校思想政治教师实践智慧的又一重要因素。

由于受传统教育思维，特别是应试教育思维的影响，部分高职院校思想政治教师在教学思维方式上更多地表现出拘泥于经验而忽视理性探究，热衷确定而鲜于动态建构，盲目从众而缺乏自主创新。这种求稳、守旧、静态的思维方式无益于新时期高职院校思想政治教师实践智慧的培育与增进，势必成为推动高校思想政治理论课教学改革进程的主要思维障碍。

1. 拘泥于经验而忽视理性探究

从心理学的视角看，经验是人们日常思维最低级、最原始、最基本的思维方式之一。经验作为一种常见的思维方式其特征在于，人们以日常生活中获得的经验直觉作为自明性思维的重要标准，并持续秉承所获得的经验直觉，以固定化的形态、直接性的方式给予这种思维以某种特殊且常态的规定性和指向性。在拥有经验，尤其是自认为富有经验的人看来，经验既是思维的起点，又是思想的中介，更是思维的结果。因此，他们本能地认为在日常生活实践与生产实践中只需要知道"是"，而不必追问"为什么"与探究"怎么办"，一切只要根据经验就能够在知道"是"的基础上，自然而然地推理出"为什么"和"怎么办"。高职院校思想政治教师在日常教育教学实践过程中，由于长期身处熟悉的校园环境与课堂教学氛围，使用的是相同的教材、教参，面对的是年龄、心理特征大致相当的学生，以同样的节奏组织、展开周而复始的教育教学活动。这就使得他们教育教学的经验在不断重复、定期循环中得以丰富与充实，以至于形成一套能够经常性、确定性指导其教育教学行为的、具有自明性的思想政治教育教学经验。高职院校思想政治教师在日常教育教学实践中发现并验证已有经验的实用性与有效性的时候，也就不再、不愿对新的教育教学实践进行深入思考与理性探究。因为，在他们看来，仅凭已有的、丰富的、熟练的、充足的经验积累，就可以及时、自如、有效地处理好常规思想政治理论课教学活动,就没有必要浪费时间、消耗精力去做所谓的深入思考与理性探究。这种来源于思想政治教育教学实践的经验一旦成为教师赖以进行新的教育教学实践的自明性的思维标准,作为思想政治教育教学实践活动主导者、引领者、组织者理应具备的理性思考、理性探究、理性精神就被奉为权威与经典的经验逐渐消解,甚至可能消失殆尽。在这种背景下,高职院校思想政治教师从备课、教学设计到教学方法选择、教学模式创设,再到教学组织与教学调控,直到应对考试与教学效果测评,整个教育教学实践过程都在其经验支配下日益形成一个自动的、规范的"教学流水线",课堂演变成"生产车间",学生演变成"待加工的产品"。在这个过程中,高职院校思想政治教师的主要任务就是将已经拟定好的教学计划、撰写好的教学方案、组织好的教学设计和安排好的教学过程在传统意义的课堂教学中"再现"。在这个过程中,高职院校思想政治教师无须对学科知识结构进行完善,无须对课程资源进行整合,无须对教育教学实践进行反思,无须对整个过程进行价值质疑批判,无须对学生的生命价值与自己的职业幸福进行不断提升。在这种思维方式主导下,高职院校思想政治教师若想有效培育与生成实践智慧几乎是不可能实现的。

2. 热衷确定而鲜于动态建构

传统教学中高职院校思想政治教师思维还存在着对确定性过分追求的问题。教师在思想政治教育教学实践中对确定性的过分追求,直接导致对学生生命价值漠视与对自己生命价值的埋没,这样的高职院校思想政治教师在把原本富有生命力与个体特质的学生矮化为只是被灌输对象的同时,也将自身异化为脱离思想政治教育教学实践生成意义与无视生命价值存在的一个知识的"搬运工"、一个"教学流水线"的"操作者"。因此,确定性的教学思维方式在本质上是对学生生命与教师生命的双重戕害,因为它既剥夺了学生在思想政治教育教学实践中的主体性,也剥夺了教师在思想政治教育教学生活中的主导性。教师以教学实践驾驭者的身份与地位,剥夺了学生作为教育实践主体者自我展现与自我提升的良好机会。与此同时,教师的主体性、主导性、个体性也因其驾驭并强化这种思想政治教育教学实践而被消解,那种富有实践智慧的高职院校思想政治教师所能切身体验到的作为教育教学实践主体的真实、充实、踏实,他们是难以想象和感悟的。教师对确定性教学思维的过分追求也直接导致了传统思想政治理论课课堂教学的平淡与封闭,因为在这种确定性思维所主导的思想政治课堂教学中,教师要说什么话、提什么问题、设计什么过程、组织什么活动、学生做什么样的回答基本都是预定好的,几乎没有什么弹性空间、思考余地与讨论可能。在这种课堂教学中,学生只能作为教师表演的配合者,教师知识传授的被动接受者,学科知识的机械学习者。在这种确定思维主导的思想政治课堂教学中,学生的感受与兴趣、情感与意志、求知欲与好奇心被忽视,教师对教育教学实践的积极性、主动性与创造性也被漠视。在这种确定性教学思维主导的思想政治课堂教学中,教师与学生的生命活力被物化,教师与学生的生命价值被压抑。确定性教学思维方式主导下的封闭性课堂教学,对于学校思想政治教育教学实践操作流程不熟悉的新教师可能会提供一个确定性的、可供参考的、业已成型的教学模式,但却无形中化解了他们对新课程背景下思想政治生活化情境的创设与生命化课堂的动态构建。久而久之,也就慢慢地被这种教学思维同化,成为建立新的封闭性课堂的主导者。事实上,在这种确定性教学思维主导的思想政治课堂教学中,教师更无法感受学生的生命脉搏,无法充分尊重学生的生命价值,更无法提升学生与自己的生命价值。那种封闭性、重复性的课堂教学与实践过程,仅仅是教师和学生的一种生存方式,一种无意识的、静止的操作过程。在这种确定性教学思维主导的思想政治课堂教学中,教师成为一个成型的、固定的教学过程的具体执行者和组织实施者,而很少关注自己实践智慧的培育与生成,更谈不上自己实践智慧的增进与发展。在这种确定性教学思维主导的思想政治课堂教学中,确定性思维方式关注预定的、按部就班的课堂教学,且此时的课堂教学也必须沿着预定的轨道进行。从而使理应充满新鲜活力和挑战性的思想政治课堂教学日益演变成为一种机械化和刻板性的静态过程。因为,确定性教学思维方式主导的高职院校思想政治教师已经习惯了对现成经验的模仿和依赖。在这种情况下,即使课堂教学中出现新问题、新情况、新挑战,教师往往也是按照常规方法、惯性思维或转移话题,或求助他人,而很少对课堂教学中出现的新问题、新情况、新挑战积极应对,更不可能去提出质疑,对实践反思,或提出行之有效的解决方案。在这种确定性教学思维主导的思想政治理论课教育教学实践过程中,教师对于出现的新问题、新情况、新挑战都很难进行积极应对与有效处理,其实践智慧的培育与生成也就因此而失去了可能与空间。

3. 盲目从众而缺乏自主创新

上千年的中国封建社会,推崇的是稳定、中庸、自在的农业文明,主张封闭、保守、思安的宗法制度和沿袭权威、师道、顺从的教育思想,受这些传统文化影响与制约,我国传统教师的生存状态、生活形式、思维方式都表现出不同程度的对感性、经验、经典的迷信与盲目。特别是在教学思维方式的习得、养成过程中表现得更为突出。这种根植于传统文化的教学思维方式在一部分高职院校思想政治教师那里也能找到原型。面对日新月异的时代,面对轰轰烈烈的高职教育教学改革,面对富有生命力的学生,他们依然固守着求稳、守旧、静态的传统教学思维方式,缺乏理性思考与创新意识,在日常教学思维的固定框架中乐此不疲,却对自我迷失浑然不知,视"无我"为"忘我"。此时的教师只是思想政治理论课教育教学理念的接受者和思想政治理论课教育教学理论的传递者,其生存意义、生活内涵、生命价值都由自身无法控制的传统文化力量和现行教育教学机制所控制与左右,基本上丧失了对教育理念、教学理念、教学实践的否定、质疑和批判的思维能力,这种缺乏创新思维方式和自主创新能力的高职院校思想政治教师几乎是与实践智慧绝缘了。在这样的背景下,高职院校思想政治教师无论是在课堂教学中,还是在学科教育教学研究中,无论是在构建新型师生关系的过程中,还是在追求师生共同生命幸福体验的过程中,基本上失去了发言权与话语权。迷信经典、推崇权威、效仿先进成为他们教育教学工作的主题和中心。更为严重的是,不仅在教师个体纵向成长与发展中因其求稳、守旧、静态而表现出的盲目从众的思维方式,而且在教师群体的横向比较分析中,这样的问题依然存在。长期以来,我国绝大多数高职院校思想政治教师基本上践行的是同一的教育教学价值观,实现的是相同的教育教学目标,遵循相同的教育教学理论,沿袭的是相似的教育教学方式,使用的是相同版本的教材和教参,传授的是相同的思想政治学科基本知识和基本理论。在这样的教育体制与环境制约下,有的教师认为对思想政治教学教学内容无须选择,对教材内容不必整合,对教学权威不敢质疑,对新形势下高职院校思想政治教育教学改革不愿回应,对学生个体差异熟视无睹,对生命课堂无暇顾及,对教学情境缺乏设计,只以分数多少论英雄,只以及格率高低看成败,只以量化考核比科研,从而在教育教学过程中严格遵照教材内容,过分迷信专家权威,照搬照抄教育教学经典案例,缺乏对自己教学风格的认知与建构,缺乏对教学过程的个性化设计,缺乏对教学内容的自我解读,缺乏对教学模式的大胆创新,缺乏对学生的针对性培育。这些最终导致了这类高职院校思想政治教师因盲目从众缺乏自主创新而被异化成没有个性的生命存在,失去了对自我准确认知。让对自我生命价值漠视的教师去培育实践智慧是不可想象的。

(二)生成动力资源匮乏

1. 实践性反思无力度

实践性反思是高职院校思想政治教师实践智慧的主要特征,也是高职院校思想政治教师实践智慧培育与生成、增进与发展的重要动力,更是实现高职院校思想政治教师专业化发展的必要措施。由此可见,实践性反思对高职院校思想政治教师的重要性与必要性,但这并不意味着每位高职院校思想政治教师都能对此有强烈的意识,都必然具备实践性反思的能力,都能进行规范化的实践性反思,都能将实践性反思作为其专业素质、职业特质中不可或缺的组成部分。事实上,当高职院校思想政治教师实践性反思意识淡薄、能力欠缺、过程失范时,将直接导致其实践性反思无力度、无深度、无强度,并最终成为其实践智慧得以生成与增进的制约因素。因此,高职院校思想政治教师只有具备比较强烈的实践性反思意识,才能有效实施实践反思行为。

实践反思意识淡薄的高职院校思想政治教师往往把其所从事的职业更多视为谋生手段、赚钱途径,在日常教育教学实践中一般秉承"不求有功,但求无过"的保守思想与安逸心态,既容易对所从事的思想政治教育教学工作产生厌烦感,又容易对所从事的教师职业产生倦怠感。在具体的教育教学实践中更多地以自我感受、自我利益为中心,很少考虑学生求知欲的充分需求、专业知识的不断更新、职业素养的全面强化、师生生命的共同提升,在课堂教学设计、过程组织、情境创设、意见反馈等方面也缺乏科学、合理、积极的专业思考与理性探究。在这种情况下,对其实践智慧培育与生成的期望只能是一种奢望。

实践性意识淡漠必然导致高职院校思想政治教师实践性反思能力欠缺,进而导致高职院校思想政治教师实践性反思缺乏力度,其实践智慧的培育与生成、增进与发展自然也就缺乏强劲的动力资源。在现实的思想政治理论课教育教学实践中,部分教师对自己的教育教学实践缺乏必要的观察力、思考力,主要表现在对自己经历的教学事件,尤其是典型教学事件和突发教学事件缺乏现场记录和事后深入反思的良好职业习惯,对教育教学中出现的新问题、新情况、新观点都普遍缺乏敏感度与责任心,即使偶尔主动或被动思考时,也大多是浅尝辄止、得过且过,错失了对其亲身经历的思想政治教育教学实践性反思的良机。有时参与到同事间、同行间对某一教学事件反思时,又对其内容不够关注,对其分析不够深入,对其意义不够重视。有时发现自己在教育教学中存在困惑、出现失误、造成不利后果时,又缺乏及时、积极、有效的自我调控能力,要么倍感失落,要么自暴自弃。总之,这样的高职院校思想政治教师在其最可能需要进行实践性反思的时候反而主动放弃了难得的良机,既没有抓住机会、利用机会,又没有激起强烈的实践性反思意识和培养坚实的实践性反思的能力。

当高职院校思想政治教师实践性反思意识淡漠与实践性反思能力不足时,很难进行规范的、有效的、深入的实践性反思。当高职院校思想政治教师对学科教学内容的最新文本与专业领域研究的最新动态缺乏及时、全面的了解与把握时,教师只是专心于分析教材、钻研教材,而不是通过实践性反思将教材内容与学科研究最新成果、最新动态紧密结合起来,对以教材为主体的课程资源进行有效整合与重新建构。当高职院校思想政治教师对本学科所需的专业知识、专业技能、专业教法、专业学法的掌握与运用都不够扎实与精通时，既无法有效地实现思想政治教育教学实践所要达到的教学目标，又无法真正彰显思想政治学科特有的德育功能与作用。事实上，根据教育教学中出现的新情况与新问题反思自己在专业知识、专业技能、专业教法、专业学法等领域亟待解决的问题，是高职院校思想政治教师培养和增强其实践性反思能力、校正其实践性反思行为、拓展其实践性反思路径，进而规范其实践性反思过程的有效方式。事实上，只有高职院校思想政治教师在具体的教育教学实践中，不断提高其实践性反思意识、不断提升其实践性反思能力、不断规范其实践性反思过程，才能不断加强其实践性反思的力度，进而为其实践智慧的培育与生成提供强劲的动力。

2. 科学研究重功利性

近年来，高职院校思想政治教师以强烈的责任感与使命感对教育教学改革和教育教学研究投入大量的热情、时间和精力，也取得了一些可喜的科研成果，为高职院校思想政治理论课教育教学改革的深入发展注入了新生机与新活力。但是，高职院校思想政治教师科研过程也出现了不和谐的音符，主要是科研越来越强的功利性倾向。这一倾向正在蚕食着思想政治理论课教育教学改革已经取得的可贵成果，正在严重制约着高职院校思想政治教师教育智慧水平的不断提高。现实生活中，对于高职院校思想政治教师而言，科研工作如果异化为追求地位、声誉、利益的手段，演变成事关成败、荣辱、命运的砝码，必然会限制和阻碍教师专业化发展，必然会阻碍教师对思想政治理论课教育教学改革深入的思想与理论构建，进而极大地影响思想政治理论课教育教学的质量与水平和高职院校思想政治教师的实践智慧培育与生成状态。对个别高职院校思想政治教师，急功近利式的教育研究与教学研究正在以不同形式对其实践智慧的培育与生成造成不同程度的影响与干扰。而受此严重影响与干扰的教师并没有对如何提高思想政治课教育教学质量与水平进行冷静、严肃和富有智慧的思考。与此同时，在繁重的教学任务及教学改革的双重压力下，高职院校思想政治教师在很多情况下亟待调整心态、改变精神面貌、创新思维方式，以积极应对正在继续推进与不断深入的新形势下高职院校思想政治教育教学改革。科学研究中重功利性的价值导向，使高职院校思想政治教师很难冷静下来进行全面、细致、深入的思考，很难在亲身教育教学实践中进行深刻感悟、体验，很难真正获得对课堂教学生成意义的反思，很难享受生活化教学情境和尊重生命、提升生命所带来的职业幸福。再加上高职院校思想政治教师教育教学实践中对新理论的把握、新情况的分析、新问题的解决往往停留于感性认知与表层思考,并没有实质性内化为教师自身的反思经验和实践智慧,简单的成功与肤浅的成果往往会助长教师骄傲的情绪和良好的感觉,更容易掩盖教师成长中的缺陷,从而直接影响其实践智慧的正常生成。高职院校思想政治教师科学研究的过程就是一个教育教学生命创造与教师生命提升的过程。对于思想政治教育教学实践的研究,科学研究的环境就是高职院校思想政治教师学习、工作、生活的实践环境,高职院校思想政治教师既是研究者,又是被研究者,既是从事研究的主体,又是应用研究结果的主体,这种特殊的角色融合,使得对思想政治教育教学实践研究的过程正日益成为高职院校思想政治教师学习、提高、完善的过程,这也正是高职院校思想政治教师实践智慧培育、生成与发展的脉络。但是,科学研究是提高高职院校思想政治教师实践智慧的一种手段,而不是目的。在思想政治教育教学实践的科学研究中如果滋生和助长重功利性的倾向,必然阻碍限制教师的理性思考,影响教师的实践智慧发展。从教育教学实践的角度分析,高职院校思想政治教师的科学研究应以求真与求善为基本价值取向。求真与求善的科学研究的主要目的是求得思想政治理论课教育教学改革的真知与善策,是直接指向具体的思想政治教育教学实践发展与优化的。在此科学研究中,高职院校思想政治教师是研究主体,要保持清醒的头脑,要坚持冷静的思考,要进行理性的反思,要淡化功利追求,如果过分追求功利势必会影响其对思想政治教育教学实践科学研究的质量与水平,甚至会丧失研究的主体资格,使整个科学研究陷入被动。这样科学研究就会成为教师沉重的负担,从而无形中降低了教师的实践智慧程度。总之,在推动高职院校思想政治教师实践智慧培育与生成的过程中,要尽早、尽快、尽力消除科研重功利性这一不良倾向对高职院校思想政治教师实践智慧培育与提升的严重影响与干扰。

3. 课程资源整合乏力

课程资源不会自动进入思想政治教育教学实践活动之中,它需要教师能动地去寻找、认识、选择和运用。对思想政治课程资源的有效开发和充分利用,不仅是特定教育行政部门和研究人员的专业行为,更是高职院校思想政治教师主动的、重要的教育教学实践活动。现实教育教学实践中,部分高职院校思想政治教师实践智慧的缺乏与其课程资源开发意识淡薄、开发能力低下或忽视对课程资源的选择和整合有着密切关系。有的高职院校思想政治教师不具备主动开发和利用课程资源的积极意识和应有能力。由于受传统灌输式教学思想的消极影响,思想政治课堂教学同其他学科一样,也是片面强调对其专业知识的传授,课堂教学过程的教案撰写、常规教学、考试测评、卷面分析等占据了教师绝大部分时间,导致他们既没有精力去考虑除教材以外的课程资源的开发,也没有情趣去选取、甄别其他实践活动资源和信息资源,因此,常常无心无力或有心无力,想不到、找不到或不会用富有生活气息与时代内涵的课程资源去进行有效的思想政治教育教学活动。有的高职院校思想政治教师在应试教育思维主导下,关注的是学生如何得高分,而不是如何使课堂教学富有生机与活力,他们关心分数的热情远远超过对课程资源开发与利用的热情。有的高职院校思想政治教师认为,思想政治教材是经典,思想政治教参是权威,在教育教学实践中有了经典的教材、权威的教参,课程资源就已经足够了,至于课程资源利用更多表现为理解好教材、研究好教参,课程资源的开发应该交由思想政治理论课教育专家和教学名师来进行研究,交由主要教育行政部门和学校来承担责任。有的高职院校思想政治教师忽视对课程资源的精心选择和有效整合,习惯性地认为课程资源的开发和利用,就是在思想政治理论课教学情境创设中多增加一些教材、教参以外的图片表格、背景资料、典型案例、音频视频,认为越多越好、越新越好,于是把从互联网上下载来的或从其他途径获取的图片、资料、案例、课件等教学资料未经仔细选择、深入研究、有效整合就直接运用于课堂教学。这种简单的做法,看似对思想政治理论课课程资源进行了开发与利用,其实对其选择的资源既没有比较分析,又没有做价值判断;既没有根据教学内容需要进行必要整合,也没有根据学生实际情况进行区别对待。对思想政治理论课课程资源的这种开发与利用往往是在形式上眼花缭乱,在内容上良莠不齐,在效果上事与愿违。在课堂教学实践中,学生在学习中出现的情绪波动、知识困惑,尤其是在回答问题时的"奇思妙思""标新立异",甚至是"离经叛道",在对教师教学过程中知识讲解、案例剖析、资源运用等提出的"意见""质疑",甚至是"否定",都是思想政治理论课课堂教学中饱含灵感的突显与智慧的亮点,理应成为教师及时有效利用的、重要的动态课程资源。但很多教师由于受既定的教学设计、教育程序、教学方法与教学过程的限制与束缚,要么对其视而不见,要么束手无策,从而导致这些宝贵的动态课程资源被大量浪费或闲置。以上部分高职院校思想政治教师在课程资源的开发与利用过程中存在的诸多问题,都不同程度地表现出来他们对课程资源开发整合的乏力。只有培育高职院校思想政治教师主动、自觉开发与利用课程资源的强烈意识,不断提高开发利用课程资源的能力素质,对于特色课程资源与地区课程资源以通力合作的精神进行开发与利用,才能有效地推进其实践智慧的生成与发展。

4. 继续教育急需完善

要成为优秀的高职院校思想政治教师,培育与生成丰富的实践智慧,高职院校思想政治教师既需要具有科学、先进的教育教学信念、教育机智和批判性反思能力,又需要扎实的本体性知识、丰富的实践性知识、健全的条件性知识和广博的一般文化知识。这些理念、信念、机智、能力与知识的获得与丰富,既需要高职院校思想政治教师自己主动地学习与有效地实践,也需要学校和相关教育行政部门给高职院校思想政治教师提供规范的继续教育机制。然而,目前的高职院校思想政治教师继续教育的教育理念与教育方法、教育内容与教育形式都难以摆脱陈旧传统观念的影响和束缚。高职院校思想政治教师职前培养与职后继续教育还存在严重分离现象,这直接造成高职院校思想政治教师教学理念、教学内容、教学技能、职业素质的培养与思想政治理论课教学实践相脱节,进而影响了高职院校思想政治教师实践智慧的培育与生成。谈到高职院校思想政治教师继续教育问题,就不能不提到普通师范院校思想政治教育专业研究生在教育教学上存在的严重问题。长期以来,我国师范院校思想政治教育专业研究生由于受传统教育教学观念的束缚,培养目标单一,学校功能单一。虽然科班出身的思想政治教育及相关专业的研究生经过大学期间比较严格的教育,培养了比较扎实的学科专业基础知识和比较熟练的课堂模拟教学技能,但是这些研究生整体性缺少创新精神与合作精神,也是不争的事实。之所以出现这种情况,主要是因为现在我国普通师范教育教学在教学管理、培养方案、课程设置和职业技能训练等方面与高职院校思想政治理论课教育教学实际缺乏统一性与衔接性。这也直接导致了相当数量的普通师范院校思想政治教育及相关专业研究生在进入工作状态后难以适应高职院校思想政治理论课教育教学的要求。因此,对作为新手的高职院校思想政治教师进行继续教育是十分必要的,也是提升高职院校思想政治教师师资队伍水平的重要举措。遗憾的是,由于过于重视知识结构优化、技术升级与过度规范化的教育价值取向,现行的高职院校思想政治教师继续教育,无论是对高职院校思想政治教师继续教育的课程设置,还是对高职院校思想政治教师专业知识、职业技能及教学方法的重视往往都胜过对其实践智慧的关怀。在目前高职院校思想政治教师继续教育过程中,培训内容依然侧重于对马克思主义经典文献的解读与当前国内外时事政治热点难点的分析。高等师范院校对高职院校思想政治教师的继续教育培训依然过多地依赖于在校研究生所用思想政治教育及相关专业的现行教材上的基本理论与基础方法。虽然这些教材确实对参与继续教育的高职院校思想政治教师完善专业知识结构能起到一定的作用,但这些教材追求的是自身知识的结构性与理论体系的完整性,因此丧失了对参与继续教育的高职院校思想政治教师作为学习主体在建构上的"原创性"与体验上的"真实性"培养,而缺乏了"原创性"与"真实性"的培训内容也很难实现继续教育主讲教师与参加培训的高职院校思想政治教师之间思想的碰撞和心灵的对话,进而也很难真正意义上启迪这些高职院校思想政治教师的实践智慧。因此可以说,在对高职院校思想政治教师进行继续教育时,无论是课程设置、教材选择,还是课程内容与方法指导上,都缺乏增进与发展高职院校思想政治教师实践智慧的广阔空间与良好平台。总之,现行的高职院校思想政治教师继续教育更多关注学科专业传递与职业技能培训,忽视了对教师实践智慧的培养。

(三)传统教学主要障碍

1. 传统教学体系的羁绊

传统的思想政治教学体系在教育教学实践的认识上强调"以知识本位、教师为中心",注重日常教育教学实践过程中知识传承的价值,对教师向学生传授知识的功能过分强调,却忽视学生作为教育教学实践的主体,生命理应得到教师充分尊重,个性差异理应得到教师包容,自主意识与创新精神理应得到教师关注,生命价值理应得到教师重视。然而,由于这一教学体系更注重的是教学过程的严谨性、教育设计的规范性、教学过程的可控性、教学环节的完整性,使得整个思想政治教学变成了一种简单的机械工作,教师严格按照统一模式备课、组织教学、开展活动时的确具有某种便利性、可操作性,但在周而复始、年复一年的简单操作与长期工作中,高职院校思想政治教师的日常教学习惯因这种便利的、简单的、可控的操作模式而逐渐地走向僵化、刻板与常态。高职院校思想政治教师在这种传统教学背景下形成的一些僵化的工作习惯在很大程度上阻碍着其实践智慧的培养与提高。高职院校思想政治教师僵化的工作习惯主要表现为两种方式:一种是"搬运式"教学。在这种僵化的教学习惯主导下,高职院校思想政治教师在整个教育教学实践过程中的主要工作就是把要传授给学生的基础知识、基本原理、基本观点、基本理论从教材、教学参考书上先搬到自己的教案里,然后借助于教案搬到课堂里,再通过固定的、简单的教学设计将教案的内容"告诉"学生,一次思想政治教学过程就结束了。这种"搬运"除了上述的简单性外,还强调教师在"搬运"的过程中要遵循固定性、确定性,即高职院校思想政治教师要原原本本地"搬"教科书、教学参考书的内容。这就严重抹杀了高职院校思想政治教师在利用教材与组织教育教学实践中的主动性与创造力。教师把思想政治教材与教学参考书视为不可侵犯的权威与经典,在这种情况下其实践智慧的培育与生成就只能是一句空话。另一类僵化的教学习惯是"捆绑式"教学。所谓捆绑式教学,就是教师在思想政治教学实践中对学生的问题、对学生的答疑、对学生的思考都进行主观上的、强有力的控制、管理。按照这种教学习惯,教师在课前根据教材内容与教学参考书中的教学建议,认真设计教学中可能出现的重要问题,并同时设计好分析与解决每一个问题的固定思路和确定方法,并制定出不容学生质疑的标准答案。虽然,此时不像"搬运式"教学那样把答案与结论直接告诉学生,但面对学生出现的疑问,教师又会假借传统意义上的启发快速指引学生朝着预先准备好的思路去分析,并第一时间向学生公布已有的标准答案。这类僵化的教学习惯可能在思想政治理论课基本原理与基本理论的传授上是高效率的,但却是以牺牲学生独立发现问题、分析问题与解决问题能力为代价的。这两类僵化的工作习惯如果长期存在,不但无益于学生文化素养和创新能力的培养与提高,而且使教师自身丧失了创设生活教学情境与构建生命化课堂的能力与素质,导致其专业化水平的逐渐退化和职业责任感的日趋消解,严重阻碍了高职院校思想政治教师课堂教学智慧的培育与生成,更谈不上高职院校思想政治教师实践智慧的增进与发展。

2. 教育功利主义的盛行

伴随科技进步与创新,经济振兴与发达,人类社会进入了知识经济的时代,在物质、教育、道德、知识、科学、技术、文化等方面的力量都前所未有地得到了长足发展与充分彰显。然而,人类在享受经济、知识、科学、技术等因素共同作用而创造出来的日益丰富的物质文明成果的同时,人类自身健康、全面、充分、自由、和谐的发展却不断遭受来自经济发展和物质生产所引发的环境、生态、资源等领域的诸多新挑战与危机。经济社会发展与物质生产过程中对功利主义过分追求正是导致这些新挑战与危机不断出现,并日益严重的重要原因之一。我们的教育在发展的过程中也受到这种功利主义的影响与制约。当今教育领域功利主义的盛行,就意味着人文主义的严重缺失。现行教育体制中应试教育并未因素质教育的大力推行而让位,且影响依然,也必将长久地存在;对学校教育教学水平的评估、对教师教育教学水平的质量监控各种评价制度运行的结果,依然以等级划分并作为奖惩的根本依据;教师在新时期高职院校教育教学改革的进程中尽管有科学教育与教学理念的引领,但教师教育科学研究功利化的价值取向依然严重。诸如此类的重数量、轻质量,重结果、轻过程,重结论、轻分析,重选拔、轻发展的评价、评估、测量在当前我国教育教学领域不胜枚举、比比皆是。事实上,正是这样的时代背景与教育环境使得教师的世界观、人生观与价值观在教育功利化影响下走向扭曲、走向畸形,甚至彻底沦丧。由于教育功利主义的泛滥及其错误指引,有的教师自觉不自觉地把自己的教育教学实践推向非理性之中,不要说教育智慧、教学智慧和实践智慧,就是基本的职业道德操守都很难把持,最基本的教师职业责任都很难担当。笔者并不否认教育功利主义曾具有的历史进步性,也无意抹杀追求功利所具有的某种价值。但膨胀畸形的功利追求确实能够使道德沦丧与良知泯灭,确实能够扭曲人的灵魂与戕害人性。这些问题反映在教育领域就是对教育价值的消解,对教育过程的瓦解,对教育者与受教育者的双重毒害。传统教育教学体系在功利化冲击下,最直接的后果是学校更关注教师的成果,更看重教师业绩,更关注升学率,而不是切实地培养教师专业能力、职业素养与实践智慧。最集中的表现就是学校、教师、家长都是以牺牲学生个性发展和社会的进步为代价,没有研究学生的愿望,只有管理学生的冲动,没有发展学生的可能,只有选拔学生的现实。这种在教育功利主义引导下,包括思想政治理论课教育教学在内的一切教育教学实践活动只能与教育的本质和规律背道而驰,且越走越远。包括高职院校思想政治教师在内的很多教师也就没有时间、没有精力、没有条件、没有环境去考虑自身实践智慧的培育与增进问题了。

3. 教师职业幸福的缺失

现实的教育教学实践中,由于饱受传统教育教学体系严重羁绊和深受教育功利主义的恶劣影响,高职院校思想政治教师既难以感受与领悟到教师职业应有的快乐与愉悦,又难以获得与促进身心的健康发展,既难以实现与推进教师专业化发展,又难以彰显与提升自己的生命价值。所有这些,必然导致高职院校思想政治教师职业幸福感的严重缺失。这也是阻碍其培育与生成实践智慧的又一重要因素。事实上,在追求与实现实践智慧的教育教学实践过程中,一方面,高职院校思想政治教师的学科知识得以完善,教学技能得以提高,职业素质得以发展;另一方面,高职院校思想政治教师在其专业化发展中能够自主地创造幸福和自觉地享受幸福,进而使其生命价值得到有效实现与有力提升。学科知识、专业素质、职业素养的提高使高职院校思想政治教师对其教育教学应对自如、得心应手,而从其教育教学实践中获得职业幸福感和个人生命价值的提升能使高职院校思想政治教师更深刻地领悟到教育的本质、生命的意义、生活的真谛。实践证明,高职院校思想政治教师在这两个方面获得的发展都能够形成培育与生成其实践智慧的合力,并积极推进其实践智慧向更高层次发展。事实上,如果工作任务繁重、精神压力过大、经济收入低下、成功体验空白、自我实现困难,则会导致高职院校思想政治教师职业幸福感的缺失。长期以来,无论是学校、家长、学生,还是社会更关心的是高职院校思想政治教师职业行为的外在社会价值,因而将其教育教学实践活动仅仅看作是一种传授知识与技能的非创造性的活动;更关心的是高职院校思想政治教师的教学水平、育人质量、奉献精神,因而歌颂他们高尚的人格、高贵的品质、高雅的气质。这虽然能够给予高职院校思想政治教师教育教学工作肯定性评价,使其获得某种荣誉和名誉,但并未涉及高职院校思想政治教师具体教育教学实践活动对其本人生命的充分尊重和对其本人生命意义的理解,也未涉及高职院校思想政治教师能否在日常教育教学实践中感受到对自己生成实践智慧与构建和谐人格的严峻挑战、对自己生命价值的彰显和生命意义的追寻。这就难以使高职院校思想政治教师感受到、领悟到因从事教师职业而获得的内在尊严与精神满足。所有这些未涉及与未获得恰恰表明高职院校思想政治教师职业幸福感的严重缺失。然而,教师职业的最高境界是把教师职业与教育事业作为自己实现人生意义、获得内心尊严与精神满足、推进生命价值提升的最崇高的幸福追求。教育是高职院校思想政治教师的生命所系,课堂教学是高职院校思想政治教师基本的生活方式,成功的教育教学实践是高职院校思想政治教师生命价值的集中体现。而无法从日常的教育教学实践中持续获得并真实体验到职业幸福感、无法实现人生意义与生命价值的高职院校思想政治教师是很难培养出实践智慧的。

（四）外部环境尚需优化

1. 现代西方技术文化的负面影响

以科学、技术、理性为核心内涵的现代西方技术文化推进经济发展与人类进步的同时,也产生了一系列的负面影响,如科技发展使人丧失了主体性,技术推崇导致了人类对科技的过分依赖,理性主义泛滥导致了人信仰缺失,科学与技术共同推动的经济发展又导致了环境与资源危机。这些负面影响反映到现实的教育之中,使教育在盲目追求科学性的同时丧失了人的主体性。传统教育教学实践在认识上强调"以知识本位、教师为中心"。"以知识为本位"的直接后果就是传统教育教学实践更注重知识传承的价值,"以教师为中心"的直接后果是对教师向学生传授知识的功能被过分强调,忽视学生主体性,学生的生命未得到教师充分尊重,学生的个性差异未得到教师包容,学生的自主意识与创新精神未得到教师关注,学生的生命价值未得到教师重视。在具体的思想政治理论课教学实践中,在这种理念的支配下,教师因为被教材内容所限制,被单调的教学模式所限制,很难发挥自己的积极性、主动性与创造性;学生在这种理念所支配的课堂教学中只能是被动的接受者,而不可能成为主动的学习者。由于这种理念的支配,具体的思想政治教学过程,往往被看成是高职院校思想政治教师根据教学大纲、严格按照教材逻辑、落实教学参考书的教学建议,将知识传递给学生的一种程序化、规范化、标准化过程。这种推崇标准化、讲究程序化、注重规范化、具有可操作性的教学过程与教学体系在提高了知识传授效率的同时,无情地扼杀了思想政治理论课教育教学实践理应具有的创造性、生成性与动态性,严重妨碍了高职院校思想政治教师理论视野的开拓,严重影响了高职院校思想政治教师对于其教育教学实践意义、价值的全面认识与把握,严重阻碍了高职院校思想政治教师自身的健康发展和学生的全面培养,进而严重束缚了高职院校思想政治教师实践智慧的生成。

2. 教师管理制度中人文关怀的缺失

长期以来,在教师管理中缺乏对高职院校思想政治教师生命的完整理解与充分尊重,往往把高职院校思想政治教师看作是被管理的对象,而忽视了思想政治教师作为教育教学实践的主体性存在。"很多学校缺少符合本校实际的自我激励、自我完善、自我约束、自我发展的师资管理运行机制,制度化、单一化、缺乏人性化的管理体制无法调动教职工内在的积极性和主动性。教师作为知识分子,自尊心比较强,渴望得到学校领导、同事和社会的尊重,而管理中的等级制所带来的是不平等观念,不尊重教师创造性教学工作的现象遏制了教师对工作的热情和教学的积极性、创造性。"[1]在现实生活中,教师劳动具有个体性与差异性,在教师管理上更应该关注教师个人特质,给予每位教师以更多的自我管理权。在传统的教师管理体制中,被动接受教育管理者指令的教师,其地位、身份、人格、生命都很少获得应有的尊重。事实上,教育管理制度是教师组织、开展教育教学实践活动的重要制度保障,如果教育管理制度是合理的、先进的、富有人文关怀的,就能够给教师提供更温馨的生活环境,更舒适的发展空间,从而不断增强教师的职业归属感与职业幸福感;相反,如果教育管理制度更多强调的是管制、约束、惩罚,那么它就会压抑教师的丰富情感,阻碍教师健康成长,束缚教师实践智慧生成。新形势下,教育管理制度在科学性、合理性上都有了长足的发展,然而,现有的教育管理制度还没有从根本上成为维护教师根本权益的、教师自愿认同的、充满人文关怀的制度,教师仍然在诸多条条框框中小心翼翼地开展教育教学实践活动。这样的教师管理制度也成了阻碍高职院校思想政治教师形成智慧性认识、进行智慧性教学的壁垒,其实践智慧也将在这种制度的严格规制与严密束缚中长期地处于被动受制的状态,很难获得生成与发展。

3. 传统高职院校思想政治教师评价制度的阻碍

美国学者斯塔弗尔比姆(Stufflebeam)曾经指出:"评价最重要的意图不是为了证明(prove),而是为了改进(improve)。"[2]然而,我国传统高职院校思想政治教师评价制度却更多的是在"证明"而不是在"改进"。主要表现:①在评价目的上以奖

---

① 胡建淼.浅探影响教师课堂教学智慧生成的主要因素[J].当代教育论坛(学科教育研究),2007(12):34-36.

② 刘校梅.教育评价的演进[J].东岳论丛,2002(3):137-138.

惩性为主。我国现行教师评价制度主要还是以奖惩性为目的的教师评价制度。在这种评价制度中,主要是以奖励和处罚为手段,通过对教学水平、科研能力、育人质量等现实表现的检查、考核、评估,对教师任教资格、职业能力、职业道德、职业素养等进行评价,并将这些作为教师竞聘上岗、评职晋级、进修学习、加减薪水、福利待遇、处罚、调离岗位、解聘的重要依据。这种以奖惩为主要目的的教师评价制度,使高职院校思想政治教师没有时间考虑思想政治教育教学方法的改进与优化,没有精力顾及本学科理论研究的最新动态和学术前沿问题,这也就使高职院校思想政治教师专业化发展失去内在的需求和强劲动力。高职院校思想政治教师应对这种评价制度更多的是为了获得领导赞赏、同事好评、学生认可,从而为自己加薪、评职、晋级、升迁和获得荣誉增加几率,从而导致了高职院校思想政治教师专业成长与发展的停滞不前。我们并不否认这种以奖惩为主要目的的教师评价制度对推动思想政治理论课教学改革具有一定积极作用,但在这种制度规制与约束下,丧失了主动性与自主权的高职院校思想政治教师将很难考虑自己实践智慧的问题。②在评价方式上,重领导和专家对教师的"自上而下"的具有决定性的权威性评价,轻学生对教师的"自下而上"更具说服力的民主性评价;重其他主体对教师的评价,而轻教师作为主体对自己的评价。其实,无论是重领导与专家对教师的权威性评价而忽视了学生对教师的民主性评价,还是重视其他主体对教师的外在性评价而忽视教师作为主体所做的内在性评价,教师作为被评价者,都缺乏与评价者有效沟通与交流,因而无法主动地表达、解释自己的教育教学观念、教育教学行为和教育教学过程,而只是处于被动受评者,不可能也无须主动地参与到评价过程之中,从而严重丧失主体性,也错失了以其进行教育教学实践反思的良机。③在评价内容上,重静态、量化的结果性评价,轻动态的、发展性评价,难以真正地、全面地、根本地反映思想政治师教育教学能力与职业素养的全貌。④在评价指标上,更多是侧重于教师发表论文和主持科研项目的数量与学生考试的及格率和优秀率,更有甚者将其与任课高职院校思想政治教师的经济利益相关联。这必然造成高职院校思想政治教师为应对考试而教,学生为应对考试而学,很难对教师教学水平、职业能力、职业素质做出科学的、合理的评价。其实,在现实的教育教学实践中,高职院校思想政治教师的教学风格、人格魅力、教师形象、创新素质和学生的个体差异都很难做量化比较与分析,静态数字也无法准确反映出高职院校思想政治教师的教学态度、创新能力、职业素养与境界追求。在一切以提高升学率为价值取向的教师评价制度中,教师对教学的憧憬和教育热情必将被消解,教师的职业归属感与幸福感也必将消失,在这种情况下,要求高职院校思想政治教师不断培育与提升其实践智慧已经失去了最原始的动力。

第五章 高职院校思想政治教师
实践智慧的生成机制

推动高职院校思想政治教师实践智慧培育与生成,既是发展智慧教育的客观需要,也是高职教育教学改革的内在要求;既是高职院校思想政治教师实现生命价值的有效途径,也是高职院校思想政治教师提升人生境界的必然选择。实践证明,只有深入地理解实践智慧的培育与生成机制,才能更好地促进高职院校思想政治教师实践智慧培育与丰富、生成与发展。所谓"生成",从哲学意义上讲,一般是指"处于由非存在到存在,或由某种质到另一种质的过程中的事物或现象"[①]。由此可见,"生成"被视为"一种过程",一种从"无"到"有"的过程,从"某种质"到"另一种质"的过程。所谓"机制",在《现代汉语词典》中解释为:"①机器的构造和工作原理,如计算机的机制;②有机体的构造、功能和相互关系,如动脉硬化的机制;③指某些自然现象的物理、化学规律,如优选法中优化对象的机制,也叫机理;④泛指一个工作系统的组织部分或部分之间相互作用的过程和方式,如市场机制。"[②]在这里,"机制"被理解为各事物之间或事物内部各要素之间的"相互关系"或"相互作用",并且这种"相关关系"或"相互作用"一般是以某种"机理""过程"或"方式"而存在和发展。所谓"培育与生成机制"就是事物在内部因素与外部环境的各种关系共同相互作用下,促进其从无到有,从一种质向另一种质转化的内在动力与制度保障。高职院校思想政治教师实践智慧生成机制是指在丰富而复杂的教育教学实践中,高职院校思想政治教师在各种主客观要素矛盾冲突的过程中,将抽象的思想政治理论课教育教学内容与具体的思想政治理论课教学实践有机统一,从而不断实现学生生命体验丰富、生命价值提升与自身生命体验丰富、生命价值提升完美融合

---

① 金炳华,等.哲学大辞典(修订本)[Z].上海:上海辞书出版社,2001:1298.

② 中国社会科学院语言研究所词典编辑室.现代汉语词典(修)[Z].北京:商务印书馆,1998:582

的各种制度支持和环境保障,主要包括生成素养培育机制、生成动力整合机制、生成路径拓展机制、外部环境保障机制。思想政治教育教学实践过程是一种富有生命的、蕴含生活的、动态生成的过程。高职院校思想政治教师在具体而丰富的教育实践活动中会不断地遇到新情况、新问题,将不断地面临新机遇、新挑战,同时也会产生许多新困惑、新质疑,而科学解决这些新情况、新问题,勇敢面对这些新机遇、新挑战,正确化解这些新困惑、新质疑,客观上需要高职院校思想政治教师不断地完善自身的职业素养,不断地深入实践反思、加强科学研究、改进对话合作,不断地锤炼课堂教学艺术、追求个性教学风格、健全教育机智。与此同时,学校和社会还要为高职院校思想政治教师提供富有人文关怀的文化环境,从而使高职院校思想政治教师在自我完善与提升中,在与他人的对话和合作中,在思想碰撞与视界融合中,促进自身实践智慧的培育与生成、丰富与发展。

一、生成素养培育机制

高职院校思想政治教师实践智慧生成机制是思想政治理论课教学内外部矛盾运动的共同结果,是在处理高职院校思想政治教师实践智慧内外部各种矛盾的过程中,在揭示高职院校思想政治教师实践智慧本身所蕴含的内在矛盾运动过程中,促进高职院校思想政治教师实践智慧培育与生成的素质基础、内在动力与外在保障。这一机制应以高职院校思想政治教师实践智慧生成素养为重要基础。

(一) 奠定学科理论素养

学科理论素养主要包括高职院校思想政治教师的教育教学理念与学科知识结构。先进的教育教学理念是高职院校思想政治教师实践智慧的基本理论要素。教师对思想政治理论课教育教学理念的科学认知、正确理解、充分把握与努力践行是实践教育智慧得以培育与生成的重要基础和理论来源。所谓科学认知、正确理解、充分把握,主要是指高职院校思想政治教师基于对其教育教学实践活动的价值认知、对学生生命的尊重与关怀、对生活化情景的意义识别、对教育教学过程属性及价值的实现而达到的内在的教育认识水平和形成的教育思维方式。思想政治理论课教育教学实践过程是一个师生良性互动生成的动态过程,教师要对学生、课堂和知识传授、能力转化与素质提升有科学的认知、理性的判断、合理的规划,要真正领悟思想政治理论课教学改革中的课程、教学、实施与评价等领域的新理念在课堂教学中的价值与意义,并日益转化成自己规范的教育教学实践行为,与自己教育教学实践和谐融通,使其培育、整合、升华为具有专业特质与个人风格的实践智慧。健全而完善的学科专业知识结构是高职院校思想政治教师实践智慧生成的重要理论基础,是高职院校思想政治教师开展具体教育教学实践活动的必要理论前提。培育与提升高职院校思想政治教师实践智慧,首先要不断夯实自己的学科知识,特别是所任教课程相关联的专业知识基础,要及时、全面、准确地了解与把握思想政治学科必须时刻关注的国内外重大时事、新闻事件及其相关背景资源和信息,这些是思想政治学科本体性知识;其次,不断丰富高职院校思想政治教师有效开展教育教学实践活动所必需的教育学、教育心理学、思想政治教育学、思想政治学科课程与教学论、管理心理学、教育技术学等领域的知识,这属于高职院校思想政治教师的条件性知识;再次,要不断积极、深入总结自己教育教学实践活动,特别是课堂教学经验累积形成的知识,这些是高职院校思想政治教师的实践性知识;最后,高职院校思想政治教师需要不断更新自己的一般文化知识,即与自己所从事思想政治教育事业和思想政治教学专业相关联的一些人文科学、社会科学、自然科学等领域的知识。这些知识之间是相互联系、相互协调的,共同构成了一个高职院校思想政治教师学科知识的完整结构。只有这样,高职院校思想政治教师才能全面而扎实地掌握本学科专业知识,才能不断实现本学科知识结构科学化与合理化,才能不断提高教育教学理论素养,从而为其实践智慧的培育与生成奠定坚实的理想素养。

(二)丰富的实践性知识

"从教学实践场景来看,真正主导教师教育教学的是一种融合了公共知识以及教师个体经验、体验、信念等的知识,即教师的实践性知识。"[①]所谓教师实践性知识,"是以'我'为中心积累起来的……'我'的'实践性知识',是以'我'为中心,吸收外来的知识,并跟自身已有的知识混合、发酵,由此才浮现出对于'我'有意义的知识。'实践性知识'的直接母体——'我'的内心世界,拥有多层结构。最底层的是人的世界观、人生观,上面是教育观念、教育信条,再上面是问题意识与视点或是感悟"[②]。对于高职院校思想政治教师而言,其实践性知识孕育于丰富的思想政治理论课教育教学实践之中,又因高职院校思想政治教师的个体差异而表现出鲜明的个性特征,即因为高职院校思想政治教师个体教育教学实践的不同而表现出"个体性、经验性、情境性、伦理性及复杂性等特征,且蕴含于其中而成为教师知识范畴内的重要组成部分。实践性知识属于隐性知识,它不能通过媒体表述,不能直接传

---

① 杨燕燕.培养实践智慧的教师职前实践教学——以加拿大卡尔加里大学为例[J].全球教育展望,2012(4):39.

② 钟启泉.实践性知识问答录[J].全球教育展望,2004(4):3-6.

授,难以'显化'。虽然这些知识也可以通过知识掌握者的行为展示出来,但展示的是知识转化成的能力,而不是知识本身"①。其实,没有个性化的思想政治理论课教学实践,就没有丰富的思想政治理论课教学实践性知识,也就不会生成特色鲜明的思想政治教师实践智慧。因此,在具体的、富有个性特征的思想政治理论课教学实践中,丰富的思想政治理论课实践性知识是高职院校思想政治教师实践智慧生成的重要因素。为了丰富和整合自身实践性知识,高职院校思想政治教师积极向实践学习,踏实向生活学习,虚心向他人学习,在具体的思想政治教育教学实践中用心感悟、真心体验、精心策划。新时期的高职教育教学改革正在积极引领高职院校思想政治教师与思想政治理论课课程之间、高职院校思想政治教师与学生之间、思想政治理论课教学实践与师生生命价值提升之间关系的深刻变革,为高职院校思想政治教师实践性知识的孕育与丰富提供崭新的操作平台与广阔的发展空间,进而大力推进高职院校思想政治教师实践智慧的培育与生成。为此,高职院校思想政治教师要通过树立实践性知识的获取与积累意识,以不断增强对其具体教育教学行为的科学性、针对性、目的性的反思,以提高其观察敏锐性、审视精确性、体验全面性、感悟深刻性,从而积极获取更为丰富的实践性知识来积极建构其个性化的实践智慧;要不断增强理论素养,高职院校思想政治教师无论从具体的教学实践到实践性知识,还是从实践性知识转化为教师实践智慧都是从感性认知到理性感悟、从自发行为到自觉实践的不断超越自我、提升自我的动态生成过程,而这一过程如果没有丰富的理论素养,要实现不断超越与提升是不可能的;要培养高职院校思想政治教师合作精神与团队意识,促进其与社会、学校、同行、学生之间的团结与协作,从而科学开发与有效利用校内外教育教学资源,进而促进高职院校思想政治教师之间对实践性知识的共生、共长、共享。在日常生活中,思想政治教育教学的生命力在于不断地经历实践并在实践中不断创新,经得起实践考验的、能被实践检验的、从实践中提升出来的思想政治教育教学理论才有时代价值。丰富的思想政治理论课教学实践经验是高职院校思想政治教师成长的基石,只有在具体的思想政治教育教学实践中不断积累和丰富实践性知识,并进行科学尝试、大胆创新、不断探索,才可能凭借其坚实的理想素养与丰富的实践性知识不断地生成教师实践智慧,而教师实践智慧的培育、发展、升华将最终成就智慧型高职院校思想政治教师。

(三) 提升教师职业道德

高尚的教师职业道德是促进高职院校思想政治教师实践智慧培育与生成的重要

---

① 谭仁杰.做研究型教师[M].西安:陕西师范大学出版社,2006:79.

道德基础与职业素养保障。高职院校思想政治教师实践智慧由崇高的职业理想、坚定的职业信念、明确的职业志向、美好的职业愿景作为坚实的职业道德基础。高职院校思想政治教师必须对所从事的思想政治教育事业有一种执着的追求、无私的奉献、真诚的情怀、永恒的热爱，才能以饱满的热情与高尚的职业精神真正地潜心于思想政治教育教学研究和实践之中。高职院校思想政治教师要有科学的世界观、人生观与价值观。高职院校思想政治教师只有对世界、对人生有科学的认知，对教师职业与教育事业有正确的价值判断，才能使思想政治理论课教学理论与实践有机统一与完美融合，才能使课堂教学与实践教学真正触及学生心灵深处，才能真正尊重学生生命和提升学生生命境界。只有这样，思想政治理论课教学实践才能不仅仅停留在知识的传授与技能的培养上，而是转化和提升为一种智慧培育与生成和高职院校思想政治教师人格魅力的外化与彰显。因此，教师职业道德是高职院校思想政治教师实践智慧得以有效培育与生成的重要职业素养。在教育教学实践中，高职院校思想政治教师职业道德主要包括：一是敬业、精业与乐业。要有爱岗敬业意识，工作要精益求精、尽职尽责、兢兢业业，要勇于探索、善于创新、乐于奉献，要时刻保持着对思想政治教育教学事业无限忠诚，要时刻保持着对高职院校思想政治教师社会地位的高度职业认同，要时刻保持着对思想政治教学的无比热爱。二是要充分尊重学生生命和个体差异性。高职院校思想政治教师实践智慧在"知""情""意""行"等维度上的表现形式，其根源在于高职院校思想政治教师对思想政治教育教学事业的无限热爱，对学生永恒、纯真、热烈的爱与无条件的尊重、理解与信任。三要不断追求思想政治教育教学的真善美。高职院校思想政治教师在具体的教育教学实践中要始终解放思想、实事求是、与时俱进、求真务实，踏踏实实做事，老老实实做人，要在工作中与人为善、讲究团结，主张合作共赢、和谐共生，要与学生建立互尊、互信、互爱的新型师生关系，要与领导、同事建立民主、平等、和谐的人际关系，要追求教育教学科学性与艺术相结合，要追求仪表美与人格美相统一。面对日新月异的生活、追求卓越的教育、性格迥然的学生、常讲常新的教材、富有生命的课堂，高职院校思想政治教师，只有以无私的奉献、饱满的热情、坚强的意志、高尚的情怀全身心地投入丰富多彩的教育教学实践之中，才能不断地探索思想政治理论课教学规律，不断增强自身的教育教学技能，才能不断提高自身的教育教学艺术，进而促进自身实践智慧的培育与生成。

二、生成路径拓展机制

（一）锤炼课堂教学艺术

追求课堂教学艺术的高超性与精湛性是促进高职院校思想政治教师实践智慧

培育与生成的重要手段之一。高超而精湛的课堂教学艺术需要现化教育教学技术支持，但并不等于现代教育教学技术的运用与实施。高超而精湛的课堂教学艺术自然包含一定的现代技术因素，但要在科学、合理运用现代教育技术的基础上对思想政治课堂教学进行艺术加工与精心雕琢。不断锤炼富有想象、创意、内涵的思想政治理论课课堂教学艺术能够使高职院校思想政治教师教学艺术日益走向高超与精湛，而这一过程也是促进高职院校思想政治教师实践智慧不断培育与生成的过程。在日常教育教学实践中，高职院校思想政治教师要有意识、有计划地锤炼如下课堂教学艺术，以促进其实践智慧的生成与发展。一是课堂导入艺术。导入内容要富有新意、情趣；新课导入方法要有针对性，紧扣教学主题，做到简明扼要；导入效果要引人入胜、生疑质疑，活跃学生思维，引发学生强烈求知欲。具有艺术性与内涵性的课堂导入，是高职院校思想政治教师具有实践智慧的主要标志之一，而教师在不断彰显导入语言魅力、改进导入方式方法、优化导入新课内容、提高新课导入效果的过程中，能够不断地生成与拓展其实践智慧。二是课堂教学组织艺术。科学、严谨、完美的课堂教学组织是指高职院校思想政治教师把科学的教育教学理念、健全的学科专业知识、先进的教学方式方法、丰富的教育教学经验、合理的教学设计等课堂教学因素有机地融为一体的过程。高职院校思想政治教师只有合理组织课堂教学程序、适时调控课堂教学节奏、有效维持学生情趣兴致，才能不断增强对思想政治理论课课堂教学过程动态生成的有效调节，才能不断提高对学生学习状态准确把握的能力，才能不断锤炼思想政治理论课课堂教学组织的艺术性。三是课堂教学语言艺术。思想政治理论课课堂教学要求语言力求做到时代性、艺术性的完美统一。高职院校思想政治教师课堂语言表达要富有时代感，要体现时代性，要抑扬顿挫、缓急有度、高低适宜。同时要注重生动性，在教育教学实践中积极塑造富有个人特色和彰显艺术性的语言风格。四是课堂教学结尾艺术。课堂教学结尾是巩固思想政治理论课课堂教学效果的重要环节。在思想政治理论课课堂教学过程中，具有艺术性的教学结尾讲究内涵、富有逻辑、耐人寻味、引人深思，能使课堂知识结构化、条理化、清晰化。在具体的思想政治理论课课堂教学中，课堂结尾方式因人而异、因课而异、因情而异、因时而异，但都要做到过渡自然、语言精练、留有思考的空间。事实上，教学是一门科学，又是一种艺术。在具体的思想政治理论课课堂教学中，教师应充分施展自己的教学风格，精心设计每一堂课，精雕细琢每个教学环节，创造出丰富多彩、栩栩如生、惟妙惟肖、和谐共生的教学情境，使思想政治理论课课堂教学成为传播知识、传递文化、传承文明与彰显人格魅力的教育教学艺术。

（二）追求个性教学风格

思想政治教师实践智慧是指教师在丰富而复杂的思想政治教育教学实践中积极有效地应对各种不确定的教育教学情境或突发教育教学事件时所表现出来的一种综合能力与素养,主要是高职院校思想政治教师对思想政治理论课教学科学性的推崇与合理性的追求,以不断实现思想政治理论课教学实践过程中合规律性与合目的性的辩证统一,对真实具体而又复杂多变的思想政治理论课教学情境准确判断与有效把握,对自己个性化的教学艺术与教学技能的完善融合与有机统一,对自己独特人格魅力和职业素养的全景展示与有力彰显。在此过程中,高职院校思想政治教师对自身实践智慧培育与生成是主动的、理智的、自觉的。在日常生活中,高职院校思想政治教师在具体的教育教学实践中面对的学生是具有鲜明性格特征与个体差异的,面对的教材是需要科学开发与有效整合的,面对的教学课堂是富有生命和生活情境的,面对的新时期高职教育教学改革是追求不断创新与和谐发展的。所有这些都在客观上决定了高职院校思想政治教师所面对的教育教学对象、所处的教育教学场域、所实施的教育教学过程都是复杂多变的、动态生成的。因此,思想政治理论课教学实践并不存在着一种一成不变的模式可供模仿或遵循。实践证明,要把现实生活中具体的思想政治理论课教学实践演绎得异彩纷呈、妙趣横生、情景交融、特色鲜明,独具人格魅力与个人特质的个性风格对高职院校思想政治教师而言不仅不可或缺,而且异常关键。因此,高职院校思想政治教师要在教育教学实践中必须要追求个性教学风格。事实上,正是高职院校思想政治教师各自不同的个性心理倾向、个性心理特征和个性心理素质的存在与健康发展才使其在具体的教育教学实践中显现为风格各异、内涵不同、千差万别的个性教学风格。高职院校思想政治教师个性教学风格与其对教育思想和教学理念的独特理解相联系,与其对教学艺术和教学技能的不懈追求相一致,与其对学科知识结构和实践性知识的双重优化相结合,与其对课程资源和教材内容的有效整合相统一,具有鲜明的个体特征、个人特色,具有不可模拟性和不可复制性。高职院校思想政治教师要将上述诸要素达到科学排列组合与真正融会贯通是需要长期的教育教学实践的打磨、历练和升华的。高职院校思想政治教师追求个性教学风格的过程从本质而言就是学科知识结构不断优化、实践性知识不断丰富、职业道德素养不断提升的过程,也正是涵养高职院校思想政治教师实践智慧的艰辛历程。之所以这样说,是因为无论是思想政治理论课教学策略的选择,还思想政治理论课教育机智的运用;无论是思想政治理论课教学情境的构建,还是思想政治理论课课程资源有效开发与合理利用,都需要以教师实践智慧来提供有力支撑和持续保障。因而,追求个性教学风格的过程,既促使着高职院校思想政治教师实践智慧培育与生成意识的觉醒,也推动着高职院校思想政治教师实践智慧不断培育与生成。

(三)培育健全教育机智

在具体的教育教学实践中,高职院校思想政治教师实践智慧更多地表现为教育机智的健全性与灵活性。在课堂教学中,富有实践智慧的高职院校思想政治教师能够机智地引领学生进行教学过程,能够机智地传授理论知识,能够机智地转化各种教学困境。在面对渴望知识与个性鲜明的学生群体时,富有实践智慧的高职院校思想政治教师能够细心观察、真心体验、虚心请教、精心策划,恰当地捕捉教育时机,一语道破教学难点问题,使学生更好学习理论、感悟生命价值、领悟教育真谛;面对突发事件或偶发情形时,富有实践智慧的高职院校思想政治教师善于变被动接受为主动应对,变不利因素为有效资源,变沉闷、呆板的教学过程为活跃、灵动的教学情境。所有这些,都源于高职院校思想政治教师在日常教育教学实践中在不断培育并最终形成了健全的教育机智。所谓教育机智是一种根据具体的、复杂的、多变的教育教学情境而适时保持并拓展教育创新性、情趣性与灵活性的技艺与才能。一般情况下,主要包括在教育教学实践中具有高度机敏性,能随机应变、敏捷果断地处理教育教学难题;具有高超实践智慧,能科学精准、因势利导地启迪学生人生智慧。高职院校思想政治教师的教育机智,是在长期的教育教学实践中不断磨练、不断历练而形成的,是理论性知识、实践性经验与生活智慧的结晶。在思想政治教育教学实践中,"对于教师来说,教育机智就意味着随机应变、因势利导、对症下药、化险为夷,意味着沉着冷静、镇定自若、实事求是、掌握分寸"①。因此,要促进高职院校思想政治教师实践智慧的生成与发展,就必然要不断培育高职院校思想政治教师教育机智,并不断地使其走向健全与成熟。培育健全性的教育机智,高职院校思想政治教师首先要对学生深入了解、真诚爱护和充分尊重。深入了解学生既是高职院校思想政治教师真心教育和精心培养学生的基础与前提,也是高职院校思想政治教师对学生的爱与责任的真实体现,更是高职院校思想政治教师高尚职业道德与独特人格魅力的有力彰显。当高职院校思想政治教师能时刻铭记教师职业责任与职业使命时,当高职院校思想政治教师时刻尊重、理解与信任学生时,无论遇到何种教育教学难题,他都不会埋怨、训斥与贬低学生。即使学生有时严重侵犯自己尊严,拥有健全教育机智的高职院校思想政治教师也不在言语和行为上伤害学生心灵,而在充分尊重学生个性心理、生命价值的前提下,采取合情

---

① 王枬.教育智慧:教师诗意的栖居[J].社会科学家,2002(3):7.

合理、行之有效的方式方法以实现思想政治教育教学的根本价值诉求。其次,高职院校思想政治教师要培养敏锐的观察力、灵活的思维力、精确的判断力和坚强的意志力。这些优秀的心理品质是高职院校思想政治教师在具体教育教学实践中对实践智慧教育教学现象、教育教学内容、教育教学规律科学研究、深思熟虑中不断培养与完善的,是在真实而丰富的教育教学实践过程中高职院校思想政治教师知、情、意、行共同作用的必然结果,是高职院校思想政治教师独立、健全、和谐教师专业人格的不断积淀和提升的客观产物。最后高职院校思想政治教师要不断优化理论性知识、不断丰富实践性知识和不断锤炼教育教学技艺。高职院校思想政治教师有意识、自觉地不断优化理论性知识、不断丰富实践性知识和不断锤炼教育教学技艺的过程,正是高职院校思想政治教师科学践行先进教育教学理念、自如驾驭教育教学规律、果断有效处理教育教学突发事件的过程。总之,通过深入了解与充分尊重学生、培养优秀心理品质、优化专业知识结构与锤炼教育教学技艺,高职院校思想政治教师教育机智将不断得以健全与完善,在此历练过程中,高职院校思想政治教师实践智慧也必然得以涵养与生成。

三、生成动力整合机制

(一)加强科学研究创新

加强教育教学科学研究创新是高职院校思想政治教师实践教育智慧生成的重要动力,也是高职院校思想政治教师智慧生成机制的重要组成部分。之所以这样,是因为高职院校思想政治教师对思想政治理论课教育教学本质和教师实践智慧内涵、主要特征、表现形式、基本价值的理解是影响教育实践智慧培育与生成机制的主观因素,因此,加强教育教学科学研究是高职院校思想政治教师实践智慧培育与生成的重要动力与源泉。日常教育教学活动和教育教学科学研究是高职院校思想政治教师工作的"一体二面",相互影响、相互作用,共同构成了高职院校思想政治教师教育教学实践的全部过程。高职院校思想政治教师所从事教育教学工作是一种创造性的劳动。作为一种真正的创造性劳动,高职院校思想政治教师的教育教学工作首先是独特性的、生动的、探究性的思考和研究。思想政治理论课教育教学是一种复杂的帮助学生初步树立正确世界观、人生观和价值观的实践活动,在具体的教育教学实践中,高职院校思想政治教师面对的是一个个特征鲜明、个性独立、不断成长的生命个体,而不是简单意义上的抽象学生,因此,要确保思想政治理论课教学顺利开展、有效进行,高职院校思想政治教师就必须进行科学研究。正是在这个意义上,高职院校思想政治教师的教育教学实践活动理应建立在研究马克思主义经典著作与文献资料、思想政治理论课教材和课程资源上,建立在研究教学模式、教学手段、教学方法上,以及建立在研究学生身心发展状况、心理特征、个性差异的基础上。思想政治教育教学科学研究是高职院校思想政治教师对自身教育教学实践过程的理念、设计、程序、过程和结果等实践要素及其相互关系的分析与研究,以期更好地提高自我职业技能和道德素养,以期不断实现教育教学实践的科学性与合理性,更深入地理解思想政治教育教学的实质与价值。对于高职院校思想政治教师而言,推进教育教学科学研究创新是推进自身专业发展和积极回应新时期高职教育教学改革的必由之路。对于思想政治教育教学实践而言,推进教育教学科学研究创新能够使思想政治理论课教育教学实践日益充满科学性、创造性、人文性。实践证明,教育教学科学研究不仅可以完善高职院校思想政治教师理论性知识,而且能够丰富高职院校思想政治教师实践性知识,从而不断改进新时期思想政治教育教学工作,培育与提升高职院校思想政治教师实践智慧,并为高职院校思想政治教师实践智慧培育与生成机制注入取之不尽用之不竭的动力。思想政治理论课教育教学实践既是真实可信的,又是丰富多彩的,更是复杂多变的,因此对基进行科学研究在形式要多种多样,在角度上要立体多维,在深度上要不断拓展。具体而言,既要基于思想政治教育学科角度作理论分析与价值判断,又要以哲学、社会学、心理学等多学科视角进行全面、系统、深入地研究;既要在思想政治理论课教育教学实践中开展案例研究与实证分析,又要结合本校实际,立足本校情况,完善校本科研制度,并在校本科研中积极探索、大胆创新、勇于进取。在思想政治教育教学科学研究过程中,特别强调开展创新性研究,在研究中针对具体问题,提出科学方案,改进研究方法,优化研究进程,提高研究实效,不断激发思想政治教育教学科学研究的创新意识、创新精神、创新能力和创新素质,以更深刻地理解新时期的思想政治理论课教学前沿问题,更准确地把握高职院校思想政治教师实践智慧的独特价值,更有效地消除影响高职院校思想政治教师实践智慧培育与生成的不利因素,从而真正激活高职院校思想政治教师实践教育智慧培育与生成的动力资源,促进高职院校思想政治教师实践智慧丰富与发展。

(二)改进教育对话合作

教育对话与合作是高职院校思想政治教师实践智慧培生成机制的重要基础,改进教育对话合作以形成有效的教育对话合作机制是促进高职院校思想政治教师实践智慧生成机制的有力保障。因为,教育对话合作机制的形成有利于高职院校思想政治教师共同体成员之间分享教育教学信息、理念与价值观,共享实践经验、教育资源与科研成果,能够增进高职院校思想政治教师共同体成员之间的相互理解、相互支持与相互信任,从而为高职院校思想政治教师实践智慧生成机制提供保障。事实上,教育对话合作机制的形成能够有效促进高职院校思想政治教师实践智慧的培育与生成,反之,高职院校思想政治教师实践智慧的培育与生成也能够进一步推进对话与合作,两者相互作用、相辅相成。由此可见,在思想政治教育教学实践中,教师共同体成员之间理应开展广泛的对话,进行深入思想交流,进而形成良好的合作关系,并在不断对话、深化理解与加强合作中促进高职院校思想政治教师实践智慧的生成。在思想政治教育教学实践中,高职院校思想政治教师作为对话的主体,要相互尊重、相互理解、相互鼓励,为对话开展与合作深化提供一个平等、宽容、自由的氛围,促进教育对话合作机制有效形成与不断改进。在思想政治理论课教学实践中,要积极采取多种形式的对话。首先,要改进与学生之间的对话合作。事实上,高职院校思想政治教师与学生之间要建立一种平等交往、合作共赢、共同探究的新型师生关系,在平等、民主、开放、和谐的环境中,高职院校思想政治教师与学生之间正日益转变为教师、教材内容、生活情境、学生群体之间的人文性、多维度的良性互动,思想政治理论课课堂教学过程由单向的"传授知识——→接受知识"转变为师生之间的积极对话和友好合作,因此传统思想政治理论课课堂教学中的"控制"转变为教师主导与学生主体并存,昔日教师自导自演的"独角戏"转变为师生之间共同演绎的"交响乐",教师与学生之间由此心灵相通、情感相融、生命相连,师生之间思维自由碰撞的思想政治教育教学实践有力地推动着教师实践智慧的生成与学生智慧的启迪。其次,加强与改进高职院校思想政治教师与同行之间的对话合作。通过加强与改进高职院校思想政治教师与同行之间的对话合作以实现同行间的思想交流、思维碰撞、情感沟通。特别强调双方在对话交流过程中要求同辨异,在对自己欣赏的对方视界和维度里,逐渐扩展交集,寻找共同点,进而达成共识;而对有别于自己,短时期很难认同的视界与维度,力求通过科学思辨、实践反思尽早消除差异,最后达成共识。事实上,此时的对话合作过程与高职院校思想政治教师与学生的对话合作过程一样,都是在不断冲突、不断质疑、不断反思中彼此理解、增进互信、化解矛盾,进而促进高职院校思想政治教师实践智慧生成的过程。此外,为了有力促进实践智慧的生成,高职院校思想政治教师还要与不同行业的人进行对话合作,要在教师与教育专家学者之间,学校与学校之间,学校与研究机构之间广泛开展对话、交流与合作,实现思想政治教育教学资源共享。总之,高职院校思想政治教师实践智慧的生成是学校、社会、教师和学生等共同作用的必然结果,而宽容、尊重、求同存异、民主和谐的教育对话合作机制能够为高职院校思想政治教师实践智慧生成机制提供有利条件,因此,要通过加强与改进教育对话合作工作,建立健全教育对话合作机制,为高职院校思想政治教师实践智慧生成提供新的动力资源。

(三) 深入教学实践反思

教学实践反思是激发高职院校思想政治教师实践智慧的不竭动力,是高职院校思想政治教师对教学实践的整合、优化,并将其逐渐转化与提升为实践智慧的有效途径,是高职院校思想政治教师以现代教育教学思想和科学教育教学理念为理论基础,对自身教学实践进行理性思考、质疑和评价自己教学过程科学性、教学设计合理性与教学效果的有效性,进而不断自我完善、自我构建、自我提升的实践过程。教学实践反思的深入性主要表现在高职院校思想政治教师要对具体的教育教学实践活动定期进行科学总结与理性思考。教学实践反思是高职院校思想政治教师教育教学不断创新的重要动力,是高职院校思想政治教师进行教育教学科学研究的逻辑起点,能够有效促使高职院校思想政治教师由经验型教师向专家型教师转变以实现高职院校思想政治教师专业发展和实践智慧生成。在具体而丰富的教育教学实践中,高职院校思想政治教师积累了大量丰富的诸如教育艺术、教学风格、教育机智、教育韬略等实践性知识。高职院校思想政治教师只有经过科学解释、有效矫正、理论升华、实践归因,才能将这种实践性知识转化教师实践智慧。也就是说,高职院校思想政治教师只有将这种实践性知识内化为富有个人特色的新思想与新理论并在其头脑中有效融合与重新律构,才能在新的思想政治理论课教育教学实践过程中发挥其教育学意义与彰显其教育学价值,从而真正实现实践性知识向教师实践智慧的转化与升华。而教学实践反思是高职院校思想政治教师实现实践性知识向教师实践智慧转化与升华过程的基本路径选择。教学实践反思是指高职院校思想政治教师践行科学的教学理念,运用理性思维力量,对自身已经经历或正在进行的具体的思想政治理论课教学实践及获得和积累的实践性知识进行深入反思和理智思考,以期获得对思想政治理论课教学专业活动的教育学意义的理解与把握。在现实生活中,思想政治理论课教学实践具有鲜明的生活情境性与动态生成性,具有某种不确定性与不可预测性,这在客观上要求高职院校思想政治教师能够针对具体教学实践中出现的特殊情形与突发事件积极应对与灵活应变。因此,真正意义上的高职院校思想政治教师专业成长与专业发展,不仅要培育健全教育机智,而且要深化思想政治理论课教学实践教学反思,从而为具体思想政治教学实践的开展与教学情境的构建提供有力保障。为此,高职院校思想政治教师要通过不断深化教学实践反思,不断地去精心研究学生,不断地有效整合课程资源,不断地客观自我剖析,"以期在教学过程中利用实践性知识及教学经验即刻识别、顿悟并以理性的行为去应变不确定的生成性情境,赋予生成性情境以教育功能及意义,即置换为教育价值取向的教育情境。这个过程是瞬间完成的,该情境当属师生同创共有的,此情境下的教学当是情感交融、智慧相生、和谐发展的教学,它以教师具备关心儿童品质、信任的同情心等为前提,以教师的实践智慧为支撑"[1]。事实上,教学实践反思的过程就是高职院校思想政治教师自觉地对亲身经历的思想政治理论课教育教学实践进行科学分析、自我批判和理性思考的过程,从而帮助高职院校思想政治教师实现从对教师实践智慧生成的"应然性"的被动理解向"实然性"操作的自觉自为的转变。因为,通常情况下,有些高职院校思想政治教师在教学实践反思中容易受到传统教学思维定式的束缚与制约,对教育教学领域出现的新理论、新理念、新观点、新思想本能地排斥和拒绝,从而导致他们在面对思想政治理论课教育教学实践中出现的新问题、新情境、新挑战、新机遇时,常常表现为或束手无策,或冷眼旁观,或事不关己,或消极怠工,成为教师实践智慧培育与生成的重要障碍。深化教学实践反思以保持高职院校思想政治教师思维与实践活动的广度和深度,使思想政治理论课教学实践反思富有成效,必须要克服上述传统教学思维定式造成的消极影响,要时刻关注思想政治理论课教育教学理论前沿问题,要努力消除陈旧教育教学理念的阻碍,要加强与改进教学思维方式创新,从而不断增强自身教学实践反思的科学性、针对性及有效性。总之,高职院校思想政治教师要不断实现具体教育教学实践中个体化教学风格与科学性教学理念相结合,教育教学合目的性与合规律性相统一,从而在深入的教学实践反思中科学建构思想政治个性化的理论性知识和实践性知识,并实现二者的有效整合与完善融合,进而涵养高职院校思想政治教师实践智慧。

四、生成环境保障机制

(一)完善教师评价制度

一般情况下,之所以建立教师评价制度,一方面是为了提高"教师效能",即通过确立材料、调查研究、衡量结果、评判等级、明确职责、奖优罚劣等手段来保证教育教学质量与水平;另一方面是为了通过获得评价信息、诊断问题、探究根源、鼓励改进等方式来推动教师专业化发展。高职院校思想政治教师发展性评价制度更注重的是后者。通过建立健全高职院校思想政治教师发展性评价制度,强化教师的

---

[1]　王铭.智慧型教师与教育情境的识别与转换[J].中小学教师培训,2007(9):41-42.

中心地位，充分信任和尊重教师，全面调动教师的积极性，激发教师自我发展、自我实现的勇气与热情，促进教师自觉地投入到思想政治学科知识结构完善和教育教学实践之中，从而不断提高其理论素养、教学技艺与职业品质，最终实现其实践智慧的生长。正是在这个意义上，高职院校思想政治教师发展性评价制度建设能够为教师实践智慧的形成创造良好的制度文化环境。发展性评价是对高职院校思想政治教师综合能力与素养进行科学、合理、有效评价的方式，所谓发展性教师评价"是以教师的主体性发展为目的的评价，是评价者和评价对象彼此建立互相信任的关系，教师积极参与，双向互动的教师评价"①为了构建推动高职院校思想政治教师实践智慧培育和生成的科学评价的制度文化，就要对高职院校思想政治教师进行发展性评价。高职院校思想政治教师实践智慧背景下的发展性评价制度，就是以促进高职院校思想政治教师实践智慧生成与发展为根本目的，强调高职院校思想政治教师在评价中的主体地位、民主参与和自我反思，重视高职院校思想政治教师的个体差异性和评价主体多元化，通过定性与定量评价相结合，以实现评价过程科学性与全面性，结果公正性与功能有效性的发展性的动态评价制度。这种评价制度是对高职院校思想政治教师的原有基础、实际表现、未来发展过程的动态评价，是对高职院校思想政治教师体验生命、完善生命、生命提升的价值性评价，是对高职院校思想政治教师个体自由、自主、自觉评价与其他评价有机结合的综合性评价。因此，高职院校思想政治教师发展性评价制度能够推动思政治教师专业化发展，充分尊重教师个体差异性；能够根据评价结果，帮助高职院校思想政治教师制定有针对性的个人职业发展规划，明确职业发展目标；能够突出高职院校思想政治教师的主体地位，增强其民主参与的主动性、积极性；能够实现高职院校思想政治教师自我教育、自我调整、自我完善、自我提升；能够激发高职院校思想政治教师的内在发展潜力和自主创新，促进高职院校思想政治教师个人素质和教学水平全面提高，最终实现其实践智慧的不断增进与发展。

（二）改革教师教育制度

高职院校思想政治教师教育制度主要包括在校思想政治教育专业大学教育制度与教育教学一线高职院校思想政治教师继续教育制度，它是高职院校思想政治教师智慧生成的重要制度保障。无论是从高职院校思想政治教师教育实践活动开展，还是从高职院校思想政治教师专业发展来看，教师实践智慧比理论智慧更为重

---

① 彭国华.建立发展性教师评价制度，提高学校管理效能［J］.北京教育（普教版），2007（10）：26.

要、更为关键。对于师范院校思想政治专业的在校大学生而言,对思想政治专业理论知识的理解与掌握,对教师职业技能的习得与训练,都是他们在校期间重要的学习内容与学习任务。然而,如果缺少了实践智慧的培育与生成,这些在校大学生的专业知识学习与职业技能训练也就失去了持久动力与有效保障。因此,对于未来高职院校思想政治教师的培养理应重视教师实践智慧的生成。对于已经工作在教育教学一线的高职院校思想政治教师也要建立健全教师继续教育制度。因为,完善的教师继续教育制度能够保障与推动高职院校思想政治教师专业化发展,能够促进高职院校思想政治教师实践智慧的生成。总之,要积极推动现有的思想政治专业在校大学生教育制度与教育教学一线高职院校思想政治教师继续教育制度的改革,推进高职院校思想政治教师教育制度的改进与完善,为高职院校思想政治教师智慧生成提供有力的制度支撑。改革高职院校思想政治教师教育制度,主要是更新高职院校思想政治教师教育观念,改革高职院校思想政治教师教育体制,优化高职院校思想政治教师教育课程等。对高职院校思想政治教师教育与继续教育的理解要突破知识教育和技能培养的传统认知,以更广的角度、更高的要求、更宽的视域理解当前高职院校思想政治教师教育制度的改革与创新,要明确改革当前高职院校思想政治教师教育制度就是要培养与造就学识与机智兼备、才智与德行统一的专家型教师。为了实现上述价值目标,师范院校在培养思想政治教育及相关专业在校研究生时要注重前瞻性与规范性,要强调适应社会需要与培育教师职业素养相协调与相统一,要注意对在校大学生实践智慧的激发与生成。高职院校思想政治教师教育和继续教育制度既要强调教师理论知识结构的完善,也要注重教师职业技能的提高,更要强化教师职业素养的提升与教师实践智慧的生成。在高职院校思想政治教师教育与继续教育的专业课程设置上,既要关心高职院校思想政治教师本体性知识、条件性知识、实践性知识与人文性知识的培养,也要有效解决高职院校思想政治教师在教学艺术、教学技能、教学方法、职业素养等方面的问题;既要重视培养高职院校思想政治教师科学的教育理念、正确的价值观,也要倡导教育教学科学研究的科学性与实效性,更要关注高职院校思想政治教师人文精神的提升与实践智慧的生成。总之,在高职院校思想政治教师教育制度改革进程中,要树立以人为本教育观、优质高效的管理观、民主科学的发展观,不断推进高职院校思想政治教师教育制度的改进,促进高职院校思想政治教师实践智慧的生成,进而推动高职院校思想政治教师实现智慧生成机制的完善。

(三)优化校园文化环境

校园文化环境是学校在发展中,经过全体师生长期的教育教学实践积淀和创造出来的,并被所有成员一致认同和共同遵循的办学宗旨、行为准则、学校传统、精神追求、价值观念及其规章制度、物质设施等的综合。高职院校思想政治教师实践智慧是思想政治教育教学理论创新与实践创新的必然结果,而思想政治教育教学理论创新与实践创新都要在民主、自由、开放、和谐的文化环境中进行。因此,构建真正民主、自由、开放、和谐的校园文化环境,能够为教师实践智慧生成创造优质的外部条件。实践证明,只有在民主、自由、开放、和谐的校园文化环境中,高职院校思想政治教师的理论学习、实践反思、科学研究、对话合作才能充分彰显其教育性、创新性、有效性。古人云:"师不必强于弟子,弟子不必不如师""闻道有先后,术业有专攻"。因此,高职院校思想政治教师在与学生的对话与合作中,既要做到诲人不倦,也要做到不耻下问;既要树立教师权威,又要与学生和谐相处。在教育教学实践中善于学习、勇于探索、乐于创新是高职院校思想政治教师实践智慧得以生成的重要内因。终身学习的理念与实践充分表明,无论是作为教育教学实践主导者的高职院校思想政治教师,还是作为教育教学实践主体的学生,都既是实践中的教育者,又是实践中的受教育者。思想政治教育教学实践的设计、组织、完成与改进的过程,是高职院校思想政治教师与学生共同学习、共同进步与共同提升的过程。事实上,这一过程只有在真正民主、自由、开放、和谐的校园文化环境中才能得以存在和发展,因为,在真正民主、自由、开放、和谐的校园文化环境中,高职院校思想政治教师与学生之间的互动才能在现实中有效地组织与开展,才能更好地促进高职院校思想政治教师实践智慧与学生人生智慧的共同生成与发展。在真正民主、自由、开放、和谐的校园文化环境中,高职院校思想政治教师才能乐于学习、主动研究,才能畅所欲言、真诚沟通,才能深入对话、加强合作,才能充分表达思想,才会使思想政治教育教学实践充满活力。在真正民主、自由、开放、和谐的校园文化环境中,才能实现对高职院校思想政治教师生命与学生生命的充分尊重,实现对高职院校思想政治教师生命价值与学生生命价值的双重提升,从而培养身体健康、人格健全、和谐发展的生命个体,这也是高职院校思想政治教师实践智慧的重要表现形式。由此可见,民主、自由、开放、和谐的校园文化环境不仅能够促进高职院校思想政治教师实践智慧的生成,也能促进学生人生智慧的启迪,而高职院校思想政治教师实践智慧和学生人生智慧及其相互作用是高职院校思想政治教师实践智慧生成机制的重要因素。因此,通过积极创设民主、自由、开放、和谐的校园文化环境,为高职院校思想政治教师实践智慧生成提供优质的外部条件,是构建高职院校思想政治教师实践智慧生成机制的重要内容之一。

第六章　培育与提升高职院校思想政治教师实践智慧的基本对策

　　针对当前高职院校思想政治教师实践智慧缺乏的现实表现及主要原因,本研究认为,在培育与提升高职院校思想政治教师实践智慧的过程中,要通过深入领会中共中央、国务院发布的《关于进一步加强与改进大学生思想政治教育的意见》(2004),中共中央宣传部印发的《关于进一步加强高等学校学生形势与政策教育的通知》(2005),中共教育部党组、共青团中央印发的《关于在各级各类学校推动培育和践行社会主义核心价值观长效机制建设的意见》(2014),中共中央办公厅、国务院办公厅印发的《关于进一步加强和改进新形势下高校宣传思想工作的意见》(2015)的精神实质,深入整合与优化学科知识结构、积极开发与利用高职院校思想政治理论课课程资源以夯实其实践智慧生成的理论基础;要通过培育生成素养、拓展生成路径、整合生成动力、优化生成环境,有效构建其实践智慧的生成机制;要通过加强与改进实践反思、培育与提升教学研究素养、构建与完善教师对话机制以激活其实践智慧生成的动力资源;要通过培育关系性思维方式、运用探究式教学方法、构建生活化教学情境、锤炼高超教学艺术以培育其实践智慧生成的主要载体;要通过建设重人文关怀的物质与管理文化、追求高尚人生境界的精神文化、科学评价教师素养的制度文化以构建其彰显人文关怀的实践智慧生成文化环境。这就是培育与提升高职院校思想政治教师实践智慧的基本对策。

一、夯实与丰富高职院校思想政治教师的理论素养

　　作为高职院校思想政治教育教学实践主导者的教师,只有不断夯实与丰富学科理论基础,深入学科理论研究,才能不断实现自我完善、自我跨越,并为自身实践智慧的培育与生成奠定坚实的理论素养。

（一）践行高职院校思想政治教育教学理念

1. 全面掌握高职院校思想政治理论课的课程理念

在全面而深入地推动培育和践行社会主义核心价值观与进一步加强和改进新形势下高校宣传思想工作的进程中，要着力培育与提升高职院校思想政治教师实践智慧，首先要牢固树立高职院校思想政治理论课的课程理念。主要包括：(1) 要坚持马克思主义基本观点教育与时代特征相结合。实践证明，高职院校思想政治教师只有遵循了这一新理念，才能科学规划、有效调整、合理安排教育教学实践的内容、步骤与程序，才能彰显马克思主义理论的强大生命力，才能实现新时期高职院校思想政治教育的当代价值。(2) 要加强思想政治方向的引导与注重学生成长相结合。高职院校思想政治理论课的教学必须坚持正确的思想政治方向，必须坚持以正确的世界观、人生观及价值观对学生进行马列主义基本理论、毛泽东思想与中国特色社会主义理论基本原理的教育，弘扬时代主旋律、传递社会正能量、谱写教育新篇章。为此，教师在高职院校思想政治教育教学实践中要从学生成长的特点出发，从学生的实际需要出发，从学生个性差异存在出发，无论是教学设计、教学过程、教学情境都要更贴近学生实际、贴近学生生活、贴近学生需要。只有这样，才能不断提升高职院校思想政治理论课教育教学实践科学性，才能不断增强高职院校思想政治理论课教育教学实践针对性，才能不断彰显高职院校思想政治理论课教育教学时效性。(3) 要强调高职院校思想政治理论课实施过程的实践性与开放性。这一理念要求教师在高职思想政治理论课的教育教学中，要加强实践环节，牢固树立实践教育人、实践完善人、实践提升人的教育理念，精心组织、科学设计、有效开展各种富有内涵的教育教学实践活动，从而在实践中提高学生的政治觉悟、陶冶学生的高尚情操、构建学生的精神家园、提升学生的道德境界。与此同时，教师还要进行开放式教育教学，就是要在具体的教育教学实践中展现一个可知、可信、可爱的真实生活世界，从而培育高职院校学生走进生活的意识、走进社会的能力、迎接挑战的素质、规划人生的本领。(4) 要建立促进发展的课程评价机制。这一理念要求教师在高职院校思想政治理论课的教育教学实践中，积极探讨与努力践行尊重学生、关爱生命、促进发展的评价方法，明确评价应注重学生学习过程性，而不是学习的结论性；明确这种发展性评价，在内容、主体、方法方面都是多元化的，明确评价的目的不是在质分等级，在量重成绩，而是通过学生学习质量与水平的比较分析，全面反映高职院校学生思想政治素质的发展状况，为其全面、协调、可持续发展提供科学而有效的评价机制保障。

2. 牢固树立高职院校思想政治理论课的教学理念

在全面而深入地推动培育和践行社会主义核心价值观与进一步加强和改进新形势下高校宣传思想工作的进程中,要着力培育与提升高职院校思想政治教师实践智慧,就要牢固树立高职院校思想政治理论课的教学理念。主要包括牢固树立科学的教学过程观与正确的教学价值观。(1)牢固树立科学的教学过程观,就是高职院校思想政治教师要明确教育教学过程是一个关注学生、培养学生、发展学生的过程,并且要关注每一名学生,关注每一名学生的学生成绩、道德生活和人格培育。要明确教学过程是教师引领学生走进知识的过程,对教师来讲,"授人以鱼,不如授人以渔",即教会学生掌握学习方法、提高学习能力、锻炼学生素质更重要;对学生来讲,"得到金子,不如得到点石成金的手指头",即自主学习、自觉学习、终身学习的意识、能力与品质更关键。为此,教师可以尝试用演绎法进行教学,即先让学生知道高职院校思想政治理论课必修课由哪几门课程构成,课程之间是怎样的逻辑关系,每门课程主要涉及哪个领域。之后,再详细介绍每门课程的知识体系,并最终落实到每一个知识点上,从而有效帮助学生在生活化教学情境中识记、理解每一个知识点,并且通过创设与之相似的或相异的生活化教学情境检验学生的学习效果和自己的教学效果,在教学相长中不断提高高职院校思想政治理论课课堂教学的质量与水平。(2)牢固树立正确的教学价值观。首先,要树立教学的主体价值观,就是要充分尊重高职院校学生的主体性,让他们主动地、自觉地、创造性地进入到合作式、探究式学习状态,促进他们自觉学习、思维创新、自我教育;其次,要树立教学的生命价值观,就是教师要在尊重高职院校学生生命的基础上更关注其生命意义生成,在高职院校思想政治理论课教育教学实践中要充分尊重学生生命,正视学生生命价值,提升学生生命境界;最后,要树立教学的创生价值观,就是教师为主导者、学生为主体者的高职院校思想政治理论课的教育教学过程,要追求创造、注重生成、实现拓展,从而使高职院校思想政治理论课的教育教学过程日益成为一个动态生成和不断创新的过程。

3. 认真贯彻高职院校思想政治理论课的实施理念

在全面而深入地推动培育和践行社会主义核心价值观与进一步加强和改进新形势下高校宣传思想工作的进程中,要着力培育与提升高职院校思想政治教师实践智慧,就要牢固树立高职院校思想政治理论课的实施理念。主要表现在如下几个方面:(1)要注重思想政治学科知识与日常生活主题相结合。要恰当运用马克思主义哲学、经济学、政治学、文化学、伦理学、教育学和法学等相关学科的基本原理、基本理论、基本方法,努力将其融入高职院校思想政治理论课的教育教学生活题材中;紧密结合经济社会发展实际,精心选取学生关注的时事政治热点问题组织教学,用心创设富有生活意蕴的教育教学情境以有效实现各课程目标。(2)在具体的高职院校思想政治理论课的教育教学实践中,教师既要把正确的价值导向与灵活的教学策略统一起来,又要把高职院校思想政治教师主导的动态生成的教学过程与学生作为主体者的创造性学习过程有机结合起来,从而积极有效地引导学生在典型教学案例的解读中确认立场,提炼观点,阐明主张,进而不断提高学生对思想政治教学正确的价值标准理解、认同、确信的能力。(3)要强化高职院校思想政治理论课的教育教学的实践环节,丰富思想政治教育教学内容。要定期组织班级活动、党团活动、时事政策教育,以弥补高职院校思想政治理论课课堂教学的不足,要积极开展社会调查、社区服务等社会实践活动,以加深学生对课堂教学内容的理解和拓展学生的知识视野,能使学生对教材知识的理解提升到对具体生活的体验与感悟上,进而全面提高学生社会实践能力。(4)要实施探究式教学,在预先精心策划的基础上,针对具体的高职院校思想政治理论课课堂教学内容,高职院校思想政治教师要鼓励学生进行独立思考,引导学生进行合作探究,要为学生提供对话与合作的平台,要与学生真心交流与真诚沟通,要进行教师与学生之间民主、平等的良性互动,从而使学生在思想政治教学过程之中能够完整地经历观察、操作、讨论、质疑和探究,以培养其求真务实的态度与合作创新的精神。

4. 科学践行高职院校思想政治理论课的评价理念

在全面而深入地推动培育和践行社会主义核心价值观与进一步加强和改进新形势下高校宣传思想工作的进程中,要着力培育与提升高职院校思想政治教师实践智慧,就要牢固树立高职院校思想政治理论课的评价理念。在高职院校思想政治理论课教育教学过程中要努力践行发展性评价理念。所谓发展性评价理念,就是弱化对学生评价的甄别性与选拔性、静态性与单一性,强调对学生评价的全面性与发展性,动态性与多元性,通过这种评价促进学生全面、协调、可持续发展,通过这种评价在充分尊重学生个性差异的基础上,最大限度地挖掘学生的学习潜能、生活能力、生命张力。因此,践行这一科学理念的关键是要求高职院校思想政治教师用发展的维度看待每一个学生的发展。(1)高职院校思想政治教师要把学生思想政治素质的评价放在重要位置。要充分了解学生思想政治素质的基本现状,要准确把握学生思想政治素质的发展趋势,要适时考查学生日常行为,要全面关注学生在情感、态度与价值观的现实表现。(2)高职院校思想政治教师对学生的能力形成与发展的评价要强调鼓励性与肯定性相统一,无论是对学生的语言表达能力、合作探究能力,还是搜集与筛选信息、解析与透视社会问题的能力,无论是对学生自主学习与持续性学习的能力,还是对学生实现自我价值与提升生命境界的能力,高职院校思想政治教师都要从积极、发展性、动态性角度给予进行鼓励,并进行肯定性的评价。(3)评价方式注重灵活性与多样性相结合,对学生认知、理解与运用思想政治知识、观点、原理、理论的检测与评价,应注重学生识记知识、理解理论和运用原理的实际能力。无论是课堂测试,还是常规考试,都要追求题型的多样化、形式的开放性。要注重评价方式的灵活性与多样性,教师们可以通过教师与学生的谈话了解,可以通过教师对学生的日常观察,可以通过学生在具体教育教学实践中的现实表现确认,可以通过学生自评与互评等方式认识。只有这样,才能更关注学生知识学习、道德水准、素养发展的动态生成性。

(二)整合与优化思想政治学科知识结构

学科知识及其结构是高职院校思想政治教师实践智慧得以培育与生成,进而增进与发展的重要理论支撑。实践证明,高职院校思想政治教师只有将学科知识和教学实践在动态中有机统一起来,才能不断提高与增进自己的理论智慧,为促进与发展实践智慧奠定坚实的理论基础。

1. 深厚而精准的本体性知识

高职院校思想政治理论课是对学生传授马克思列宁主义、毛泽东思想、中国特色社会主义理论的基础知识与基本原理,引导学生领悟辩证唯物主义和历史唯物主义的基本观点和方法,形成正确的世界观、人生观、价值观的公共必修课程。这一课程性质客观上要求高职院校思想政治教师的本体性知识必须深厚与精准,才能为自身理论智慧的丰富与实践智慧的生成奠定坚实的专业知识基础。为此,必须全面、深入地理解与掌握马克思主义基本原理、基本观点,必须娴熟、准确地运用马克思主义政治经济学、政治学、哲学、文化学、伦理学、社会学等思想政治教育专业的基础知识与基本理论,这是高职院校思想政治教师组织与开展教育教学实践活动的基础性工程。思想政治学科的一大特点就是与国内外时事政治密不可分,这就需要高职院校思想政治教师必须及时了解党和国家重大政策的调整与改进,必须及时了解国内国际重大时事,并对各领域专家解读进行及时跟踪,从而保证本体性知识不断优化与升级。通过调查研究和访谈,本研究发现,丰富的本体性知识有利于高职院校思想政治教师有效超越教材、教学参考书的限制与约束,切实根据学生学习状况、实际情况、利益诉求不断改进教育教学实践行为,特别是对高职院校思想政治理论课课堂教学做出更具科学性、规划性、可行性的教学设计、过程安排与情境创造;丰富的本体性知识有利于高职院校思想政治教师在教学问题设计上讲究技巧性、启发性、逻辑性与动态生成性,能够通过巧妙的提问激发学生的学习情趣,能够通过引领式追问启迪学生思维。由此可见,深厚而精准的本体性知识既能够丰富高职院校思想政治教师理论智慧,又能够推动实践智慧的生成与发展。

2. 充分而完善的条件性知识

高职院校思想政治教师的条件性知识对本体性知识起到支撑作用,对组织开展有效教育教学实践具有促进作用,也是高职院校思想政治教师实践智慧得以培育与生成的重要保障。在具体的高职院校思想政治理论课教育教学实践过程中,教师以科学的、先进的教育教学理念为指导,以教材为开展课堂教学的蓝本,以创设的生活化教学情境为环境,将高职院校思想政治理论课课程内容转化为学生的能力与素养,促进学生正确的世界观、人生观、价值观的初步形成。这一过程除需要高职院校思想政治教师具备丰富的本体性知识外,还要掌握充分而完善的条件性知识。因为,条件性知识充分而完善的高职院校思想政治教师能够实现自己本体性知识的价值,在具体的教育教学实践中,特别是在课堂教学中,能够紧密结合学生认知基础、心理发展特点、学习兴趣爱好,及时转变课堂教学行为,动态调整课堂教学安排,灵活运用教育教学方法,增强高职院校思想政治理论课课堂的吸引力与感召力,真正提高高职院校思想政治理论课课堂教学的情趣性与实效性。在日常教育教学实践中,高职院校思想政治教师要紧跟教育学、教育心理学、管理心理学的学术研究的最新理论成果,密切关注思想政治学科课程与教学论、教育技术学的最新实践成果,认真学习、深入领会,并将所获得的体验、理解与感悟及时地应用到具体的教育教学实践中,提高高职院校思想政治理论课课堂教学的内涵性与时代感,增强多媒体教学的技术性与丰富性,从而为高职院校思想政治教师实践智慧生成与发展提供更有力的保障。

3. 丰富而坚实的实践性知识

实践性知识是高职院校思想政治教师在长期的、具体的教育教学实践中积累的经验性知识,主要包括高职院校思想政治教师的教学习惯、教学技能、教学艺术、教学风格。与实体性知识和条件性知识不同的是,高职院校思想政治教师的实践性知识具有强烈的个体特质、个人色彩,它直接作用于具体的教育教学实践,直接影响教师的课堂教学行为,从而更能呈现与彰显高职院校思想政治教师实践智慧。在现实生活中,高职院校思想政治教师要践行课程理念、创设生活化情境、构建生命化课堂、进行深度科学研究,都需要具备丰富而坚实的实践性知识。这是因为,对思想政治教育教学经验的长期积累与深入总结和对具体教学情境的有效把握与精心构建,本身就是高职院校思想政治教师富有实践智慧的一种重要表现。因此,在具体的教育教学实践中,高职院校思想政治教师要时刻总结自己的亲身经验,要积极借鉴他人的先进经验,要虚心请教、耐心倾听、细心琢磨、用心钻研,从而把自己的直接经验与他人的间接经验完美融合;要在动态生成的课堂教学过程中,利用可以利用的一切重要的高职院校思想政治理论课教育教学资源,积极有效地判断、评价和处理意外教学事件,并及时进行经验总结。一名实践智慧丰富的高职院校思想政治教师通常具有对看似难以确定,或难以预测的意外教学事件和教学情境做出科学判断、明智抉择和全景解释的高超技能。而这种技能的培养与提升,很大程度上取决于教师的实践性知识的不断丰富与逐步坚实。实践证明,高职院校思想政治教师只有根据亲身教育教学实践经验和积极借鉴他人先进教育教学实践经验,并将二者进行有效整合而建构具有个人特色的思想政治学科实践性知识,才能将其内化为教师认知、解读、评价教学事件的实践能力与素质,从而更深入地反思教育教学实践,不断丰富和坚实自己的实践性知识,并将其在高职院校思想政治理论课教育教学实践中日益转化实践智慧。

4. 广博而健全的人文知识

在培育与生成实践智慧的进程中,高职院校思想政治教师除了要具备深厚而精深的本体性知识、充分而完善的条件性知识、丰富而坚实的实践性知识以外,还需要具有广博而健全的一般文化知识,主要包括当代人文科学、社会科学、自然科学等领域内的基础知识与最新理论成果。广博而健全的一般文化知识是高职院校思想政治教师实践智慧得以培育与生成的必要条件。为了更好地实现思想政治新课程的课程目标、教学价值、育人功能,高职院校思想政治教师在不断优化自己的本体性知识、完善自己的条件性知识、丰富自己的实践性知识的同时,还要不断涉猎广博的一般文化知识。在日常生活中,高职院校思想政治教师要对传统学科与新兴学科及专业,如数学、物理学、化学、历史学、地理学、生物学、社会工作、信息物流、环境资源等的基础知识与基本理论都有一定的了解,不断加强自身的文化素养与文化底蕴。通常情况下,拥有广博而健全的人文知识的高职院校思想政治教师,教学内容更能激发学生的求知欲,教学设计更具有科学性与逻辑性,教学风格更具有风趣性与幽默性,教师更具有人格魅力与优雅气质。

(三)积极开发与利用高职院校思想政治理论课课程资源

中共中央办公厅、国务院办公厅印发的《关于进一步加强和改进新形势下高校宣传思想工作的意见》中明确指出:"要切实推动中国特色社会主义理论体系进教材进课堂进头脑。强调要统一使用马克思主义理论研究和建设教材……要建设学生真心喜爱、终身受益的高校思想政治理论课,实施思想政治理论课建设体系创新计划,全面深化课程建设综合改革,编好教材,建好队伍,抓好教学,切实办好思想政治理论课。"因此,伴随新时期高职院校思想政治教育教学实践的不断深化,越来越多的高职院校思想政治教师已经意识到课程资源的开发与利用对培育和践行社会主义核心价值观,进一步加强和改进新形势下高校宣传思想工作,以及推进高职院校思想政治教育教学改革具有的重要价值。其实,教师牢固树立新的高职院校思想政治理论课课程资源观、熟练掌握高职院校思想政治理论课课程资源的基本原则、不断开拓高职院校思想政治理论课课程资源开发与利用路径,不仅有利于推进高职院校思想政治教育教学改革,而且有利于培育与发展高职院校思想政治教师实践智慧。

1. 牢固树立思想政治新课程资源观

高职院校思想政治理论课课程资源,主要包括文字与音像资源、人力资源、实践活动资源、信息化资源等。深化对这些课程资源内涵的认知和理解,高职院校思想政治教师要努力克服只把思想政治理论课教材作为唯一课程资源的陈旧观念,树立新的高职院校思想政治理论课课程资源观。高职院校思想政治教师要转变对传统思想政治理论课课程资源的狭隘认识,拓展对新时期高职院校思想政治理论课课程资源内涵的理解,将各种课程资源与高职院校思想政治教育教学实际进行有力整合,进而不断增强与提升高职院校思想政治教师的理论智慧水平和实践智慧境界。

2. 熟练掌握开发与利用的基本原则

为了提高高职院校思想政治理论课课程资源开发与利用的科学性与实效性,应遵循如下基本原则:(1)适应性原则。所谓适应性原则,主要是指高职院校思想政治理论课课程资源的开发与利用,要从高职院校思想政治教育教学改革的实际出发,要从班级、学校及其所属地的社区实际情况出发,要从高职院校思想政治教育教学现有状况出发,要从高职院校学生的年龄特征、个性差异、心理特点的实际水平出发,要发挥思想政治学科优势、强化班级与学校特色、利用社区特色,要充分展示教师教学风格、突出个人专长,从而实现对高职院校思想政治理论课课程资源开发和利用的科学性与实效性。(2)选择性原则。所谓选择性原则,主要指高职院校思想政治教师对高职院校思想政治理论课课程资源开发和利用时,要在分析与辨别中选择有利于激发学生的学习兴趣、传递给学生知识与提高学生技能,这有利于改进高职院校思想政治理论课课堂教学方式,有利于规范高职院校思想政治理论课课堂教学行为,有利于优化高职院校思想政治理论课课堂教学设计,有利于完善高职院校思想政治理论课课堂教学过程,有利于培养学生的情感、态度与价值观,有利于激发学生意识与提升学习学习境界的课课程资源。(3)经济性原则。所谓经济性原则主要是指高职院校思想政治理论课课程资源的开发与利用要充分考虑成本与收益,不断提高开发与利用的效率。为此,提倡教师和学校在开发与利用课程资源时,在保证质量与注重内涵的前提下,以尽可能低的成本,开发和利用尽可能多的课程资源;教育行政部门要积极发挥统筹、协调作用,建立高职院校思想政治理论课课程资源管理数据库,实现本地区内高职院校思想政治理论课课程资源的整合、互补与共享,从而实现高职院校思想政治理论课课程资源开发与利用效益及效率最大化。(4)参与性原则。所谓参与性原则主要是指在高职院校思想政治理论课课程资源开发与利用的过程中要尽量让学生积极参与,因为学生参与选取的课程资源,在适合学生的特点和需求、增强学习活动的兴趣和提高教学效果等方面可能性更大、实用性更强。高职院校思想政治教师能够熟练掌握课程资源开发与利用的以上基本原则时,必将在推进高职院校思想政治教育教学改革中不断提升自身理论智慧与实践智慧。

3. 不断拓展开发与利用的基本路径

(1)充分开发和利用校内课程资源。高职院校思想政治教师要在熟悉教材知识结构,领会教材的编写宗旨,准确理解课程目标、教学目标及有效把握教学重点和难点的基础上,进一步改进与完善教材的内容,根据党和国家政策的改进、高职院校思想政治理论课教学改革的诉求与学生能力发展的需要,或增加新的信息,或调整原来的内容,根据思想政治学科知识的内在逻辑性、课程具体内容的密切关联性和学生认知结构的个体差异性对教材知识进行必要的结构重组和优化整合。从而把教材中的科学世界、现实中的真实世界与学生的生活世界统一起来,把教材中抽象的知识和理论与学生自身的经验和感悟有机结合,把教师的理论丰富与教师的实践智慧增长结合起来。要捕捉和运用高职院校思想政治理论课课堂教学中的动态生成性课程资源。动态生成性资源主要是教师与教材、教师与教师、教师与学生、学生与学生、学生与教材等双向或多向互动时产生的富有动态性与生成性的资源。捕捉和运用动态生成性课程资源需要高职院校思想政治教师在课堂教学中始终保持准确的判断能力、敏锐的观察力和健全的教学机智。能够准确捕捉和有效运用这些动态生成的课程资源本身就说明教师实践智慧的丰富性与高超性。要利用好学校的图书馆、阅览室。开发利用图书报刊资源时,高职院校思想政治教师要培养学生的问题意识,鼓励他们在探究式学习中发现问题,并通过查阅报刊资料来促进问题的分析与解决;教师要引导学生建立各种兴趣小组、社团组织,积极阅读图书、报刊,获取各种有效信息;教师要向学生传授常见的图书检索方法和技巧,介绍主要高职院校思想政治教育教学相关的图书报刊内容和特点。

(2)积极开发与利用校外课程资源。校外课程资源是高职院校思想政治理论课课程资源的重要组成部分,积极开发与利用校外课程资源,实现高职院校思想政治理论课课程资源在空间上的扩展、在内涵上的丰富、在质量上的提升,使校内外课程资源的开发保持良性互动。一方面,注重开发与利用社区资源。社区课程资源主要包括学生家庭、企事业单位、公共图书馆、纪念馆等社区中各种可用于高职院校思想政治教育教学实践活动的设施和条件。建立与家长、社区的密切联系能够形成高职院校思想政治教育的合力,大幅度地提高高职院校教育教学效果。学校可以和有关单位联系共同建立各种形式的思想政治教育实践活动基地,教师可以组织学生在居民小区开展社区服务和献爱心活动,从而建立学校与社区紧密联系的教育网络和育人机制。另一方面,科学利用互联网资源,互联网是世界上最大的知识库、资源库,它拥有高职院校思想政治教育教学所需的更丰富的信息资源。但对互联网上的信息与资料,高职院校思想政治教师要科学分析、精心选择,以充实和丰富思想政治教育教学实践的内容,丰富高职院校思想政治理论课课堂教学手段,完善高职院校思想政治教师的资源储备,增强高职院校思想政治理论课教育教学实效。

二、培育高职院校思想政治教师关系性教学思维方式

智慧型教师的思维具有独特性,主要表现在:"第一,应对时刻变化的即兴思维;第二,对于问题情景的有效参与,即互动思维;第三,问题表象中的多元视点的统一,即逻辑思维;第四,问题表象与解决中背景化的思考,即整体思维;第五,实践过程中问题的不断建构与再建构,即问题思维。"①新时期高职院校思想政治教师理应在思维上具备这些特点。在实践智慧背景下探讨高职院校思想政治教师教学思维方式的变革,首推最能反映以上五种优质思维方式特点的"关系性教学思维方式"。

(一)关系性教学思维方式的内涵

所谓关系性教学思维方式主要是指高职院校思想政治教师基于生活化教学情境与现实生活的相互交往、良性对接与有机融合,实现师生之间知识建构、生命尊

---

① 　[日]佐藤学.课程与教师[M].钟启泉,译.北京:教育科学出版社.2003:345-346.

重、境界提升的一种教学思维方式。在具体的教育教学实践中,高职院校思想政治教师要以对话合作超越二元对立、以多元主动超越一元被动、以动态生成超越静态预定、以多维开放超越封闭单一的传统教学思维,实现传统教师权威与地位的双重解构,从而构建具有生活内涵与生成意义的全新高职院校思想政治理论课课堂教育教学图景。

(二) 关系性教学思维方式的基本特征

1. 内容复杂性

因为关系性教学思维方式不仅注重师生之间的对话与互动,而且注重教师之间对话与合作,不仅强调对课堂知识体系的构建,而且强调教学过程意义的生成,不仅主张教师的积极性、主导性,而且主张学生的主动性与参与性,不仅指出教学过程系统的开放性,而且指出教学过程生成的动态性。所有这些,都使关系性教学思维方式在内容上表现出复杂性的特征。之所以会在内容上呈现出复杂性,正是因为对"关系"的强调,从而使其研究对象、知识建构、演进逻辑、具体思路及意义生成呈现一个复杂多变的过程。这也决定了在培育教师关系性教学思维方式时,要避免简单总结、抽象思辨、拼凑完成等传统思维方式的影响与制约,立足于具体的、真实的、鲜活的教学实践,通过多元化、立体式的研究,真实、全面、深入地建构问题、分析问题、解决问题。

2. 系统开放性

关系性思维的系统开放性,根源于研究对象的开放性、研究方法的开放性、逻辑演进的开放性、知识建构的开放性、意义生成的开放性。关系性教学思维方式强调研究对象始终处于某种"关系"之中,这种"关系"或是显性,或是隐性,或是具体的,或是抽象的,或此时是静止的,或彼时是动态的。总之,它是永远处于运动、变化和发展之中的,人的思维尽管无法完全洞悉其中的各种"关系",却具有无限接近、进入各种"关系"的思维能力与实践能力。因此,此时的"关系"既是有限的,也是无限的;既是有形的,也是无形的。正是在这样的情况下,要科学、全面、真实地反映研究对象的内容、属性、特征,就必须要具备系统观念与系统思维、开放意识与开放心态。事实上,只有将研究对象置于具有系统性和开放性相结合的关系性教学思维所主导的研究视域之中,才能打破传统教学中因实现确定性目标和追究事物终极本原而形成的封闭的、僵化的思维方式,并通过采用系统的、开放的、多元的研究方法以真实、全面、具体地认识事物及其本质。

3. 动态生成性

关系性教学思维方式中的动态生成性,主要是指在教学实践中认知与研究某种事物或现象都是处于动态发生和动态发展的过程之中,与传统教学思维方式所主导的教学实践具有的确定性与预设性相对应。与传统教学思维方式追求的孤立的研究对象、静止的认知过程、追求事物的终极本原不同,关系性教学思维方式的研究对象、知识建构和意义生成始终处于某种"关系"之中,并且这种特定的"关系"具有自身的过程性、动态性与生成性。因此,动态生成性决定了关系性教学思维方式能够更为科学地认识研究对象,更为全面地进行知识建构,更为有效地促进意义生成,从而真正走出传统教学思维方式的限制与束缚。此外,这种动态生成性直接影响着关系性教学思维方式指导下的教学理论丰富与教学实践发展的动态生成性。因为,关系性教学思维式指导下的教学理论与教学实践,只有在动态发展的过程中才能逐渐生成、不断完善与充分发展,进而真实反映其研究对象,有效地进行知识建构,适时的促进意义生成。

(三)关系性教学思维方式的培育路径

在培育与发展高职院校思想政治教师实践智慧的过程中,教学思维方式是一个十分重要的因素。关系性教学思维方式是实现高职院校思想政治教师实现思维方式变革的有效途径,是践行高职院校思想政治理论课程理念,实现教育观念创新,推进高职院校思想政治教师专业化发展的重要思维动力。为了更好地推进高职院校思想政治教师实践智慧的培育与提升,要在教学思维方式上实现如下变革。

1. 以对话合作超越二元对立

在传统思维方式影响下,有的高职院校思想政治教师本能地把自己与学生、自己与同事,把课堂教学与实际生活、教育教学与科学研究等对立起来,追求"独善其身"。而关系性教学思维方式要求高职院校思想政治教师在教育教学实践中要以对话合作的思维超越这种传统的二元对立思想,加强师生对话、推进师生良性互动,改进教师合作、构建教师共同体。只有这样,才能促进教师与学生、教师与其共同体的思想交流与观念碰撞,从而促进自身实践智慧的生成与发展。为此,一要加强师生对话,推进师生良性互动。关系性教学思维方式要求教师要把高职院校思想政治理论课教学实践过程演绎成教师与学生互动、教师与教材对话、教师与同事合作的动态生成过程,注重发挥校外参观访问、调查研究等课外实践活动的作用,注重发挥社区、家庭的功能,从而实现思想政治教学过程中知识建构、教学设计、教学目标在师生之间真心交流、真诚沟通中不断生成与实现。在此过程中,高职院校思想政治教师要超越传统教学中的命令者、指挥者的角色,日益成为具体高职院校思想政治理论课教育教学活动的参与者、合作者,从而使高职院校思想政治理论课教学过程逐渐成为教师和学生共同经营、良性互动、有效合作的过程。因此,高职院校思想政治教师要树立新学生观,要充分调动学生的生命力、激发学生的主体性、尊重学生的创造性。要通过这样的对话,使教师不再是传统意义上的知识的提供者与传授者,而是与学生共同构建问题、分享学习主题、创设教学情境的合作者、探究者,教师与学生之间将在充满尊重的、完全开放的、富有生活化的对话与合作中,实现师生之间的良性互动。二要改进教师合作,构建教师共同体。在传统教学思维方式的深刻影响下,高职院校思想政治教师常常喜欢在课堂教学中唱"独角戏",在原本属于自己的教学队伍中,习惯于"单打独斗",缺乏集体备课、教学观摩、科研交流的意识,缺乏团队合作精神。关系性教学思维方式要求高职院校思想政治教师改进传统的教师之间的关系,构建教师共同体,以提升团队精神与合作精神。实践证明,教师共同体的构建,能够帮助高职院校思想政治教师增强交流,加强沟通,有效地进行实践性知识管理,将隐性实践知识转变为教师实践智慧。因为,教师共同体有利于推动高职院校思想政治教师与思想政治理论研究者之间搭建交流与实现合作的良好平台的构建,双方可以就高职院校思想政治理论课教学目标的充分理解、教学内容的有效整合、教学设计的常态优化、教学方法的持续创新等内容进行广泛交流与深入探讨。这既有利于促进高职院校思想政治教师群体的实践性知识的丰富与发展,也有利于推动高职院校思想政治教师个体实践智慧的培育与提升。

2. 以多元主动超越一元被动

在传统教学思维方式的影响下,相当一部分高职院校思想政治教师是被动参与到教育教学实践之中,并在长期的教育教学实践中不断积累经验。教师也正是凭借着日积月累逐渐丰富的教学经验,来组织教学活动,来指导学生学习,来应对一次又一次考试。由于受传统教学思维的深刻影响,高职院校思想政治教师思维大都是单一的、静态的、线性的,他们更多地从一元化的视角看问题、办事情、想对策,当强调长处与优点时,就很难发现短处与缺点;而当发现劣势与不足时,又特别容易导致自卑。高职院校思想政治理论课教学呈现静态时,他们就很难看到蕴含于其中的诸多变化与创新因素,更难以找到积极应对这种变化和进行自主创新的良好对策。然而,教师也好,学生也罢,首先是一个生命存在的个体,其次才是一个理性存在的个体,他们之间的关系也是一种生活交往与生命交流的关系,二者在这种交往与交流中逐渐满足知识、情感、意义、价值的各种需要,从而,使教师与学生在具体的教育教学实践中成为富有生存意识、生活气息与生命张力的合作者。因此,关系性教学思维方式要求高职院校思想政治教师,在具体的教育教学实践中,要培育系统的、多元的、动态的、立体的思维方式,从多个角度看待问题、建构问题、分析问题、解决问题,善于搜集和整理各种信息资源,注重与同事合作、与学生的互动,实现高职院校思想政治理论课教学过程的动态生成。要主动促进身心和谐,实现全面发展,要主动参与教师共同体组织的教学研讨、科研经验交流和其他教育教学实践活动,推进自身职业能力、职业道德、职业素养的全面提升。实践证明,无论是教师专业化发展,还是教学改革不断深化,如果没有高职院校思想政治教师热情主动、积极参与是不可能成功的。因此,本研究认为,培育高职院校思想政治教师关系性教学思维方式,能够真正实现其教学思维方式从一元到多元化,化被动为主动,从而推动高职院校思想政治教师自觉地进行职业规划,在积极参与和深入反思中获得专业化发展,进而为其实践智慧的培育与生成奠定思维基础。

3. 以动态生成超越静态预定

在传统思维方式影响下,高职院校思想政治教师由于缺乏对话意识、合作精神和主动发展思维,因此师生之间缺乏互动,师生之间的交流基本上是教师"传授"与学生"接受"的单向交流;课堂教学实践也基本上是"导入新课—组织教学—课堂提问—课堂小结—课堂训练—考试测评"的单向模式,致使学生反馈缺乏与师生交流缺失;教师之间更多"各司其职""各自为政",基本没有对话、交流与合作。在这种单向的教学行为与教学程序和静态预定的课堂教学实践中,师生之间很难实现教学相长,同事之间也缺乏合作,很难实现共同发展。然而,关系性教学思维方式强调教师与学生互动、学生与学生互动、教师与教师互动,强调教师积极参与、主动发展,强调教学过程从静态预定走向动态生成。关系性教学思维方式强调思想政治教育教学活动是多向的、动态生成的,既要注重教师和学生之间对话与互动,也注重学生之间交流与合作,还要注重教师之间的沟通与合作,从而全方位地实现高职院校思想政治理论课教学中的对话与合作。注重对话、互动、交流、合作的高职院校思想政治理论课教学实践,教师能够主动参与、寻求帮助,勇于接受批评,乐于采取意见,善于沟通交流,实现自我完善与共同发展。更为重要的是,在这种动态生成性思维主导下,教师不再是传统意义上高职院校思想政治理论课教材的执行者和预定教学过程的实施者,而是高职院校思想政治新课程理念的践行者和生命化课堂教学的构建者。其对学生在课堂教学活动中的不同表现能够进行细心观察、耐心对待和真心反思,能够充分尊重并关注学生在课堂教学过程中表现出来的个体差异性,乐于倾听学生有声语言与无声表达,准确捕捉、巧妙点拨和积极回应学生的不同想法,并对学生在课堂教学实践中主导的各种意外事件等生成的动态课程资源进行梳理、提炼,重新生成和演变为新课堂教学内容,在充满不确定性、动态生成性的课堂教学实践中接受实践智慧挑战,迎接实践智慧洗礼,获得实践智慧发展,创造性地进行高职院校思想政治理论课课堂教学实践及保证其有序、健康发展,从而使高职院校思想政治理论课课堂教学实践真正成为践行新形势下高职院校思想政治教育教学新理念的一个动态的过程。总之,在这种充满自由、平等、合作的氛围中,有利于高职院校思想政治教师不断提高自觉性与创新力,进一步深入钻研教育教学艺术和塑造教学风格,从而有力地促进其实践智慧的生成与发展。

4. 以多维开放超越封闭单一

由于受传统思维方式的影响,高职院校思想政治理论课教学实践通常是教师谋求对教学设计、课堂提问、教学过程等环节的控制过程。在传统的、封闭型的、静态的控制与被控制的过程中,高职院校思想政治教师与学生被教学目标、教学内容和教学方法所支配,教师与学生都失去积极性与主动性,教学过程失去了开放性与动态性。众所周知,当代社会是一个全方位开放的时代,故步自封难以获得发展,墨守成规难以激发创新,因循守旧难以活跃思维。因此,社会推崇开放,学校倡导开放,教师思维方式也要走向开放。这在客观上要求高职院校思想政治教师在推动教学思维变革时不要被固有的知识、已有的经验和探究的压力封闭起来,而是要在积极解构传统教学思维方式的基础上,重建教师与学生、教师与教材、学生与学生、学生与教材、教师与同事、教师与自我之间良性互动、意义理解与价值生成的关系,注重多维度、强调多层次地理解课堂教学从有序到无序,师生互动从单向到多向,教师合作从个体间到群体性,以及各种互动与合作中的动态过程,这也是贯彻高职院校思想政治理论课教学新理念的一个全新视角。事实上,新形势下高职院校思想政治理论课课堂教学是动态生成的、多维开放的。这在客观上要求高职院校思想政治教师要以关系性教学思维方式,从多维度来发现问题、分析问题、解决问题;能够勇于接受不同的意见,善于倾听不同的声音,勤于整合不同信息。从而使高职院校思想政治理论课教学实践过程日益从静态的、封闭的、单一的走向多维的、开放的、动态的,进而促进高职院校思想政治教师实践智慧得以生成与发展的过程。

三、构建高职院校思想政治"生命化"课堂教学模式

为了培育与提升高职院校思想政治教师实践智慧,高职院校思想政治教师要以关系性教学思维方式为整合工具,通过不断锤炼课堂教学艺术以塑造自己独特的教学风格,通过运用探究式教学方法以实现高职院校思想政治理论课课堂教学方法的创新,通过创设生活化教学情境来构建思想政治"生命化"课堂,从而形成一种新型高职院校思想政治理论课课堂教学模式。事实上,这种"生命化"课堂教学模式是培育与提升高职院校思想政治教师实践智慧的主要载体。所谓"生命化"课堂教学模式,主要是以尊重学生生命和关注学生生活世界为基点,使学生在教师富有个人特色的教学风格引领下,通过自由学习和自主探究,丰富情感体验、充分张扬个性和不断提升生命价值的教学过程。在这种"生命化"的课堂教学模式中,高职院校思想政治理论课课堂将成为教师与学生生命得以充分尊重、生命价值得以实现与提升的良好平台,高职院校思想政治理论课课堂教学中教师与学生将在探究式教学方法运用与生活化教学情境创设中,不断体验着智慧的交锋、情感的碰撞、价值的共享。在推进高职院校思想政治理论课教学改革进程中,思想政治"生命化"课堂教学模式对教师的教学观、课程观、学生观、评价观都是一次洗礼和重塑。在高职院校思想政治教师独特教学风格的塑造下,在探究式教学方法的运用中,在生活化教学情境的构建时,"生命化"的高职院校思想政治理论课课堂既不是教师权力绝对控制"一言堂",也不是教师个人教学技艺施展的"独角戏",而是教师与学生之间心灵的对话,教师与学生共同创造的生命互动,教师与学生思维碰撞的智慧之旅。总之,高职院校思想政治理论课"生命化"课堂教学模式就是要直面最鲜活的教师生命与学生生命,体现出教师生命与学生生命的多样性,彰显教师生命的光泽与学生生命的灵动,使高职院校思想政治理论课课堂教学能时刻焕发出教师生命张力与学生生命的活力。

(一)以锤炼教学艺术塑造高职院校思想政治教师教学风格

追求课堂教学艺术的高超性是促进高职院校思想政治教师实践智慧培育与生成的重要手段之一。高超的课堂教学艺术需要现代化教育教学技术支持,但并不等于现代教育教学技术的简单运用与实施。高超的课堂教学艺术是在科学、合理运用现代教育技术的基础上对高职院校思想政治理论课课堂教学的艺术加工与精心雕琢。不断锤炼富有想象、创意、内涵的高职院校思想政治理论课课堂教学艺术的过程也是促进高职院校思想政治教师实践智慧不断培育与生成的过程。在日

常教育教学实践中,高职院校思想政治教师要有意识、有计划地锤炼课堂导入艺术、课堂教学组织艺术、课堂教学语言艺术和课堂教学结尾艺术,以此塑造与施展自己独具特色的教学风格,构建与创造彰显个人魅力的教学情境,不断培育与提升自己富有特质的教育教学艺术,从而促进自身实践智慧的生成与发展。

锤炼高超的课堂教学艺术有利于高职院校思想政治教师培育丰富的实践智慧,也有利于高职院校思想政治教师成就富有个人特色的教学风格。因为,思想政治教师实践智慧是指教师在丰富而复杂的思想政治教育教学实践中积极有效地应对各种不确定教育教学情境或突发教育教学事件时所表现出来的一种综合素养,主要指教师对思想政治教育教学科学性的探索与和谐性的追求,以不断实现思想政治教育教学实践过程中合规律性与合目的性的辩证统一,对真实具体而又复杂多变的思想政治教育教学情境准确判断与有效把握,对自己个性化的教学艺术与教学技能的完善融合与有机统一,对自己独特人格魅力和职业素养的全景展示与有力彰显。在此过程中,高职院校思想政治教师对自身实践智慧培育与生成是主动的、理智的、自觉的。在日常生活中,高职院校思想政治教师在具体的教育教学实践中面对的学生是具有鲜明性格特征与个体差异的,面对的教材是需要科学开发与有效整合的,面对的教学课堂是富有生活情境的,面对的新形势下高职院校思想政治教育教学改革是追求创新与和谐发展的。所有这些,都在客观上决定了高职院校思想政治教师所面对的教育教学对象、所处的教育教学场域、所实施的教育教学过程都是复杂多变的、动态生成的。实践证明,要把现实生活中具体的高职院校思想政治理论课教学实践演绎得异彩纷呈、妙趣横生、情景交融、特色鲜明,独具人格魅力与个人特质的教学风格对高职院校思想政治教师而言异常关键。因此,高职院校思想政治教师在教育教学实践中必须要追求个性教学风格。事实上,正是高职院校思想政治教师各自不同的个性心理倾向、个性心理特征和个性心理素质的存在与健康发展才使其在具体的教育教学实践中显现为风格各异、内涵不同、千差万别的个性教学风格。高职院校思想政治教师个性教学风格与对教育思想和教学理念的独特理解相联系,与教学艺术和教学技能的不懈追求相一致,与学科知识结构和实践性知识的双重优化相结合,与对课程资源和教材内容的有效整合相统一,具有鲜明的个人特色,是不可复制的。高职院校思想政治教师要将上述诸要素科学组合与融会贯通是需要在长期的教育教学实践中打磨、历练和升华的。无论是高职院校思想政治理论课教学策略的选择,还是高职院校思想政治理论课教育机智的健全;无论是高职院校思想政治理论课教学情境的构建,还是高职院校思想政治理论课课程资源有效开发与合理利用,都需要高职院校思想政治教师实践智慧来提供有力支撑和持续保障。

（二）以探究式教学推进高职院校思想政治理论课课堂教学方法创新

1. 高职院校思想政治理论课探究式教学的基本内涵

"探究"来源于拉丁文"inward quilters"，意为"指向问题"。《辞海》对"探究"解释为"深入探讨，反复探求事物的本质和规律"①。"探究"被引入教育学领域，并明确提出"探究式教学"思想的，是美国著名教育家杜威。他认为："科学的教学不仅仅是让学生记忆海量的知识，更重要的是学习科学的学习方法。……教学应当遵循以下步骤：设置探究情景、确定探究问题、提出假设、制定解决问题的方案、实施探究方案等。"②其实，探究式教学的"主导思想是指在教师的合理引导下，以学生为主体，让学生自觉主动地探索，掌握解决问题的方法，研究客观事物的本质属性，发现事物发展的起因和事物内部的联系，并从中总结规律，形成自己的概念"③。

本研究认为，作为一种教学方法，高职院校思想政治理论课探究式教学主要是指在教师科学而有效地引导下，以学生为主体，以现行思想政治教材为基本探究内容，以学生实际情况和生活世界为背景设置问题情境，积极引导学生自由表达、充分质疑、积极探究、深入讨论提出的问题假设，通过学生个人、小组、集体等多种解难释疑方式对问题假设进行验证，最终将学生所学、所知、所思转化为及时发现、深入分析、合作探究、有效解决实际问题能力的一种教学方法。这种教学方法强调高职院校思想政治教师角色和作用的重新定位，主张充分发挥学生的主体性，提出以学生主动探究为主要途径。在此探究过程中，高职院校思想政治教师的作用是"点火引爆"和"反馈调控"，要事先为学生讨论提供必要的资料，要引导学生在课前进行分组搜集与整理有关信息。在探究开启之后，要恰当地激起学生思维的兴奋点，在探究过程中要有效控制学生的思维走向，在探究完成后要科学总结学生的思维成果。总之，在探究式教学方法运用中，高职院校思想政治教师要科学规划与积极引领学生对某一主题进行有效探究，最大限度地使学生通过探究过程，从自己的生活经验世界出发以真正获得对知识的准确认知、深刻理解与灵活把握，把高职院校思想政治理论课教材知识转变成活生生的、喜闻乐见的生活认知与生命体验，唤起学生对高职院校思想政治理论课的强烈需要、浓厚兴趣，提升他们在高职院校思想

---

① 夏征农.辞海[M].上海：上海辞书出版社,1989：210-211.

② [美]约翰·杜威.民主主义与教育[M].王承绪,译.北京：人民教育出版社,2001：47-48.

③ 张崇善.探究式：课堂教学改革之理想选择[J].教育理论与实践,2001(11)：39-42.

政治理论课课堂教学中的探究欲望和探究能力。

2. 思想政治探究式教学的一般过程

（1）探究开启——创设问题情景。高职院校思想政治理论课探究式教学以创设问题情境开启。问题情景是高职院校思想政治理论课探究式教学的重要前提。因此，教师必须根据高职院校思想政治理论课教学大纲、教材内容和学生实际，把具体的教学内容巧妙地转化为某一特定的、富有生活内涵的问题情境之中。在此过程中，要充分考虑问题情境创设的目的性、适应性和新颖性，以不断提高学生进入探究问题的主动性、积极性。提问要有针对性和适度性，即在学生确实有疑难的地方设置问题，在学生原有认识水平与知识储备基础上设计问题，在学生现有理解能力范围内提出问题，在学生可能的发展水平上递进问题。只有这样，才能有效激发学生的探究意识与探究欲望，才能积极引导学生对问题探究的全面性与深入性。特别强调的是，对学生的提问要有层次性与递进性，即提问要由浅入深、由易到难，循序渐进，并按高职院校思想政治知识与理论自身的逻辑结构演进，符合学生思维由具体到抽象、由简单到复杂的方式，从而体现思想政治"教"与"学"顺序性、层次性，以使学生更好地在问题情境中增长知识、增进智慧。提问要有全面性、系统性，一方面在对学生个体提问时，要注重考察其知识的完整性、理解系统性，要求学生逐一回答探究所有问题，询问探究的结论，了解探究体验；另一方面，要把全班学生引入问题情境，共同参与、共同讨论、共同探究，以凝聚全体学生的智慧。

（2）探究推进——分析问题及其原因。问题情景创设之后，高职院校思想政治教师在明确问题内涵与提问程序的基础上，要把握好问题创设的意图与宗旨，准确分析问题情境中可能涉及的相关知识，确定有效应对问题情境的途径和方法，提出对应的假设或者猜想。与此同时，教师还要指导与引领学生根据提供的探究信息、数据、案例、背景资料等提出相关的一些"假设或者猜想"，从而使学生在探究式教学过程中，经过师生互动、生生互动，在一系列反复讨论、交流、辩论中，在众多的"猜想或假设"中去粗取精、去伪存真，透过问题表象，探究问题的实质，进而逐步得出科学、合理、有效的解决方法，并最终形成经得起时间检验的科学结论。通过以上分析不难看出，提出猜想或假设的过程正是高职院校思想政治教师与学生之间不断增加知识储备量和不断优化知识结构的过程，是高职院校思想政治教师与学生之间各自不同的思维方式不断碰撞与交流和不断融合与创新的过程。为提高高职院校思想政治理论课探究式教学的科学性与实效性，高职院校思想政治教师应该加强对学生探究式学习的指导：一方面，教师要指导学生以不同思维方式，或具体,或抽象,或分析,或综合,或归纳,或演绎,科学分析问题情景、深入解释问题情境、合理抽出问题假设;另一方面,教师要指导学生探究方向的正确性,要求教师指导学生对问题探究和假设提出朝着高职院校思想政治理论课程目标和具体课堂教学目标的方向进行探究活动,以防偏题,盲目假设,确保探究活动的科学性、有序性、实效性。其实,这正是高职院校思想政治理论课探究式教学过程的关键环节。探究式教学方法运用中所涉及的问题假设引领,需要高职院校思想政治教师具备比较丰富的实践智慧,而加强对问题假设指导的过程又是进一步提高高职院校思想政治教师实践智慧的过程。

(3)探究完成——提出解决问题策略。当一次高职院校思想政治理论课探究式教学活动完成后,对于问题假设要进行验证。验证的主体是学生,验证的指导者是教师。学生可以通过观察、实验、调查研究等途径对自己提出的假设或猜想进行验证。比如通过调查研究的途径,学生可以在调查研究结论的基础上,结合图书资源、网络资源获得的相关信息,依据一定的逻辑演进和推理,确定问题情景中的关键因素,合理解释问题假设的内容,充分验证问题假设的科学性与合理性。在这个验证过程中,高职院校思想政治教师应加强如下有效指导:一是指导学生收集与假设问题相关的专业知识及其他有效信息与资料。一般情况下,高职院校思想政治教师在学科专业知识、信息占有与整合和资料积累与把握等方面都比学生有优势,因此要求教师担当起这方面的职业责任。二是引导全体学生都参与到验证问题假设的全过程。教师要明确提出每个学生根据自己占有的相关信息和掌握的相关资料,对自己的问题假设提出相应的解释和验证结论,并组织学生就自己的解释和得出的结论与其他同学进行交流、讨论,激发全体学生的学习热情、激活整个班集体的聪明才智,从而达到探究性式教学的良好初衷与价值诉求。在指导学生验证问题假设结论的过程中,高职院校思想政治教师能够积累更多的教学体验,能够丰富自己的实践性知识,这对于培育与提升其实践智慧具有重要的推动作用。

(4)探究总结——教学评价融合反思。对于每次高职院校思想政治理论课探究式教学活动,在完成并进行结论验证以后,教师要对整个探究式教学活动的问题情境创设、实施过程、结论验证等进行科学评价与深入反思。一是高职院校思想政治教师要对学生得出的结论和对结论的验证进行客观评价,评价内容不仅仅是学生在探究过程中得出相关结论,更重要的是对每位学生和全体学生在探究过程中的表现进行合理评价,从而积极引导学生在探究式教学活动中增强探究意识、端正学习态度、培养科学精神。二是要对整个探究式教学过程进行深入反思。教师要现场记录每位学生在本次探究式教学活动中的每个细节,要对本次探究式教学活动中存在问题进行一次完整的梳理和详细的分析,从中捕捉到教学灵感和思维闪光点,获得全新情感体验,积累新实践经验。高职院校思想政治教师对学生作为探究式教学活动主体行为作出科学评价的过程和对整个探究式教学活动的收获、体验进行深入反思的过程,正是其提高自我评价能力和教育教学水平的过程,更是其实践知识不断丰富与实践智慧不断提升的过程。

(三)以生活化教学情境构建高职院校思想政治"生命化"课堂

新形势下高职院校思想政治理论课课堂教学,"关键在于根据科学世界的自身逻辑和学生的心理发展规律,科学利用生活世界的教育资源,努力达成科学世界与生活世界的融通和整合"①。因此,构建生活化教学情境就成为构建思想政治"生命化"课堂教学模式的必然选择。传统意义上的高职院校思想政治理论课课堂教学,更多地强调教师对间接经验的传递、教材内容的传授与科学世界的关注,却忽视了学生的直接经验的获得、生活世界的丰富和心理世界的精彩。与此同时,这种高职院校思想政治理论课课堂教学中,也往往充斥着大量主观臆造的命题、凭空捏造的情境、流于形式的"创新"。所有这些,直接导致了相当数量的学生对高职院校思想政治理论课的排斥、抵触与厌倦。而生活化教学情境的构建,主旨就是要求高职院校思想政治教师在深入落实新形势下高职院校思想政治教育教学改革基本理念的过程中,强调"思想道德修养与法律基础""毛泽东思想和中国特色社会主义理论体系概论""马克思主义基本原理概论""中国近代史纲要""形势与政策"等课堂教学都要真正地进学生的生活、走进学生实际,真正实现教学目标、教学设计、教学内容、教学过程、教学情境的"生活化",从而增强各模式教学的科学性、真实性与可信性。对于学生来说,生活化教学情境的构建赋予了他们对高职院校思想政治理论课学习的生活意义与生命价值。在生活化教学情境的构建中,高职院校思想政治理论课教学改革倡导"回归生活"的教育教学理念使课堂教学中教师"教"与学生"学"由传统教学意义上的"对立"与"独白"走向新形势下高职院校思想政治教育教学改革理念所提出的"对话"与"合作"。学生在教师的积极引导下,学会信息选择,尝试构建问题,能够以关系性思维来分析生活中的经济学、哲学、政治学、文化学现象与问题,能够领会党和国家重大理论、方针、政策的精神实质。教师与学生在构建生活化教学情境的过程中,成为共同学习伙伴、探究合作者、知识建构者和真实生活的追求者,一起建构起富有生活内涵与生命意义的"生命化"的高职院校思想政治理论课课堂。事实

---

① 宋秋前.新课程教学中应处理好的几个关系[J].教育研究,2005(6):75.

上,丰富多彩的生活是高职院校思想政治教师取之不尽、用之不竭的教育教学资源,而构建生活化教学情境能够彰显教师实践智慧,并在生活化教学情境的动态构建与优化整合中不断培育与提升其实践智慧。

1. 高职院校思想政治理论课生活化教学情境的内涵

广义的教学情境,一般是指教师在一定教学理念的指导下,将教学内容的设计和规划,按照一定的规律与步骤,作用于学生以使其逐渐产生特定认知、情感体验与价值判断的客观环境;狭义的教学情境,则主要是指在课堂教学中,作用于学生并能够激发学生求知欲、引起学生积极性、加深学生情感体验的教学过程。对于思想政治教学而言,教学情境通常是指影响高职院校思想政治理论课课堂教学的外部条件和环境。"情"指高职院校思想政治教师和学生在"境"中的思想交流、思维碰撞、情感体验与心灵感悟;"境"是指这种"情"得以产生、成长和发展的各种教学环境。思想政治生活化教学情境是根据学生身心发展特征,尊重学生个体差异性,选取学生生活的有效素材,模拟学生日常生活状态的教学情境。在这一情境中,学生能够亲切交流、亲身感受、亲自体验,从而不断激发学生的求知欲,彰显学生的主体性,培育学生的创新力;营造课堂教学的和谐氛围,从而提高高职院校思想政治理论课课堂教学的科学性、趣味性与实效性。生活化的教学情境既能启发学生的创新意识与培养学生的创新精神,又能促进高职院校思想政治教师教学艺术的提高与个性化教学风格的凝结,并以此推动其实践智慧的生成与发展。

2. 构建高职院校思想政治理论课生活化教学情境的基本措施

(1)以感知生活为逻辑起点。在构建高职院校思想政治理论课生活化教学情境的过程中要把感知生活作为逻辑起点。所谓感知生活就是要从学生实际生活出发,精心选择与课程模块和教学内容联系紧密的,且学生熟悉的生活场景,找准高职院校思想政治理论课课堂教学与学生生活场景的最佳结合点,从而将获得的真实可信的感性素材并巧妙地引入具体的课堂教学之中,构建富有生活化的高职院校思想政治教学情境。为此,高职院校思想政治教师要不断走进学生生活实际,了解学生生活背景,在学生生活世界中选取符合课堂教学需要的精彩片段;要持续关注社会生活热点,密切联系社会生活实际,追踪时事政治热点问题,关心经济社会焦点问题,并将其与高职院校思想政治理论课课堂教学紧密结合起来,保持教学理念的与时俱进和教学内容的常讲常新,主动构建反映当今经济社会热点的教学情境;要重视社会实践活动,组织学生成立学习小组,积极开展社会调查研究,主动参加社区服务等实践活动,使学生真正接触生活情境、体验生命价值、丰富人生阅历,从而以不断增强学生的社会责任感与历史使命感。

（2）以探究生活为逻辑演进。在构建高职院校思想政治理论课生活化教学情境的过程中要把探究生活作为逻辑演进。所谓探究生活就是高职院校思想政治教师在感知生活的基础上，以关系性教学思维方式对具体课堂教学生活的抽象，概括出理论观点，引领学生在特定的生活情境中用心感悟、用心体验、获取知识、提升能力的探究过程。在这一过程中，高职院校思想政治教师要把教育教学内容和教育教学目标有效融入具体的课堂教学实践之中，在探究中引导学生由知化能、转知成智，不断增强学生学习的主动性与自觉性，做学习与生活的主人。在具体的教学探究活动中，作为主导者的高职院校思想政治教师要以先进的教育教学理念为指导，积极引导学生在具体的生活化情境中提取信息、发现问题、建构问题、解读问题、阐明观点；以发展的眼光对学生进行发展性评价，使学生在良性师生互动与深入合作探究中明确认知、形成感悟、凝结智慧。

（3）以共享生活为逻辑归宿。在构建高职院校思想政治理论课生活化教学情境的过程中要把共享生活作为逻辑归宿。所谓共享生活主要是指高职院校思想政治理论课生活化教学情境要实现教师与学生作为教育教学生命共同体的价值，使这一生命共同体能够在具体情境中对各自获得的生活经验进行充分分享与深入交流，共同感受师生通力合作所具有的强大力量，共同领悟师生共同探究具有的无限魅力，从而不断培育学生的合作意识和团队精神。为此，思想政治教师在构建生活化教学情境时，要充分尊重学生个体的主动性，要积极调动学生整体的参与性，要提高学生共同探讨的实效性，与学生在具体教学情境的构建、实施中共同分享生活的丰富体验和涵养各自不同的实践智慧。

（4）以参与生活为逻辑再现。在构建高职院校思想政治理论课生活化教学情境的过程中要把参与生活作为逻辑再现。所谓参与生活主要是指高职院校思想政治教师在构建生活化教学情境的过程中，能够从学生熟悉的日常生活中找到感兴趣的话题，能够从丰富多彩的社会现实中整合成具有内涵的素材，并将这些话题与素材从高职院校思想政治理论课课堂教学巧妙地引入思想政治实践教学之中，把教育教学空间从课堂、班级、学校逐渐拓展到社区和社会生活各个领域，从而还原高职院校思想政治理论课基础知识与基本原理的生活意义，用高职院校思想政治理论课基础知识与基本原理反观当前社会实际生活，实现从理论学习到生活实践的有效迁移，使学生在积极参与课外实践与社会生活中，不断加深对高职院校思想政治理论课基础知识精确理解，对高职院校思想政治理论课基本原理的准确把握，不断提高学生的政治素质与道德修养。通过积极参与生活，使教师与学生都能深刻领悟"从生活中来，到生活中去"的精神实质，进一步明确学以致用是高职院校思想政治理论课生活化情境的基本价值诉求。因此，高职院校思想政治教师要在不断构建与完善生活化教学情境过程中，通过引导学生参与生活、回归生活、领悟生活，使"感知生活—探究生活—共享生活—参与生活"的教学情境不断再现其基本价值诉求，不断促进教师的个人教学风格形成、人格魅力的彰显与实践智慧的生成。

案　例

《社会主义市场经济理论和经济体制改革》中
生活化教学情境的构建案例①
——选自《毛泽东思想和中国特色社会主义理论体系概论》
第八章"建设中国特色社会总布局"

一、课例背景

新形势下的高职院校思想政治教育教学改革特别强调"一切为了学生的发展"，从学生的经验出发，教学要向学生的生活世界回归。我们要善于从学生的实际出发，开发丰富多彩的课程资源，创设生活化教学情境，将庞杂、抽象的知识点梳理得更清晰、生动。我们要进行科学合理的教学设计激发学生的情感共鸣以达成教学目标。

在以上教学理念的指导下，以《毛泽东思想和中国特色社会主义理论体系概论》第八章"建设中国特色社会总布局"第一个大问题"社会主义市场经济理论和经济体制改革"中"社会主义市场经济"这一知识的讲解为例，在教学设计上时时处处联系学生的生活经验，用"生活四部曲"引领高效课堂，让学生"感知生活—探究生活—共享生活—参与生活"，从而进行这一教学理念的尝试教学。

二、课例描述

1. 导入新课
[感知生活]

教师：今天课堂的主人公是80后的小王，让我们走进他的故事，共同学习社会主义市场经济。小王爱上网，最近碰到了一些问题，让我们看看小王的问题

---

① 本生活化情境构建教学案例综合了温州二中姜晓眉老师（思想政治高级教师）课堂教学研究成果。

心结。

第一篇章：小王的问题心结

天涯论坛2012年度汉字评选：

2012年快过完了。如果将这一年里的人与事凝固成最真切的记忆，你会选择哪个汉字来描述？

学生回答了很多，但呼声最高的是"涨"。

过渡：面对物价上涨，我们的政府如何解决民生问题呢？

2. 讲授新课

中央经济工作会议于2012年12月15日至16日在北京举行。"会议强调，明年是全面贯彻落实十八大精神的开局之年，是实施'十二五'规划承前启后的关键一年，是为全面建成小康社会奠定坚实基础的重要一年。做好明年经济工作，要深入学习和全面贯彻落实党的十八大精神，坚持以邓小平理论、'三个代表'重要思想、科学发展观为指导，紧紧围绕主题主线，以提高经济增长质量和效益为中心，稳中求进，开拓创新，扎实开局，进一步深化改革开放，进一步强化创新驱动，加强和改善宏观调控，积极扩大国内需求，加大经济结构战略性调整力度，着力保障和改善民生，增强经济发展的内生活力和动力，保持物价总水平基本稳定，实现经济持续健康发展和社会和谐稳定。"①

小王：既然实行市场经济，为什么我国政府要高度关注？

在学生回答基础上教师归纳：政府要高度关注物价，是因为物价关乎百姓民生，关系到人民的生活水平和生活质量，尤其对低收入群体特别敏感，所以社会主义市场经济要同社会主义基本制度结合在一起，要体现社会主义的优越性。

[知识链接]

市场经济作为资源配置的基本手段，既可以与资本主义结合，形成资本主义市场经济；也可以与社会主义结合，形成社会主义市场经济。社会主义市场经济是指同社会主义基本制度结合在一起的，市场在国家宏观调控下对资源配置起基础性作用。任何事物既有共性也有个性，社会主义市场经济既具有市场经济的共性，又具有自己鲜明的特征；既可以发挥市场经济的长处，又可以发挥社会主义制度的优越性。

过渡：社会主义市场经济既然与社会主义制度结合在一起，那么它到底有哪些基本特征呢？让我们走进小王的公司情结。

---

① 新华网 http://www.xinhuanet.com/fortune/cjzthgjj/16.htm.

第二篇章：小王的公司情结

情境创设：小王，中国移动温州分公司员工。通信行业既有国有企业，也有个体企业、私营企业，各种所有制企业在市场上各显神通。销售位居前列的主要是中国移动、电信等公有制企业。

小王24岁，大学刚毕业，月薪3000元，他爱岗敬业，经常加班，对公司有着浓浓的情结。现公司在酝酿新一轮工资改革，他面对物价飞涨，想想老总年薪80万，悄悄地给老总提交了一份建议书。

教师：

①小王认为：市场经济只能以私有制为基础，公有制不行。

②请你为小王写一份建议书（要求：具体、客观）。

设计意图：此讨论是通过以"小王"的身份去探究人们在收入分配上存在差距过大的原因，来引导学生得出社会主义市场经济的基本特征。

问题①：在学生回答基础上教师归纳：我国的基本经济制度是公有制为主体，多种所有制共同发展。市场经济作为一种配置资源的方式，不是只能以私有制为基础，公有制经济也可以利用市场调节的方式实现资源的合理配置。因为在我国社会主义公有制经济条件下，企业也是独立核算、自负盈亏的经济实体，也适用市场交易原则。坚持公有制为主体，是社会主义市场经济与资本主义市场经济的根本区别，是社会主义市场经济的基本标志。

问题②：学生的建议大多是从缩小人们收入的差距来思考问题和提出建议的。

[知识链接]

《十二五规划建议》提出，要规范分配秩序，加强税收对收入分配的调节作用，有效调节过高收入，努力扭转城乡、区域、行业和社会成员之间收入差距扩大趋势。完善公务员工资制度，深化事业单位收入分配制度改革。

教师总结：市场经济追逐利益，收入存在差距是难以避免的，往往导致一部分人先富起来，如果人们收入的差距拉大，背离社会主义本质，将影响社会稳定。所以在收入分配上我国要处理好效率与公平的关系，突出公平即政府通过税收调节。保护合法收入，调节过高收入，取缔非法收入，保证低收入者基本生活。控制收入差距，防止两极分化。从而达到共同富裕的根本目标。

建议书中小王谈到了物价上涨的问题，我们来关注一下各国的物价情况。

[探究生活]

韩国：气候异常，白菜价格上涨，引发泡菜危机。2012年1月白菜每千克2300韩元，10月高达1.5万韩元（约90元人民币），戏称为"金白菜""蔬菜中的法拉利"。政府为稳定物价,从中国进口 160 吨白菜,价格降至同期的 3 倍。

中国:"蒜你狠""豆你玩""糖高宗""姜你军""棉里针""苹什么"等农产品轮番上涨,中央为稳定物价,打出政策"组合拳",力度为历年所罕见。七部委联手严禁提价,打击哄抬价格行为。2012 年 11 月物价基本稳定。

教师:为什么在中国能迅速地稳定物价?

在学生回答基础上教师归纳:我国能够实行强有力的宏观调控。我国实行强有力的宏观调控具备有利的条件和保证。一是公有制决定了人们根本利益的一致性,使国家能够集中人力、物力、财力办大事。二是有中国共产党这个坚强的领导核心做政治保证。所以社会主义市场经济能够把社会主义基本经济制度的优势同市场经济的长处结合起来,把人民的当前利益和长远利益、局部利益和整体利益结合起来,运用多种手段对经济活动进行广泛的宏观调控,并且比资本主义国家做得更好、更有效。

过渡:温州的物价稳定了,但房子还没解决,看看小王的住房纠结。

第三篇章:小王的住房纠结

[共享生活]80 后——被房子压垮的一代

近几年,由于我国房地产价格持续快速上涨,许多地方房价远远超过普通百姓的购买力,高房价让初涉社会的 80 后小王们无所适从,蜗居、蚁族、裸婚、啃老族、单身 Q 群,成为他们向现实社会妥协的产物。

面对高房价,买还是不买,小王很纠结,他在博客上向大家征求意见。

新上传内容:

(1)不买:高房价逼 80 后"啃老",到底是无志还是无奈?还是相信政府?

(2)买:房价还会持续快速上涨?赚不了第一拨金,也要赚第二拨金。

买还是不买?请你发表评论!

在学生回答基础上教师归纳:主张买的人认为市场经济存在自发性、盲目性等不足,要求国家加大宏观调控力度;主张不买的人认为我国的社会主义性质决定,社会主义公有制及共同富裕目标要求国家必须发挥宏观调控职能。由此得出加强宏观调控的必要性。

那么什么是宏观调控?它有什么主要目标?

在学生回答基础上教师归纳:宏观调控指国家综合运用各种手段对国民经济进行的调节和控制。我国宏观调控的主要目标是促进经济增长、增加就业、稳定物价、保持国际收支平衡。为了更好地理解这些内容,我们一起来解决小王的问题。

[参与生活]角色扮演

2009 年末以来,国土部、国资委、银监会等中央各大部委联合频频出击调控房地产,遏制炒房热,严厉打击炒房投机行为。随着政府宏观调控力度的不断加强,不少地方的房产价格开始回落,宏观调控措施初见成效。但在温州的小王很疑惑……

角色扮演:温州的高房价,拿什么拯救你?

A. 政府　　　　　B. 银行　　　　　C. 开发商　　　　　D. 市民

设计意图:教师组织学生开展小组合作学习,探讨相关话题。为了有效利用时间,教师对学生进行任务分工,每组学生从四个角色去思考政府作为主体如何宏观调控温州房价。讨论结束后共同来分享讨论成果。这个话题的设计是想通过学生的相互探讨加深对宏观调控手段的理解,加深对相关政策的理解,领悟社会主义的优越性。

教师归纳学生的回答,将学生的具体建议、对策用凝练的词汇在副板书中标示,可提示学生他们的回答主要是围绕着宏观调控的手段归类进行的。在学生对宏观调控的内容有了感性认识的基础上,进一步深化认识,出示知识链接。

[知识链接]

经济手段:①经济计划,比如十二五规划、西部大开发;②经济政策,如财政政策,由国务院财政部门制定,杠杆有税率、财政支出、国债,见效快;货币政策,由中央银行制定,杠杆有利率、法定准备金率、信贷规模等,见效慢;还有税收政策、价格政策等。

法律手段:①经济立法进行事前调整;②经济司法进行事后调整。

行政手段:直接迅速,不能片面强调和过多地运用。

中央经济工作会议提出 2013 年继续实施积极的财政政策、稳健的货币政策,"一松一稳"的调控组合。

结束语:我相信在国家的宏观调控下,温州房价会得到有效控制,小王对未来充满了期待。因为我们要让改革惠及全体人民,我们要让全体人民共享改革发展成果!

3. 板书设计

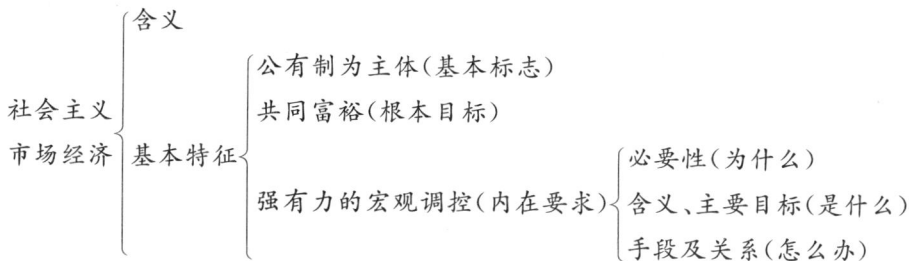

三、课例反思

生活是教学的源泉,也是学生们认识世界的重要途径。在"社会主义市场经济"的教学中,教师努力根据教材特点和学生生活实际,积极创设生活化教学情境,让教育不再是未来生活的预备,而是学生现实生活的过程。实践表明,采用行之有效的生活化教学情境,有助于学生注意力的集中、情感的激发、创新能力的培养,还可以调动学生的积极性、主动性,有利于进行素质教育,能取得较好的教学效果。

四、引导高职院校思想政治教师追求高尚的精神境界

一个具有丰富实践智慧的高职院校思想政治教师,必定知识渊博、视野开阔、爱好广泛、才艺双全、热爱生活,必定充满情趣、富有教养、追求品位、气质高贵、举止优雅。因此,在日常教育教学实践中,高职院校思想政治教师要不断提升职业道德与丰富文化底蕴,要严格遵照责任伦理与创建共同愿景,要始终追求民主自由与实现和谐共荣。只有这样,高职院校思想政治教师才能在追求高尚精神境界的过程中不断地强化教师职业认同,从而促进高职院校思想教师实践智慧的不断生成与发展。

(一)高职院校思想政治教师要提升职业道德与丰富文化底蕴

思想政治教育过程是教师以"灵魂"去塑造学生"灵魂"的实践过程。这一实践过程的科学性、实效性与示范性与高职院校思想政治教师的职业道德息息相关。对于高职院校思想政治教师而言,践行高职院校思想政治理论课教学新理念、实施高职院校思想政治理论课教育目标、实现自身与学生生命双重提升,"喊破嗓子不如做出样子"。而能否做到"学高为师、身正为范",高职院校思想政治教师还是"打铁先得自身硬"。因此,高职院校思想政治教师在培育与提升自己实践智慧的过程中,首先要坚持不懈地致力于自身业务水平、思想政治、道德素质的不断提升,以更好地适应新时期高职院校思想政治理论课教学改革的客观需要。因为,高尚的教师职业道德是促进高职院校思想政治教师实践智慧培育与生成的重要道德基础与职业素养保障。高职院校思想政治教师实践智慧由崇高的职业理想、坚定的职业信念、明确的职业志向、美好的职业愿景作为坚实的职业道德基础。高职院校思想政治教师要对所从事的思想政治教育事业有一种执着的追求、无私的奉献、真诚的情怀、永恒的热爱,才能以饱满的热情与高尚的职业精神真正潜心于高职院校思想政治理论课教学研究和教学实践之中。高职

院校思想政治教师只有对世界、对教育、对人生有科学的认知,对教师职业与教育事业有正确的价值判断,才能使高职院校思想政治理论课教育教学理论与实践完美融合,才能使高职院校思想政治理论课课堂教学与实践教学真正触及学生心灵深处,才能真正尊重学生生命价值和提升学生生命境界。这样,高职院校思想政治理论课教育教学实践将不再满足于知识的传授与技能的培养上,而是转化和提升为一种智慧培育。因此,教师职业道德是高职院校思想政治教师实践智慧得以有效培育与生成的重要职业素养。

高职院校思想政治教师实践智慧的培育与发展是高职院校思想政治教师将外在教育教学科学理念逐渐内化为自身专业技艺、文化意蕴与综合素养的过程,是高职院校思想政治教师在具体教育教学实践中不断提高、发展和完善的过程。教师要以科学的教育教学理念、高度的政治敏锐性和精准的政治洞察力全面而准确地把握高职院校思想政治理论课教育教学改革的基本理念与精神实质。高职院校思想政治理论课教育教学实践活动具有文化特质、个性与品位,是由哲学、教育、经济、政治、伦理、社会、法律等异质文化共同构成的内涵丰富、异彩纷呈的生活世界。事实上,深厚而丰富的文化积淀既是高职院校思想政治教师实践智慧生成的重要理论基础,又是高职院校思想政治教师实践智慧生成与发展的主要途径之一。长期的文化积淀能够丰富高职院校思想政治教师的文化底蕴。实践智慧作为人生智慧的重要组成部分,也要在深厚文化底蕴中孕育形成的。高职院校思想政治教帅教育教学的义化积淀越丰厚、文化底蕴越深厚,越有助于涵养和发展实践智慧。高职院校思想政治教师具有的文化丰富性主要表现在对思想政治学科文化与其他科学文化、人文文化相互融合的过程中。科学文化是由人认识自然、了解自然、探索自然而形成的科学知识体系及在此过程中培育的科学精神、科学方法。人文文化则是对人的本性、人的思维、人的精神、人的关系的认知、理解、关怀、把握而形成的知识和观念体系及在此基础上产生的人文精神、人文方法。科学文化与人文文化的整合、科学精神与人文精神的融合、科学方法与人文方法的结合,能够完善人的知识、丰富人的生活、提升人的生命,进而启迪人的智慧。因此说,科学文化有利于提高高职院校思想政治教师对事物知识的理解和规律的把握,人文文化有利于提升高职院校思想政治教师人生价值诉求与精神境界。正是在这个意义上,在高职院校思想政治教师实践智慧培育与发展的过程中,就必须使自己的文化知识不断优化升级,教育思想、教育理念必须不断改革创新。

（二）高职院校思想政治教师要遵照责任伦理与创建共同愿景

培植职业责任意识与职业情感是促进高职院校思想政治教师实践智慧生成与发展的重要手段。在现实生活中，职业责任是教师实践智慧的重要组成部分。"爱与责任"是新时期教师职业责任与职业道德的核心内容。从教师站在三尺讲台上的那一刻起，就要以"学为人师、身为世范"的职业情怀担当起教书育人的神圣职业责任。可以遵照责任伦理来培养高职院校思想政治教师的责任意识和职业情感。"根据'责任伦理'，一个有道德的人就必须忠诚于他自己选择的职业……一方面是以责任为前提的目标合理性行动（工具理性）创造着相对价值；另一方面是以信念为前提的'职业成为它自身目的'而产生的内在价值——尊严。"①现实生活中，"能够深深打动人心的，是一个成熟的人（无论年龄大小），他意识到了自己行为后果的责任，真正发自内心地感受着这一责任。然后他遵照责任伦理采取行动，这才是真正符合人性的、令人感动的表现。每一个人，只要精神尚未死亡，就必须明白，都有可能在某时某刻走到这样一个位置上。也就是说，不能追问承担责任的理由，它是无条件的"②。高职院校思想政治教师应遵照这样的责任伦理，培养自己"无条件"的职业责任意识，"无理由"的职业情感，积极追求自身实践智慧的生成与发展。遵照责任伦理要求，在教育教学实践中高职院校思想政治教师要做到敬业、精业与乐业，要充分尊重学生生命和个体差异性，要不断追求高职院校思想政治理论课教育教学的真善美。实践证明，只有这样高职院校思想政治教师才能以无私奉献的精神、饱满的热情、坚强的意志、高尚的情怀全身心地投入既"可信"又"可爱"的教育教学实践之中，并通过积极探索高职院校思想政治理论课教育教学规律，不断增强教育教学技能、锤炼教育教学艺术、提升教师职业道德，进而不断推进其实践智慧的涵养与丰富。

在生成与发展实践智慧的过程，高职院校思想政治教师还要创建共同愿景。所谓共同愿景（shared vision），就是指由组织成员个体愿景互动、整合而形成，被全体组织成员普遍接受和一致认同的美好愿景和理想目标。高职院校思想政治教师共同愿景就是指高职院校思想政治教师共同接受和一致认同的，能引领全体成员共同成长和整体进步的，使全体成员为之共同努力和奋斗的美好意愿和

---

① 冯钢.责任伦理与信念伦理：韦伯伦理思想中的康德主义[J].社会学研究,2001(4)：35.

② [德]马克斯·韦伯.学术与政治[M].冯克利,译.上海：生活·读书·新知三联书店,1998：116.

价值诉求。首先,高职院校思想政治教师要在独立自主的前提下,建立包括树立自我形象、彰显人格魅力、塑造教学风格、锻炼健康体魄、人际关系和谐、家庭生活幸福等职业目标与人生理想在内的个人愿景。其次,高职院校思想政治教师要整合个人愿景,创建共同愿景。在日常教育教学生活中,虽然高职院校思想政治教师教育方式、教学方法、教学风格、教学艺术、心理特征、精神状态等都有个体差异性,但在兴趣爱好、意志品质、职业理想、职业抱负、未来期望等方面也有相通之处。这些共同之处正是孕育高职院校思想政治教师整体共同愿景的天然基石。在实践中,可以通过定期不定期地组织经验交流会与学术研讨会,实现高职院校思想政治教师的思想碰撞、心灵沟通,最终形成共鸣。这个过程就是高职院校思想政治教师对最终形成的共同愿景逐渐理解和取得一致认同的过程。在共同愿景的引导下,高职院校思想政治教师会不断地发展自我、超越自我,进行创造性学习,培养合作与团队精神,提升自我实践智慧,所以学校要有意识地创建共同愿景。

(三)高职院校思想政治教师要追求民主自由与实现和谐共荣

实践智慧是教育教学创新的必然产物,而自由是创新的前提条件。无论丰富理论智慧,还是发展实践智慧,都应当"在自由的空气里进行,而信任给予人行动的自由,信任与自由成正比例关系,在信任给予人的自由里,人的行动具有了首创性"[①],给予高职院校思想政治教师以充分而恒久的信任,并给予其更多的自我表现的机会,从而能更好地培养高职院校思想政治教师创新意识与创新精神,更好地提高高职院校思想政治教师的创新能力与创新素质。因为,在充满信任的良好环境中,高职院校思想政治教师会更加积极回应新形势下高职院校思想政治教育教学改革,更加主动地推进教师合作与师生互动,更能增强高职院校思想政治教师的职业责任感和使命感。其实,恒久信任还意味着给对方(同事、学生)以更充分的自由。因为,当高职院校思想政治教师与同事、学生建立了真诚的互信,彼此也就获得了真正意义上的自由,而这种自由能够使高职院校思想政治理论课教育教学中教师与教师之间、教师与学生之间实现真正的合作。由此可见,只有在信任的基础上自由的意义才能生成,价值才能彰显。只有建立在信任基础上的教育教学活动才是真正民主的、自由的、和谐的。在民主、自由、和谐的精神文化引领下,教育的人文性和科研的创新性才能得以充分实现与彰显。在教育教学科学研究过程中,只有在民主、自由、和谐的学术氛围中,高职院校思

---

① 曹正善.信任的教育学理解[J].四川师范大学学报(社会科学版),2007(7):46-50.

想政治教师才能在自己研究时,静心思考、潜心钻研、自主创新;才能在经验交流时,真正畅所欲言,充分表达自我,产生灵感,碰撞出智慧的火花;在民主、自由、和谐的精神文化中,才能真正体现人文关怀,才能真正地尊重生命、敬畏生命、提升生命,进而培养身心健康、充满活力、和谐发展的教师生命体,这正是实践智慧的重要价值诉求。因此,追求民主、自由,崇尚和谐共生的精神文化,为教育教学中存在的矛盾的解决提供有利的文化环境,在高职院校思想政治教师实践智慧外部、内部矛盾冲突的过程中,促使其逐渐理解,达成共识。作为教育教学实践主体的高职院校思想政治教师的教育理解力与其理解对象互相融合,有力促进高职院校思想政治教师实践智慧生成与发展。

五、强化高职院校思想政治教师实践反思与教学研究

(一) 加强与改进高职院校思想政治教师教学实践反思

在教育教学实践中,"反思是教师身上的一项很有价值的品质"[①]。面对复杂多变的教育教学实践,"教师需要对自己的行为进行反思,进行自我调整,以适应个人所面临的独特的教学环境"[②]。

1. 高职院校思想政治教师教学实践反思的内涵

教师教学实践反思一般是指教师"借助行动研究不断探究与解决自身和教学目的以及教学工具等方面问题,将'学会教学'与'学会学习'统一起来,努力提升教学实践合理性使自己成为智慧型教师的过程"[③]。在这个过程中,教师将自己的课堂教学活动和课堂教学情境作为反思的主要对象,对自身的教学理念、教学行为、教学设计和教学过程进行批判地、有意识地分析,并在此基础上达到对整个课堂教学过程的再认知。高职院校思想政治教师实践反思就是在这种教学反思的基础上,以科学的教育思想和先进的教学理念为基础,对自己的整个教育教学实践过程进行理性思考、质疑、批判、评价,从而不断实现和推进自身教育教学实践的科学性、有效性、生成性,进而不断自我完善、自我建构、自我提升的动态过程。在这个动态过程中,教师面对的是复杂多变而又丰富多彩的高职院校思想政治理论课教

---

① Lederman Niess. Actions Research: Our Actions Mayspeak Louder Than Our Words [J]. School Science and Mathematics,1997(8): 397-399.

② [加]马克斯·范梅南.教学机智——教育智慧的意蕴[M].李树英,译.北京:教育科学出版社,2001:274.

③ 徐继存.论教学智慧及其养成[J].西北师大学报(社会科学版),2001(1): 28-32.

育教学实践,教师以自我解剖、自我批判的精神与品质对已经发生或正在发生的教育教学实践活动,并对这些实践活动背后的指导理念、支持理论、策略假设进行积极、持续、细致、深入的自我调节性和自我生成性的思考。在思考过程中,教师能够发现整个思想政治教育教学实践所遇到的问题、阻碍、症结,并积极寻求切合实际的、行之有效的、具有可操作性的各种方式方法来解决问题、清除阻碍、破解症结。正是在这个意义上,本研究认为,这种教学实践反思是高职院校思想政治教师践行教学理念、优化教学过程、规范教学设计、提高教学技艺,积累教学经验、重塑教学风格、彰显教师人格魅力与提长教师生命境界的过程,这个过程也正是高职院校思想政治教师生成与增进实践智慧的过程。

2. 教学实践反思对提升高职院校思想政治教师实践智慧的价值

一是有利于提高主体意识。通过教学实践反思能够促使高职院校思想政治教师不断主动地更新教学理念,改进教学行为,提高教学水平;通过教学实践反思能够培养高职院校思想政治教师独立思考能力和关系性教学思维方式;通过教学实践反思能够促使高职院校思想政治教师对教育教学实践的感性认识提升为理性认识;通过教学实践反思能够提升高职院校思想政治教师精神境界和职业品质;通过教学实践反思能够增强高职院校思想政治教师规划、组织、设计教学过程的主动性和自觉性,以保证教学实践反思的深度和效果。所有这些都能够提高高职院校思想政治教师的强烈主体意识。有了这样强烈主体意识的高职院校思想政治教师就能够以先进教育教学理念为指导,不断激发自觉能动性,增强自主发展的动力,深入反思、深刻总结和概括自己的教育教学实践经验,逐步形成具有个性特色的高职院校思想政治教师实践智慧。

二是有利于丰富缄默知识。关于缄默知识(tacit knowledge),斯藤伯格(Robert J. Sternberg)认为,缄默知识是"程序性知识,是'knowing how'而不仅仅是'knowing what'的知识;是实用性知识,人们可以借此达成自己的目标或理想;通常不是从别人那里可以直接得到的知识(但不排除在他人的引导下获得)"[①]。也就是说,缄默知识是难以概念化、形式化、理论化的,也就难以通过"教"而"学"直接获得。这种缄默知识却只能由高职院校思想政治教师本人在特定的教育教学情境中和不断的教学实践反思中丰富与构建起来。由高职院校思想政治教师的这种有意识的自主丰富与自觉建构的,独具个人特质的、不可言传的实践性知识即缄默知识,正是高职院校思想政治教师实践智慧生成与发展的关键所在。

---

① 邓友超.教师实践智慧及其养成[M].北京:教育教学出版社,2009:27.

三是有利于促进专业化发展。从高职院校思想政治教师实践智慧生成的一般过程来看,实践教学是一种策略。能够经常、全面、深入进行教学实践反思的高职院校思想政治教师本身就证明他并不是简单依赖经验和凭借技术的"教书匠",而是高职院校思想政治理论课教育教学先进理念的出色践行者、优秀构建者、真正执行者。他们在发挥能动性、自觉性的同时,能够认清实践智慧作为自身高层次教学能力、教学技艺、教师素养、教师境界的价值与地位,以有意识、有目的、有深度地反思为切入点,以这种实践反思为基本途径,从而培育与增进实践智慧维度来促进自己的专业化发展。

3. 培育与推进高职院校思想政治教师教学实践反思的基本途径

一要注重前瞻性。实践反思注重前瞻性,可以培育高职院校思想政治教师实践智慧。高职院校思想政治教师实践反思所注重的前瞻性,主要是指高职院校思想政治教师在组织开展具体教育教学活动前,要认真反思教育教学目标的设置是否符合高职院校思想政治理论课教学大纲,教育教学过程是否具有科学性、动态性,教育教学方法和手段对学生是否具有实效性、引导性,所用选择材料是否贴近学生、贴近实际、贴近生活,所设置的问题及推进是否符合学生身心发展的一般规律和关注到了学生个体差异性。由于教学内容和教育情景都具有重复性,高职院校思想政治教师通过对已经成功的教育教学实践反思,对各种教育教学过程出现的可能性加以详细了解,事先准备与之对应的、科学的、有效的预案,有助于新的教育教学实践的顺利组织与开展。事实上,高职院校思想政治教师在反思过去教学实践、计划新教育教学实践的过程中实践智慧无形中得以培育与提升。

二要注重监控性。实践反思注重监控性,可以磨砺高职院校思想政治教师实践智慧。思想政治教育教学情境是动态生成的,这种动态生成的教育教学情境本身既是确定的,也是不确定的,在具体实践操作中经常表现出某种不可预见性。在具体的教育教学情境中可能出现的意外事件是难以完全、准确预测的。因此,在高职院校思想政治理论课教育教学实践中,教师实践反思的监控性就显得十分必要。教师的教学实践反思应积极应对与有效解决具体教育教学实践中可能出现的意外问题和偶发事件,从而表现出某种监控性。正因为教育情景与教学过程是确定性与不确定的性统一体,所以高职院校思想政治教师在面对不断变化的情境时,要能够及时地采取适宜的行动,对已经出现的"意外"或"危机"进行有效监控,使其始终保持在自己的监控之中,并能够对这些动态生成的宝贵课程资源及时捕捉与有效开发与利用。此时,高职院校思想政治教师实践智慧也在不自觉中得以培育与生成。

　　三要注重批判性。实践反思注重批判性,可以升华高职院校思想政治教师实践智慧。当某一教育教学实践完成后,高职院校思想政治教师认真分析每一个重要的教育教学细节,系统分析整个教育教学过程,具体分析教育教学情境预设与动态生成,从而对自己的教育教学活动得失、成败进行较为全面、深入、细致的思考和总结,使自我教育教学体验理论化、科学化,以进一步指导、改进新教育教学实践活动。这能够提高高职院校思想政治教师自我评价能力和教育效能感,从而培育高职院校思想政治教师实践智慧。这种批判性实践反思能够再现已经发生的教育教学情境,有助于高职院校思想政治教师深刻理解意外教学事件的独特价值,使其日益成长为更加富有实践性知识与实践经验的教育教学实践者,从而不断增进高职院校思想政治教师实践智慧。

　　深入的教学实践反思既能够反映出高职院校思想政治教师的实践智慧,也能够增进高职院校思想政治教师的实践智慧。在这方面,吉林工程技术师范学院的L老师对"马克思主义基本原理概论"的"实践是认识的基础"的新授课进行的教学实践反思具有代表性。

案例

表 6-1　"实践是认识的基础"新授课教学设计

授课题目	实践是认识的基础		
授课教师	L老师	授课学科	马克思主义基本原理概论
授课班级	吉林工程技术师范学院	授课类型	新授课
教学目标	知识目标:从认识的来源、认识发展的动力、认识的目的和检验认识正确与否的标准等方面,培养学生运用案例说明实践对认识的决定作用。 　　能力目标:重点培养学生学会分析和综合的思维方法。培养学生理解问题的能力和逻辑思维,特别是从具体到抽象,再从抽象到具体的思维能力。 　　情感态度价值观目标:帮助学生树立实践第一的观点。使其自觉运用所学知识服务社会,指导实践,努力取得改造世界的有益成果。		
教学重点	实践是认识的来源和认识发展的动力。		
教学难点	实践是检验认识正确与否的唯一标准。如何理解"唯一": (1)多数人公认的观点是不是真理? (2)科学理论能否作为检验认识正确与否的标准?		
教学方法	案例法、讨论法、探究法		
教学手段	学案应用、多媒体应用		

续　表

课时	1 课时		
	教师活动	学生活动	设计意图
教学过程	课前创设情境"嫦娥一号""探月全过程"	感悟、体验、回顾	温故知新 导入新课
	引导学生思考嫦娥科研任务确立的原因	思考、分析、综合	第一个知识点：形成认识
	创设小实验环境	亲历、体验、思考	深化对认识是在变革对象的实践中发生的这一知识点的理解
	设疑"如何理解实践是认识的唯一来源"	讨论、探究	深化对第一个知识点的掌握，突破难点
	视频：我国航天事业发展历程	讨论、探究	第二知识点：发展认识
	展示材料：人与自然关系变化的四个时期	感知、分析、归纳、总结	深化对知识点的理解
	展示材料：人类探索、开发、利用月球的三部曲	分析与综合	第三个知识点：应用认识
	出示材料：朱漫屠龙术	反思、分析、归纳	深化对第三个知识点的理解
	展示材料：万户飞天、威尔金斯登月；苏联加加林和美国的阿姆斯特朗	分析、理解、运用	第四个知识点：检验认识
	组织学生对本节课学习的知识点进行小结	讨论、思考、分析、归纳、总结	识记、理解、运用本节课的知识点
	课堂训练	完成学案	完成本节课的教学目标、学习目标
板书设计	实践是认识的基础 { 1. 实践是认识的来源 2. 实践是认识发展的动力 3. 实践是认识的目的 4. 实践是检验认识正确与否的唯一标准 } 坚持实践第一的观点		

L 老师对新授课"实践是认识的基础"的教学实践反思

对于"实践是认识的基础"这节新授课,通过前期备课、讲课过程、后期专家评课一系列过程,我感受颇多。

一节好课首先要有一个新颖、别致、逻辑思维严谨的教学思路。这是一节课成功的前提。本节课我预设了一个以"嫦娥一号"探月工程为线索构建的知识架构,每一个知识点的导入都是利用这一热点而且学生感兴趣的案例来进行,在每一个知识点的解决之后,我都会利用一个故事或材料来深化学生对知识点的理解、运用,达到了预期的教学效果。

一节好课还要有一个引人入胜、调动人的好奇心的导课,这是一节课成功的基础。本节课我在课前就进行课堂气氛的烘托,播放我国"嫦娥一号"探月工程从遥远的月球传递回来的天籁之音《爱我中华》,同时播放一些画面。上课之后,我就进行了知识点"科学实验"的回顾,从而导入新课。用专家的话说,这样带有艺术性的感染力强的导课,使得本节课在一开始就已成功了一半。

一节好课要在课堂进行过程中闪现亮点。而这一亮点出现的决定性因素就是老师要真正做学生学习的促进者。在本节课处理知识点"认识是在变革对象的实践中发生的"时,我设计了一个小小的简单实验,我准备了两瓶表面看来有些相似的液体,让学生用最直接的方法判断是什么。我提醒学生这是两瓶可食用液体,两名学生到前面进行演示,亲力体验,其他的学生在下面仔细观察这两名学生的动作。这样表演者惟妙惟肖,观察者好奇兴奋,一下子就把有些拘谨的课堂变得民主、轻松、活跃起来,也使得陌生的师生关系变得融洽了。我感受到一个教师能够巧妙设计并适时地抓住时机对于师生关系的处理有多么重要。

一节好课需要教师具备完备的教育机智。在教学过程陷入僵局的时候,教师及时调整教学思路,及时调整教学方式,显得尤为重要。在教学过程中教师要随机应变,不断根据课堂的情形变化,尤其是出现自己事先无法预料的情况时,要及时、有效地调整自己的教学手段及教学方式。教师如能做到这一点,会收到非常好的教学效果。

但本节课也有一些让人感到遗憾的地方。备课中对学生的关注是十分必要的。由于我本学期承担的教学任务十分繁重,而这节新授课所用班级又是自己从未接触过的艺术设计系的学生。展示课结束后,来自 D 大学的两位教授一针见血地提出从课程运行过程中明显地感觉到师生关系生疏,了解学生、立足学生是一节课是否高效的关键。由于缺乏对学生认知基础的了解,结果使得课堂效果大打折扣。此外,教会学生学会学习比教会学生学会知识更重要。本节课教学中学生对知识的掌握还可以,但缺少对知识的梳理与整体上的掌握。

总之,通过本次课,我收获很多。成功也好,遗憾也好,我都觉得是自己成长中的一笔财富。我会把在本节课中收获的东西运用到我今后的教学中,使自己更加成熟、更加进步。

L老师在对新授课"实践是认识的基础"的教学实践反思中,明确指出"一节好课首先要有一个新颖、别致、逻辑思维严谨的教学思路","还要有一个引人入胜、调动人的好奇心的导课,这是一节课成功的基础"。经过这样的反思,相信L老师在以后的新授课教学中,会更加注重一节课教学思路设计的新颖性与逻辑性,会更加注重通过一个"引人入胜"、激发学生"好奇心"的导入语的精心策划。L老师认为,"一节好课需要教师具备完备的教育机智"。这一反思结果有利于L老师在日后面对日后课堂教学中可能出现的"意外"或"危机"进行有效监控,从而使更好地把握课堂教学节奏和实现教学目标始。L老师认为,通过本节新授课的课堂教学实践,既有"收获"与"成功",也有"一些让人感到遗憾的地方",比如对这节新授课的班级学生了解不多,效果不太理想。在以后的课堂教学中要更多地了解学生、立足学生,因为这是"一节课是否高效的关键"。此外,本节课也"缺少对知识的梳理与整体上的掌握",L老师在这方面以后应该会有所改进,因为她强调,"教会学生学会学习比教会学生学会知识更重要"。通过反思,L老师对自己的这节新授课,既有肯定,也有否定。L教师的以上教学实践反思既注重前瞻性,也注重监控性,还具有了批判性。由此可见,L老师对"实践是认识的基础"这节新授课的教学实践反思是比较全面的、具体的、深入的,能够反映出她比较丰富的教师实践智慧。相信在以后的思想政治教育教学实践中,伴随这样实践反思的不断深入,L老师的教师实践智慧将得到不断发展与提升。

(二)培育与提升高职院校思想政治教师教学研究素养

加强对思想政治教育教学理论与实践研究是高职院校思想政治教师实践智慧生成的重要动力,也是高职院校思想政治教师实践智慧生成的必要条件。为了促进实践智慧的生成与发展,要通过以下几个方面不断培育与全面提升高职院校思想政治教师科学研究素养。

1. 去除教师科研功利性

高职院校思想政治教师科学研究主要是教育科学研究和教学科学研究,科学研究是培养与提升高职院校思想政治教师实践智慧的重要途径之一。为此,要强调科研是手段,不是目的,更不是为了谋求功名;反之,就曲解了科学研究的价值性和亵渎了教师职业的高尚性,因为"有些职业是这样的高尚,以致一个人如果是为了金钱而从事这些职业的话,就不能不说他是不配这些职业的……教师所从事的就是这样的职业"①。为此,要提供高职院校思想政治教师宁静的思考空间和愉悦的研究环境,要尽可能减少对高职院校思想政治教师的各种外在干扰与影响,尽可能减轻来自各种功利性科研的压力。只有这样,高职院校思想政治教师才能有更充足的时间、更充沛的精力开展创造性的教育教学实践。与此同时,要明确淡化科研功利性,不是要淡化科研本身,科研是必要的,也是重要的,关键是教师科研的根本目的是为了推进高职院校思想政治教育教学改革,为了促进高职院校思想政治教师专业化发展,为了提高思想政治教育教学的科学性与实效性,而不是追求功利。因此,只有培植先进的科研理念,把握住科研的正确方向,明确科研的根本目的,营造良好的科研环境,才能积极引导高职院校思想政治教师理性开展科研工作,这对于培育与提升思想政治实践智慧是大有裨益的。

2. 立足理论与实践研究

随着高职院校思想政治理论课教学改革的全面开展与不断深入,加强与改进思想政治理论探索与实践研究正日益成为高职院校思想政治教师科研新课题。在此过程中,要不断强化高职院校思想政治教师的主体地位,优化整合高职院校思想政治理论课必修课程与选修课程设置,积极探索省域特色思想政治理论课程。高职院校思想政治理论探索与实践研究要充分体现进一步加强和改进新形势下高校宣传思想工作的紧迫性,既注重对思想政治理论研究的深入性、系统性与前瞻性,又强调对思想政治理论课教育教学实践研究的全面性、整体性与创新性,这是高职院校思想政治教师专业化成长的一种重要途径。目前,立足于思想政治理论课教育教学实践,不断加强理论探索与实践研究,有利于高职院校思想政治教师科研的主阵地转移到课堂教学前线,有利于促进高职院校思想政治教师科研能力和教学水平的提高,有利于培养和激活高职院校思想政治教师创造性思维,有利于推动新形势下高职院校思想政治理论课教育教学理论创新与实践创新,从而促进高职院校思想政治教师实践智慧的培育与生成。

3. 强化科研的专业引领

专业引领科研能够提高高职院校思想政治教师科研的科学性与专业性、为此,高职院校思想政治教师与专家多接触、常沟通、勤交流,才能提升自身科研素质与

---

① [法]卢梭.爱弥尔(上卷)[M].李平沤,译.北京:商务印书馆,1978:27.

教学品位。因为,思想政治教育教学领域专家的思想政治学科理论有深度、研究有专长、科研有方法、教学有建树,他们对高职院校思想政治教师的专业引领能够以专业的视角、丰富的知识、先进的理论、科学的方法对高职院校思想政治教师在具体教育教学实践中出现的困惑、不解、质疑给出科学的解释与全面的分析,也能够为高职院校思想政治教师进一步科学的、有效的研究提出富有建设性、指导性和可操作性的意见和建议。所有这些,都将使高职院校思想政治教师在专业引领下,对高职院校思想政治教育教学实践的科学研究明确了方向,确定了主题,步入了正轨,进而促进其实践智慧的生成。

六、注重高职院校思想政治教育中的人文关怀

十七大报告曾提出,"加强和改进思想政治工作,要注重人文关怀和心理疏导,用正确方式处理人际关系"①。党的十八大报告中进一步强调,"加强和改进思想政治工作,注重人文关怀和心理疏导,培育自尊自信、理性平和、积极向上的社会心态"②。"人文关怀"两次在党的全国代表大会上出现,彰显了新时期党对人、社会的关怀,反映了新时期党中央对加强与改进思想政治工作的新主张、新观点、新要求。事实上,新时期高职院校思想政治教育中注重人文关怀就是要全面落实以人为本的科学发展观,就是要促进与实现人的充分、全面、自由与协调发展。因此,客观上要求将人文关怀融入新时期高职院校思想政治教育之中,切实实现"育人为本、德育为先"的教育目标,推动当代大学生自身全面和谐发展。

(一)高职院校思想政治教育人文关怀的科学内涵

1. 人文关怀释义

"人文",最早见于《周易》中"关乎天文,以察时变。关乎人文,以化成天下"③。所谓"天文"即自然,意为天象的变化;所谓"人文"即文明,意为人所蕴含的"真、善、美"的状态。"关怀",一般指对人的关心与爱护。至于"人文关怀",其哲学意蕴强调的"是对人的生存状态的关注,对人的权利的尊重,对人的尊严和符合人性生活条件的肯定,对人的解放和自由的追求,对人类发展前景和历史命运的思考。它强

---

① 胡锦涛.高举中国特色社会主义伟大旗帜,为夺取全面建设小康社会新胜利而奋斗——在中国共产党第十七次全国代表大会上的报告[N].人民日报,2007-10-15.

② 胡锦涛.坚定不移沿着中国特色社会主义道路前进,为全面建成小康社会而奋斗——在中国共产党第十八次全国代表大会上的报告[N].人民日报,2012-11-18.

③ 高亨.周易大传今注[M].济南:齐鲁书社,1988:172.

调对人的理解、尊重、关心和爱护,重视人的作用,发挥人的自主创造精神和人的主体性,是对人生命存在价值的终极关怀"①。在现实生活中,人文关怀又集中反映在生活关心、价值诉求和理想构建等三个维度上。所谓生活关心,强调的是人文关怀应消除贫困、实现富足;所谓价值诉求,强调的是人文关怀追求并实现社会公平与正义;所谓理想构建,强调的是人文关怀最终要推动并实现人的充分、全面而自由发展。由此可见,人文关怀的这三个维度是由关心人的日常生活为逻辑起点,以追求并实现社会公平与正义为逻辑中介,最终以人作为"类"存在与发展时的充分、全面、自由为逻辑归宿。正是基于这样的判断,笔者认为,所谓"人文关怀"是以作为"类"而存在和发展的人对"自己"与"同类"的一种普遍的、同质的、全方位的自我关怀,主要表现为对作为"类"而存在与发展的人的生活的关心、人格的尊重、价值的肯定、生命的关切,对人的自我解放、自由发展、和谐共荣的不懈追求,是当代人类文明的重要标志与社会进步的主要象征。

2. 高职院校思想政治教育人文关怀的科学含义

所谓高职院校思想政治教育,是高职院校思想政治教师"用一定的思想观念、政治观点、道德规范,对大学生施加有目的、有计划、有组织的影响,使他们形成符合社会、国家所需要的思想品德的社会实践活动"②。在新时期高职院校思想政治教育中要特别注重人文关怀。大学生作为新时期的时代骄子,是传播知识、传递文化、传承文明的主要载体,作为中国特色社会主义事业的未来建设者与接班人,他们既需要构建与完善自己丰富的科学知识结构,又需要培育与提升自身的心理素质和道德品质。正是在这个意义上,笔者认为,新时期高职院校思想政治教育人文关怀就是要以大学生的生理、心理特征为出发点,彰显大学生的主体性,尊重大学生的差异性,激发大学生的创造性,推动大学生发展的和谐性。

(1)彰显大学生的主体性。新时期高职院校思想政治教育人文关怀首要任务就是要引领当代大学生通过自知自为,逐步达到自立,最终走向自觉,进而不断体现与彰显其接受教育与实现自我教育过程中的主体性。因此,新时期高职院校思想政治教育人文关怀要不断培育大学生的主体意识,不断调动大学生参与思想政治教育活动的积极性、主动性,不断强化大学生自主学习、独立思考的理论素养与实践能力。(2)尊重大学生的差异性。在新时期高职院校思想政治教育中,教育者须全面了解大学生的个体差异性,充分尊重大学生的差异性。无论对品学兼优者,

---

① 谷秋颖.大学生思想政治教育工作中应彰显人文关怀[J].辽宁行政学院学报,2012(4):99.

② 陈万柏,张耀灿.思想政治教育学原理[M].北京:高等教育出版社,2007:4.

还是所谓的后进生;无论是对素质全面者,还是对能力欠缺者;无论是对生活富足者,还是对生活拮据者;无论是对身心健康者,还是对存在心理障碍者,都要一视同仁,并且要以普遍性和特殊性的规律把握当代大学生的身心特点、个体差异,注重实施人文关怀,促进全体学生的整体进步与和谐发展。(3)激发大学生的创造性。因为在新时期高职院校思想政治教育中,作为受教育者的大学生具有无限的潜能,具有很强的创新意识与创新能力,在现实生活中能够表现出特有的创造性与创造力。这就需要高职院校思想政治教育者要不断激发和实现大学生的创造性,不断培育与塑造其个性人格,不断激发其巨大潜能,实现其自身全面发展,并推动社会文明进步。事实上,"引导和培养人的创造品质是思想政治教育中完美人格培养的中心环节,也集中体现了对当代大学生的人文关怀"[①]。(4)推动大学生发展的和谐性。当代大学生作为成年人,其基本成熟或正在逐步走向成熟的生理基质客观地推动其心理不断走向健康与成熟。正因为大学生身心发展呈现出的这种特质,决定了高职院校思想政治教育更需要加强对大学生的人文关怀,不断加强对其心理健康教育,尤其是要加强其心理疏导,从而使其在面对心理障碍时能自觉克服与主动排除,在出现心理问题时能自我调适或主动求助。实践证明,对当代大学生的人文关怀和心理疏导有助于实现其身心全面、协调、和谐的发展。

(二)高职院校思想政治教育中加强与改进人文关怀的价值分析

1. 加强与改进人文关怀是人性本质的内在要求

历史唯物主义认为,人既有自然属性,也具有社会属性。"人的本质不是单个人所固有的抽象物,在其现实性上,它是一切社会关系的总和。"[②]这一人性本质决定了作为"类"而存在与发展的人要维持生存,要关怀自身,要实现自由,要全面发展。"人实际上是一个由内在能动性推动的趋向于无限多种可能发展的生命创造体;人的根本特征就是要实现和扩张人的可能性。人文关怀要求高职院校思想政治教育必须尊重人的本性,用人的方式去理解学生、对待学生、关怀学生,特别是关怀学生的精神生活,关怀学生的命运与价值,以此提高受教育者的社会适应能力和生存能力。高等教育的人文关怀是育人、育心、育德的全方位综合教育活动,是一种人与人心灵的沟通、精神的契合,是人与人主体间的相互交流活动,是人的本性

---

① 石晓雪.人文关怀:提高大学生思想政治教育实效的着力点[J].中国成人教育,2011(1):81.

② 中共中央马克思恩格斯列宁斯大林著作编译局.马克思恩格斯选集1卷[M].北京:人民出版社 1995:56.

的基本要求。"①这在客观上要求新时期高职院校思想政治教育理应根据人性本质要求与思想政治教育规律来开展具体的实践活动,彰显大学生的主体性与尊重大学生的个体差异性,关怀大学生的精神家园,实现大学生的心理诉求,从而推动与实现大学生整体的健康成长和和谐发展。

2. 加强与改进人文关怀是高职院校思想政治教育的必然选择

新时期高职院校思想政治教育是一种培育人、塑造人、发展人、提升人的实践性教育活动。其根本任务就是彰显主体性、尊重差异性、激发创造性、实现发展的和谐性,从而将大学生培养与造就为具有强烈自主意识、完整知识结构、高尚道德行为、健全身心素质的中国特色社会主义事业的建设者与接班人。因此,在新时期高职院校思想政治教育中,无论是目标确定还是内容整合,无论是方法确立还是路径选择,都理应贴近学生、贴近实际、贴近生活。事实上,新时期高职院校思想政治教育在本质上就是对当代大学生的一种人文关怀。因为,新时期高职院校思想政治教育的本质就是要实现当代大学生的人生价值,建设当代大学的精神家园,全面提升当代大学生人生境界。新时期高职院校思想政治教育所肩负的这一神圣使命正是其人文精神与人文关怀的集中反映。正是这个意义,笔者认为,新时期高职院校思想政治教育更应实施好人文关怀,切实关注当代大学生的全面、自由、和谐发展,这也是新时期高职院校思想政治教育的本质要求。

3. 加强与改进人文关怀是推进大学生身心和谐发展的客观需要

新时期高职院校思想政治教育的主体是大学生。他们中绝大多数人是初次离开父母,在新鲜又陌生的校园环境中他们的学习、生活、思想等诸多方面都将迎接全新的挑战与考验,他们对其自身的社会归属、权力地位、发展定位等都还比较模糊,甚至还处于迷茫的状态。如果此时的思想政治教育缺位、越位或失位,都将无形地加剧他们的孤独感、失落感,从而容易引发一些大学生心理困惑、心理障碍,严重的还可能出现心理抑郁、人格异化,或者精神分裂。这在客观上要求新时期高职院校思想政治教育更要注重人文关怀和心理疏导。事实上,只有不断加强对当代大学生的人文关怀,开展行之有效的心理健康教育,并将注重人文关怀和加强心理疏导有机结合起来,才能培育与引导大学生保持良好心态和健康的心理。因此,新时期高职院校思想政治教育者要加强对大学生的人文关怀,进而积极引导他们用科学的方法、创新的思维正确认识自己,客观对待周围的人与事,理性面对利益、荣

---

① 高远,邓平安.大学生思想政治教育融入人文关怀试探[J].扬州大学学报(高教研究版),2011(1):48-49.

誉,在艰难、挫折、逆境中保持积极、乐观、宽容的心态,大力弘扬与努力践行自尊、自信、自强、自立的可贵精神。只有这样,才能实现当代大学在生理与心理、科技与人文、知识与素质等诸多方面的全面、协调、和谐发展。

(三) 高职院校思想政治教育融入人文关怀的路径选择

事实上,新时期高职院校思想政治教育注重与强化人文关怀,是一项既重大又复杂的系统工程。这在客观上决定了新时期高职院校思想政治教育既要积极继承和发扬已有成功经验和先进作法,又要不断开拓能够融入并彰显人文关怀的路径,并在具体的思想政治教育实践中推动与实现其完善与优化。当前,高职院校思想政治教育融入人文关怀的主要路径选择有以下几种。

1. 树立以大学生为本的教育理念

在新时期高职院校思想政治教育中要牢固树立以大学生为本的教育理念,因为只有这样才能真正体现高职院校思想政治教育中的人文关怀,才能切实提升高职院校思想政治教育的实效性与人文性,才能全面推动高职院校思想政治教育良性发展。在新时期高职院校思想政治教育中树立以大学生为本的教育理念,具体来说主要包括如下几个方面:首先,高职院校思想政治教育者要充分尊重大学生、理解大学生、相信大学生、关爱大学生、服务大学生,以此全力建构充满"爱与责任"的新型高职院校师生关系。其次,高职院校思想政治教育者要全面了解大学生的生理特点与心理特征,要准确把握大学生的群体共性与个体差异性,并以此为根据科学规划教育内容、精心设计教育过程、认真制订教育计划、有效实现教育目标。最后,高职院校思想政治教育者要以推动大学生身心全面、协调、和谐发展为出发点和落脚点,不断创新高职院校思想政治教育模式,不断改进高职院校思想政治教育方法,不断实现高职院校思想政治教育的价值诉求,从而使大学生在追求真、善、美的过程中不断获得自我认同、自我提升与自我发展。

2. 加强与改进高职院校思想政治教师专业化建设

高职院校思想政治教师是新时期高职院校思想政治教育融入人文关怀的主导者与践行者,他们自身素质与整体水平具有不可替代的作用与价值。为了提高新时期高职院校思想政治教育的实效性客观上要求不断加强与改进高职院校思想政治教师专业化建设。具体而言,主要包括:一是提升高职院校思想政治教师的专业化。为此高职院校思想政治教师要不断解放思想、实事求是、与时俱进,不断完善自身知识结构,不断加强自身道德修养,以不断提高其工作的专业性、有效性。二是增强高职院校思想政治教育的科学化。高职院校思想政治教师的具体工作方案、计划、设计要追求科学化,对大学生身心发展现状洞察具有清晰性,对大学生可能出现的心理健康问题具有前瞻性,对大学生未来职业规划指导具有规范性。三是充分培养高职院校思想政治教师的特长化。新时期高职院校思想政治教师要充分发挥能动性与创新力,不断培养自身特长,使自己逐渐成为科学分析、理性应对、有效处理大学生情感、学习、生活中某一领域或某些领域内常见问题的专家。

3. 整合人文教育资源以创新高职院校思想政治教育内容

"首先,要以人文核心学科为依托,挖掘人文底蕴。主要是在对哲学、文学、历史、艺术等人文教育核心学科的研讨前提下,并借助对理解、阐释、反思、体验、感悟等研究方法的领会应用,实现用这些学科的思维模式与研究方法帮助人们以正确的态度认识自己、理解他人、处理人际关系和社会上各种复杂问题。其次,要以拓展人文教育的主体为抓手,营造人文环境。人文精神的获得离不开人文环境的影响,形成良好的人文环境,更需要社会、学校和家庭的通力合作。人文教育的主体不仅仅是学生,还包括社会、学校、家庭乃至大自然,通过拓展人文教育的主体,并发挥各自的人文教育功能是获得健康人文环境的前提。"①最后,整合人文教育资源还要开展形式新颖、富有内涵的社会实践活动中的。因为,丰富多彩的社会实践活动是新时期高职院校思想政治教育融入人文关怀的重要内容,也是大学生全面接触、真正了解、科学认识社会的主要途径,更是大学生实现自我、完善自我、提升自我的有效方式。通过积极参与社会实践,大学生能够夯实专业知识、提升道德素养、培育优良作风,能够不断增强使命感、责任感、归属感。

4. 将情感教育与注重心理疏导有机结合

将人文关怀融入新时期高职院校思想政治教育中,客观上要求教育者善于运用情感教育的方法,以满腔热忱投入到新时期思想政治教育之中,切实深入大学生的专业学习与日常生活之中,以自己独特的人格魅力、真切的情感关怀、新颖的教育方式积极引导和推动大学生在思想教育实践中懂得爱与被爱的实质,领悟爱与被爱的真谛,学会爱与被爱的内容,主动构建高职院校师生情感沟通、心灵相融的良性机制。与此同时,新时期高职院校思想政治教育人文关怀中还要注重心理疏导。所谓注重心理疏导主要是指准确认知大学生的身心特点、充分尊重大学生的个性特征、积极应对大学生的合理心理诉求、全面把握大学生的心理预期,并在此基础上进行科学分析、理性应对、整体规划,以期提出具有实效性、可操作性的心理

---

① 高远,邓平安.大学生思想政治教育融入人文关怀试探[J].扬州大学学报(高教研究版),2011(1):49-50.

疏导方案。事实上,将情感教育与注重心理疏导有机结合才能更有效地推进大学生健康心理素质的养成与优良心理品质的提升,能切实增强大学生抵御风险与经受挫折的心理承受能力,能构建新时期高职院校师生之间平等、民主、文明、和谐的关系,真正推动新时期大学生的成长与成熟。

5. 积极构建高职院校校园和谐文化环境

高职院校校园和谐文化环境是新时期高职院校思想政治教育中融入人文关怀的重要外部条件。在积极构建充满人文关怀的高职院校校园和谐文化环境中,高职院校物质文化建设要注重品位、高职院校制度文化要充满人文关怀、高职院校精神文化要追求境界;要不断加强与改进高职院校的校风、教风、学风、考风建设,要大力弘扬与努力践行文明的校风、严谨的教风、浓厚的学风、诚信的考风;要使高职院校的各种学生思想政治工作与学生管理工作的规章制度具有人文关怀,既体现规章制度本身的科学性与规范性,又全方位地彰显对大学生人格的尊重与个性的宽容;要定期举办具有丰富多彩、寓教于乐、引人深思的各类的文化、体育、娱乐活动,不断提高大学生的精神境界追求,不断实现大学生的人生价值诉求,让大学生在充满人文关怀的高职院校思想政治教育中享受学习、体验生活、感悟生命。

七、建立健全高职院校思想政治教师教育与管理制度

在建设学校管理文化的过程中,要践行以人为本的理念,关注高职院校思想政治教师的专业化发展。科学发展观倡导与强调坚持以人为本,主张发展为了人,发展依靠人,促进人的和谐发展是社会发展的基础与前提,也是社会发展的最终价值与目标。尊重生命、关爱生命和提升生命价值是新时期高职院校思想政治教育教学的重要内容和价值目标。因此,在构建有利于教师健康成长、快乐生活的管理文化过程中,学校要牢固树立以人为本的科学发展理念,要认真贯彻尊重生命、关爱生命和提升生命价值的先进教育思想,积极建设彰显人文关怀的教师管理制度,大力改革现行学校管理制度中过分追求眼前利益与近期利益的简单做法,注重学校教育教学实践中的长远利益和根本利益,深化学校管理制度的文化内涵,以尊重教师、服务教师、发展教师为出发点和落脚点,学会换位思考与角色体验,更多地站在教师的位置、立场上,分析教师目前实际情况,谋划教师未来发展。从而为高职院校思想政治教师实践智慧的培育与发展创造具有人文性和亲和力的制度文化环境,使学校真正成为高职院校思想政治教师生活的舞台、发展的平台。

(一) 构建高职院校思想政治教师发展性评价制度

为了更好地落实高职院校思想政治教师发展性评价制度,以促进实践智慧的

丰富与发展,要从如下几个方面加强与改进科学评价高职院校思想政治教师的制度文化建设。

1. 实现科学性与全面性结合

高职院校思想政治教师发展性评价制度的科学性主要表现在:一是在以科学教育教学理念为指导,其评价标准、评价程序、评价方式、评价结果既要符合教育规律、教学原理、教师职业特点、教师心理特征,又要符合本地区、本学校的实际发展情况,也符合全体评价者与评价对象的合理心理预期;二是在评价具体实施过程中要坚持实事求是,确保评价结果的准确、可信、客观、有效。高职院校思想政治教师发展性评价制度的全面性主要是指各评价主体对评价信息占有的系统性、充分性、细致性,获得评价信息渠道的多样性、真实性、广泛性,以保证获得评价信息的丰富性、翔实性和评价结论客观性与准确性。事实上,只有将科学性与全面性相结合,这种发展性评价才能更彰显其文化价值,更好地发挥制度保障功能。

2. 坚持多元化与民主性统一

坚持高职院校思想政治教师评价主体多元化主要是指高职院校思想政治教师评价要尊重和实现价值多元化取向,使教育专家、学校领导、同事同行、学生及家长积极参与,坚持参与人员多元化能够保证评价信息更丰富、更真实、更有针对。与此同时,还要增强评价主体间的互动协调、资源共享、合作发展。坚持高职院校思想政治教师评价民主性,一是要提高评价过程的透明度,让高职院校思想政治教师参与讨论和制定评价标准、评价程序、评价方式和评价要求,以激发参与评价的积极性、主动性;二是倡导民主管理的思想,弘扬教师在学校的主人翁精神,树立依靠教师办学的思想。在高职院校思想政治教师发展性评价过程中坚持主体多元化与民主性统一,能够更及时、准确、全面、具体地了解和关注教师专业化发展进程,营造民主、合作、和谐的学校制度文化环境。

3. 推进定量与定性评价融合

基于教育教学实践的复杂多变性与动态生成性,高职院校思想政治教师发展性评价制度要推进定性评价与定量评价相融合。现实生活中,高职院校思想政治教师的教学、科研与管理工作及学生的考试成绩等都可以进行量化评价,但过分追求量化则很可能压抑教师教学的积极性、科研的创造性和管理学生的主动性。而对于教育教学中教师的教学艺术、教学风格、人格魅力等职业素养,师生互动广度和深度,教师与家长沟通与交流程度等内容更多应该是作定性分析与评价。高职院校思想政治教师发展性评中,如果说定量评价是一种"科学性评价",那么定性评价则是一种"人文性评价"。"科学的评价"追求的是以数字的准确性,实现评价的科学理性;"人文性评价"追求的是生命的尊重与动态生成性,实现评价的人文关怀。因此,在定量的评定标准制定时,要充分听取高职院校思想政治教师的整体意见,并兼顾每位教师、每个年级、每个班级的个体差异性,在定性评价过程中,要综合专家学者、学校领导、教师、学生及家长的不同意见与观点,以保证得出的评价结果更客观、合理、公正。推进定量与定性评价融合,能够实现高职院校思想政治教师发展性评价制度的"科学理性"与"人文关怀"的完美统一。

4. 处理结果与反馈激励并举

高职院校思想政治教师发展性评价要重视对评价结果的科学处理,评价者既要对评价结果进行横向比较,又要进行纵向分析,要与教师及时、经常、深入地交流与沟通,帮助教师明确优点和找出不足,并在此基础上给教师提出有针对性和可操作性的建议或意见。评价者要向被评价的高职院校思想政治教师及时、全面、客观地提供反馈信息,主要包括:近期教育教学工作表现,学生反馈,专家学者、同事同行、学生家长的建议和意见,教学、科研工作绩效等信息,为及时改善教育教学工作提供有效信息资源,为被评价的高职院校思想政治教师是否需要在职进修及学校应该提供相应政策的相关信息。特别要强调的是,以上评价结论和信息反馈要以激励为主,注重保护教师的自尊心,增强教师的自信心,激发教师的责任心,从而真正达到高职院校思想政治教师发展性评价的主要目的和价值诉求。

(二) 改进与完善高职院校思想政治教师对话制度

构建与完善教师对话机制,不仅能够提高高职院校思想政治教师的理论素养和水平以丰富理论智慧,而且能够推动高职院校思想政治教师实践性知识的整合与优化以提升实践智慧。本研究认为,可以从如下方面构建和完善高职院校思想政治教师对话机制,以不断促进高职院校思想政治教师实践智慧的生成与发展。

1. 健全资深教师与新教师的对话

在高职院校思想政治教育教学实践中,资深的思想政治教师是重要的、稀有的、宝贵的人力资源,是新形势下进一步加强和改进高职院校思想政治教育教学质量与水平不断提升的重要人力资源。要为这些富有实践智慧的资深教师与普通高职院校思想政治教师之间建立经常性、有效性的对话平台,以推动普通教师更健康、更快速、更全面的成熟与成长。高职院校新思想政治教师在教育教学需要的实践智慧中包含大量的、富有内涵的缄默知识,这种知识的获得通过理论学习收效甚微,而通过与资深教师进行经常性的、实质性的对话,新教师可以在细心观察资深教师言谈举止中耳濡目染,可以在真心感悟资深教师言传身教中获得提升,从而在深入对话中领悟资深教师的人格魅力与实践智慧的精深奥妙。事实上,高职院校资深思想政治教师在这种对话中也能够使自身实践智慧得以丰富与发展。因此,建立资深教师与新教师对话平台是一种双赢、共进的方式,是高职院校思想政治教师实践智慧得以传递和更新的良好方式。

2. 改进思想政治学科教师之间对话

有效构建思想政治学科教师间对话的良好机制,要改进高职院校思想教育教学实践中现行的教研组管理模式,为思想政治学科教师之间的对话与合作建立了良好的平台,尤其是在同一年级任教的高职院校思想政治教师,可通过定期组织开展的说课、集体备课、教学观摩、教学研讨实现。这种同一年级任教的教师之间的经常性对话方式是促进高职院校思想政治教师实践智慧生成、实现与共享的有效途径。此外,我国目前以地方行政区为单位设立的诸如教育学院和高职院校设立的专门的马克思主义学院(或思想政治理论教学部)等教育教学研究机构都为不同学校思想政治学科教师之间的对话提供了优质的环境。一般情况下,由本地行政区域和高职院校内部评选和聘任思想政治学科带头人、骨干教师、优秀教师构成,定期组织思想政治理论学习,关注时事政治热点问题,关心经济社会发展难题。通过各样的对话与交流实现本地行政区域内和高职院校内思想政治学科教师之间实践智慧的碰撞、融合与提升。

3. 完善与思想政治教育教学研究专家之间的对话

思想政治教育教学研究专家主要是指高职院校思想政治教育专家和理论研究者,他们是新时期高职院校思想政治教师对话的理想对象。由于工作在高职院校思想政治理论课教学一线的教师们很少有时间、有精心去专门研究思想政治理论课课程与教学论中的基础理论和学术前沿问题,对高职院校思想政治教育教学理论的认识也很难达到思想政治教育专家的理论高度的学术水平。因此,为了促进高职院校思想政治教师不断积累与沉淀教学经验与实践性知识,并将此不断整合与升华为具有个人特色的实践智慧,有必要完善高职院校思想政治教师与思想政治教育教学专家之间的对话。通过平等、真诚、有效的对话,在高职院校思想政治教师不断完善自身学科专业知识结构的基础上,不断实现高职院校思想政治教师对本学科教育教学理论有机融合,这远比简单的、机械地听专家学术报告更能推动高职院校思想政治教师理论素养的真正提升。教育教学理论专家和研究者通过这种对话更深入地了解教学一线高职院校思想政治教师思考问题的背景和话语方式,从而为自己的教育教学实践与科学研究找到更多新的理论生长点,积极推动高职院校思想政治教师丰富教学经验与实践性知识日益转化与升华为实践智慧。

事实上,高职院校思想政治教师与资深教师对话、与同学科教师的交流、与理论专家的交流,从本质说,都是在不同文化主体间进行思维对话、文化交流,发生碰撞、进行融合,能够共同为高职院校思想政治教师实践智慧生成与发展提供源源不断的动力。

(三)改革高职院校思想政治教师的继续教育制度

对于高职院校思想政治教师来说,他们中绝大多数人首先经历的是高等师范院校思想政治教育专业及相关专业本科生(或研究生)教育,其在校期间的主要学习内容与主要学习任务就是要全面、系统地理解和掌握马克思主义基本理论和思想政治教育专业基础知识与基本技能。在现实生活中,为了培养与提升高职院校思想政治教师实践智慧,需要建立健全继续教育制度。实践证明,通过健全与完善教师继续教育制度能够有力促进高职院校思想政治教师专业化发展,能够推进高职院校思想政治教师实践智慧的培育与生成。为此,要对高职院校思想政治教师现行继续教育制度进行全面而深入的改革与创新,主要是通过促进高职院校思想政治教师继续教育观念的创新推进高职院校思想政治教师继续教育体制机制的优化。一要重新定位高职院校思想政治教师继续教育制度的价值诉求,要把高职院校思想政治教师继续教育定位在着力培养与造就一批又一批学识与机智兼备、才智与德行统一的专家型教师。二要将完善高职院校思想政治教师学科知识结构与提升高职院校思想政治教师职业技能并重,从而全力推进高职院校思想政治教师职业素养的提升与教师实践智慧的生成。三要优化高职院校思想政治教师继续教育课程设置,既要关注高职院校思想政治教师学科知识完善与高超教学艺术锤炼,也要关注高职院校思想政治教师教育教学理念创新与教育教学模式改进,从而全力促进高职院校思想政治教师实践智慧的培育与生成。四要为高职院校思想政治教师继续教育制度创设优质的社会文化环境,无论是思想政治教师所在的高职院校,还是上级教育行政主管部门,都要充分重视高职院校思想政治教师的继续教育与培训提升。总之,在不断深化与推进高等职业教育教学改革的进程中,要充分认识到健全与完善高职院校思想政治教师继续教育制度的重要性与必要性,牢固树立以人为本,全面、协调、可持续的发展观,既注重对高职院校思想政治教师继续教育的制度创新,又注重对高职院校思想政治教师的人文关怀,从而为推进新形势下高职院校思想政治教师实践智慧的培育与生成、丰富与提升创设优良的制度环境与文化氛围。

八、营造高职院校思想政治教育和谐环境

以市场经济为主导的改革开放正日益使当代中国进入利益分化的时代,在这样的背景下,新时期高职院校学生的理想与信仰、道德修养与价值取向受到社会环境、校园环境与家庭环境的多重影响,不断出现新情况,甚至出现了理想缺失、信仰危机、道德底线失守与价值取向异化的严重问题这已经使处于构建和谐社会背景下的高职院校思想政治建设面临着前所未有的挑战与冲击。而现实生活中,思想政治环境是高职院校学生成长、成才、成人过程中不可或缺的重要外部条件,必须给予高度重视、特别关注与深入研究,从而为培养数以亿计的高素质的技术技能型人才创设优化、净化、美化、洁化的学习、工作与生活环境。

(一) 高职院校思想政治环境的科学内涵

党的十六届四中全会明确提出了构建社会主义和谐社会的重要战略部署,"我们所要建设的社会主义和谐社会,应该是民主法制、公平正义、诚信友爱、充满活力、安定有序、人与自然和谐相处的社会"。构建社会主义和谐社会的重大战略部署既为中国特色社会主义事业明确了新目标、新方向,又为新时期高职院校思想政治建设提供了新理论、新思路。构建社会主义和谐社会,高职院校首要任务就是要推进高职生思想素质、职业素养、道德修养与社会环境、学校环境、家庭环境之间形成良性互动、共生共荣、协调有序的状态。因为,现实生活中,"成人有意识地控制未成熟者所受教育的唯一的方法,是控制他们的环境……我们从来不是直接地进行教育,而是间接地通过环境进行教育。"因此,在和谐社会视域下加强与改进高职院校思想政治环境建设是十分重要与必要的。所谓高职院校思想政治环境,就是指影响和制约高职生专业技能学习、思想政治素质养成、职业素养培育和道德修养提升的一切内外因素的总和。主要包括社会环境、校园环境和家庭环境。

所谓社会环境是指国内外现实生活中对高职院校思想政治建设具有推动、促进或制约作用的宏观思想政治环境系统,主要包括国际环境,如国际政治环境、国际经济环境和国际文化环境等;国内环境,如国家的政治经济形势、文化价值导向、社会风俗习惯、社会风气、社会思潮、国家民族的地域分布以及历史传统等。诸多因素综合作用对高职院校思想政治建设产生客观影响。校园环境主要是指高职院校校园物质环境、校园精神环境和校园人际环境。校园物质环境是指校园内对高职生学习、工作与生活具有促进或制约作用的一切物质条件的总和,主要包括校园整体布局、人文景观、教学设施、建筑雕塑等,校园物质环境是高职院校生存与发展

的基础性工程;校园精神环境是影响高职院校师生共有文化认同与价值追求的精神条件的总和,主要包括教风、学风、校风、考风等,优良的校园精神环境能够通过培养质朴的班风、端正的学风、严谨的教风、优良的校风,引领师生求真、向善、尚美;校园人际环境是指高职院校校园内人际交往过程中形成的能够影响"教书育人、管理育人、服务育人"的人际氛围,主要是高职院校教师之间、师生之间、生生之间的人际有关系,其中师生关系是校园人际环境是重点与核心。家庭环境是指高职院校学生家庭内部关系,家庭物质条件、精神文化、生活态度等构成的影响其身心健康成长的各种因素,其中优良的家庭传统、和睦的家庭氛围、良好的亲子关系对高职院校学生成长、成才、成人至关重要。在和谐社会视域下,高职院校思想政治环境是社会环境、校园环境、家庭环境中各要素之间处于协调、互动、均衡、有序的状态,为学生的健康成长、快乐生活、早日成才创设优质条件与良好氛围。作为和谐社会的重要组成部分,和谐社会视域下高职院校思想政治环境具有如下基本特征。

1. 开放性

伴随经济全球化的不断拓展与国内改革的不断深入,我国经济、政治、文化、教育、科技都处于不断扩大与拓展开放的社会大环境之中,各种社会思潮、价值观念不断涌入大学校园,对其如何辨别真伪、判断是非,如何引导学生务必"求真"、诚心"向善"、理性"尚美"已经成为当前高职院校思想政治建设面临的重要课题。为此,处于和谐社会背景下的高职院校,在构建与优化思想政治环境的过程中,无论是对学生思想境界提升与道德品质养成,还是职业素养培育与个体发展空间拓展上都要始终保持动态开放性,从而使思想政治"寓教于境""润物无声",促进高职院校思想政治由外部引导向自我内化的转变。

2. 生成性

良好的社会环境、高品位的校园物质环境、重内涵的校园文化环境、讲和谐的校园人际环境、有情感的家庭环境相辅相成,能够不断培养与提升高职院校师生员工参与学校思想政治建设的积极性、主动性与创造性。正是有了高职院校师生员工的积极参与、主动应对、共同创造,才能在使自身由封闭条件下的"应声虫"变成开放时代的"思考者"的同时,不断促进高职院校思想政治环境的生成与优化。正如美国著名教育家杜威所言:"学校环境当然总是明确根据影响其成员智力的和道德的倾向而塑造的环境典型。"因此,只有高职院校师生员工作为"能动的道德主体"才能不断推动着高职院校思想政治环境各组成部分的生成与优化组合。

3. 规范性

和谐社会追求人与人、人与自然、人与社会、人与自身之间的和谐,和谐社会推崇以人为本,全面、协调、可持续的发展。因此,和谐社会视域下的高职院校思想政治环境必然是一个讲究民主法制、追求公平正义、关注诚信友爱、充满生机活力、推崇安定有序的物质与人文环境综合体,以规范的制度养成规范的行为,以规范的标准组织规范的活动,以规范的文化培育规范的主体,从而保证高职院校思想政治环境各组成部分之间有序发展和思想政治主体之间的共生共荣。

4. 互动性

实践表明,人与环境之间是相互影响、相互制约的,人的理性行为能够与环境之间形成良性互动,从而实现人与环境的友好相处,这既能促进人的全面、自由与充分发展,又能实现人与环境之间和谐共生。高职院校思想政治环境作为社会大环境的一个子系统,同样具有这种互动性。因为,"高校思想政治环境本身就是思想政治通向社会的桥梁,社会的要求和需要必然通过环境影响思想政治;高校思想政治环境本身就包括社会环境和学校环境,其中社会环境可分为家庭环境、社区环境、大众传媒等,这些因素绝不是孤立存在的,而是在互动中相互联系,彼此发生关系,从而形成一个网络式的广泛的互动体系。"

(二) 思想政治环境在高职院校构建和谐校园中的价值分析

无论是马克思所说的"人创造环境,同样环境也创造人",还是晏子强调的"橘生淮南则为橘,生于淮北则为枳",都指出了环境对于人的成长(或植物的生长)的重要性与必要性。正是在这个意义上,构建与优化思想政治环境对于实现高职院校又好又快发展具有重要的价值。

1. 激励学习与注重修养

环境既是人生存与发展的物质基础,又是人道德品质生成的重要条件。因此,高职生的政治素质养成、职业素养培育和道德修养提升既需要教师的"有教无类""因材施教"与"诲人不倦",又需要良好社会环境、优质校园环境和和睦家庭环境的"耳濡目染""潜移默化"与"润物无声"。因为,积极向上的思想政治环境有利于学生健康成长,消极颓废的思想政治环境容易使学生误入歧途。正所谓"蓬生麻中,不扶而直,白沙在涅,与之俱黑"。因此,充满人文的社会环境、富有内涵的校园景观、特色鲜明的校园文化、平和友善的亲子关系,不仅激励着高职生勤于思考、乐于学习、勇于探索、善于创新,而且引导高职生专心学习、专注学业、注重修养、提升道德。

2. 规范言行与约束举止

常言道："近朱者赤，近墨者黑。"也就是说，人的言行举止与环境有着内在的密切关系。对于高职生而言，高品位的思想政治环境有助于规范他们的言行举止，培育他们良好的行为习惯，养成他们的文明礼仪。当他们或漫步于整洁舒适的校园小路，或欣赏着富有诗意的人文景观，或静坐在窗明几净的图书馆，或居住在温馨洁净的学生公寓，他们将会珍惜这优美的环境、尊重他人的劳动、养成文明的行为，不随地吐痰、不乱扔纸屑、不大声喧哗……他们的行为与环境和谐统一时，就会被人肯定、自我强化；相反，则会受到道德批评与良心谴责。因此，高品位的思想政治环境对高职生的言行举止具有约束和规范作用。

3. 陶冶情感与提高审美

苏霍姆林斯基认为："美是人的道德财富的源泉。"因此，优美、恬静、舒适的环境能够引领人们欣赏美、感受美、领悟美，能够培养生活情趣、陶冶情操、净化心灵。高品位的思想政治环境是引领学生求真、向善、尚美的"新载体"与"活教材"，是高职生的陶冶情感与提高审美过程中不可或缺的环境要素与物质保障。由于"美育者，与智育相辅而行，以图思想政治之完成者也"，所以，在高职院校的思想政治实践中，通过对社会环境、校园环境、家庭环境的优化整合，在不断陶冶学生高尚情操和提高学生审美素质的同时，有利于培育与提升学生优秀道德品质与职业综合素养。

4. 心理建构与政治塑造

健康心理与和谐人格是高职生专业知识学习、职业技能训练、职业素养培育和道德品质生成的基本前提，是高职生正常学习、快乐生活、专心工作的重要保障，是高职生成长、成才、成人的关键因素。高品位的思想政治环境能够有效促进高职生健康心理的培育与和谐人格的生成，因为无论是充满人文的社会环境还是富有内涵的校园景观、无论特色鲜明的校园文化还是平和友善的亲子关系，都有利于他们身心健康发展、良好心态养成与健全人格生成。与此同时，高品位的思想政治环境也有利于高职生良好思想政治素质的培育与塑造。先进的政治制度、文明的意识形态、科学的主流思想、健康的社会舆论和优良的学校教育，对高职生坚定政治信仰、优秀政治品格、严明政治纪律都具有塑造价值。

（三）优化思想政治环境构建和谐高职校园的基本途径

1. 加强高职院校思想政治教师队伍建设

高职院校高职院校思想政治教师队伍由包括高职院校思想政治教师在内的全

体教师、辅导员与班主任、行政管理人员组成。全体教师都要以对党和人民教育事业的无限忠诚,全身心地投入到教育教学之中,务必做到"敬业、精业、乐业",以对学生的"爱与责任",把对学生的思想政治教育与道德品质培育贯穿于专业教学、技能培养与实习实训等理论与实践课的始终,努力成为学生的道德楷模与良师益友;辅导员与班主任始终站在高职院校思想政治工作的最前沿,是学校思想政治工作的直接领导者、组织者、管理者,为此要树立"以学生为本"的工作理念,以科学的教育方法、专业的问题视角、饱满的工作热情和良好的精神风貌引领学生不断"求真、向善、尚美";行政管理人员要不断提高服务质量、办事效率和管理水平,使学生时刻能够感受到热情、周到、专业的管理与服务,并从中获得优秀品质的引领与高尚情操的熏陶。

2. 不断优化社会思想政治环境

各级党和政府作为社会环境主导者,要采取科学、有效的措施不断优化高职院校思想政治建设的社会环境。一要通过正确引导社会舆论、规范新闻媒体宣传、发动群众积极参与,努力营造全社会关心高等职业教育、关切高职生健康成长、关注高职院校思想政治工作的良好氛围;二要积极引导高职院校、学生家庭和社会公众大力培育与践行社会主义核心价值观,并为全面培育与增进高职生思想政治素质与职业道德素养创设良好氛围;三要切实整治校园周边环境,创建党政、工青、公安等部门紧密配合,协同作战的整体机制,形成齐抓共管的局面。这样,让学生由社会大环境中的积极方面产生对和谐发展的向往,从而为学生和谐发展开辟出一条顺畅的道路。

3. 营造幸福美满家庭环境

优化高职院校思想政治环境,就要高度重视和改进家庭教育,以营造有利于高职生健康成长的幸福美满的家庭环境。常言道:"父母是孩子的第一任老师,家庭是孩子的第一所学校",可见家庭环境对人成长的重要性。为此,一要转变传统的家庭教育观,破除"唯分数论",把培育孩子高尚道德、健康心理和和谐人格放在首位,真正坚持德智体美劳全面发展;二要探索科学而有效的家庭教育方式与方法,家长要与孩子做知心朋友、要与孩子建立和谐亲子关系,要贯彻"身教重于言教"的理念;三要努力营造民主、平等、欢乐的家庭氛围,夫妻和睦、尊者爱幼、邻里友善,让孩子在家庭生活中始终感受到温暖、尊重与关心。事实表明,只有在这样幸福美满的家庭中,孩子才能健康、快乐成长。

4. 创建整洁校园物质环境

高职院校要不断优化办学条件、美化育人环境,这是学校道德建设的基础性工程。一要精心布置人文景观,对校园进行科学规划,使校园的整体规划、建筑格局、亭台楼阁等体现绿化、美化、生态化的追求,进而打造充满人文关怀、富有艺术气息和彰显文化品位的物质环境;二要优化校园育人环境,学生区要整洁、干净、优雅,体现自然美、艺术美与和谐美的有机统一,生活区要温馨、清净、愉悦,体现人文性、休闲性与文明性的完美结合,真正引领师生求真、向善、尚美;三要体现高职教育特质,应在校内严格依照企业工作的真实条件与生活环境建立理论与实践一体化教学的校内仿真实训教室,将课堂教学、实验实习实训、技术服务与生产实践融为一体,为学生营造真实的工作环境与职业生活氛围。

5. 培育高尚校园精神环境

要把社会主义核心价值观融入高职院校精神环境的建设之中,以先进的文化引领学生,以优秀的文化培育学生,以高尚的文化提升学生,不断增强全校师生对中国特色社会主义的道路自信、理论自信、制度自信与文化自信。一要促进科学精神与人文精神的融合,培养师生实事求是的科学精神、孜孜不倦的求学精神、开拓进取的探索精神、奋发图强的拼搏精神、敢为人先的创新精神;二要丰富与提升校园文化活动的精神内涵与境界,要坚持以爱国主义和理想信仰教育为重点,以培育学生职业综合素养为核心,科技活动注重创新性,文体活动注重教育性,艺术活动注重才艺性,社会实践注重综合性,让积极、健康、高雅成为校园精神文化活动的主题;三要有效利用学校网站、校园广播、校报、板报、微博、微信等各种媒体,营造良好舆论氛围、加强先进文化宣传,形成有利于开展与深化校园精神文化活动的人文环境。

6. 形成和谐校园人际环境

从 1994 年的"清华大学朱令投毒案"到 2004 年的"云南大学马加爵事件",从 2010 年的"吉林农业大学张力维杀人案"到 2014 年的"复旦大学林森浩投毒案",这些事例无不向我们昭示着人际关系冷漠可能导致的严重后果,也为高职院校思想政治环境建设敲响了警钟——要高度重视校园人际关系环境建设,要努力形成和谐人际关系环境。为此,一要在思想政治理论课程中开设专门的人际关系教育专题,介绍人际交往的基本常识、文明礼仪,传授处理人际交往的基本原则、方式方法;二要设立学生心理健康咨询中心,加强高职生的心理健康教育,培养学生健全心理素质与和谐人格;三要组织主题鲜明、富有内涵、寓教于乐的文体活动,引导高职生以科学态度、理性视角和良好心态对待学习、工作与生活中的挫折、打击与失败,引领高职生以相互尊重、相互爱护、相互信任、相互宽容的心态去形成民主、平等、友好、和谐的校园人际关系环境。

第七章　结论与建议

通过相关文献检索、问卷调查、深入访谈与随堂听课,本研究总结与分析了当前想政治教师实践智慧存在的主要问题及原因,并以此为基础,提出了培育与提升高职院校思想政治教师实践智慧的基本策略。但是由于时间、精力、经费等多方面的限制,本研究还存在着不足之处。为了提高进一步高职院校思想政治教师实践智慧研究的科学性、深入性、全面性,本研究提出了一些建议。

一、结论

本研究围绕当前高职院校思想政治教育教学改革的科学理念与价值诉求,紧密结合现代教育教学理论的新思想、新理念、新观点,积极借鉴中西方相关领域专家与学者关于实践智慧与教师实践智慧的最新研究成果,深入思想政治课堂教学与实践教学的第一线,细致观察并真实记录了高职院校思想政治教师实践智慧的现实表现,深度采访了具有丰富实践智慧的高职院校思想政治教师的成长历程,积极探寻了影响高职院校思想政治教师实践智慧现实缺乏的主要原因,并以上述文献资料占有与调查研究结果分析为基础,系统阐述了高职院校思想政治教师实践智慧培育与提升的基本策略,为高职院校思想政治教师实践智慧的培育与提升提出了一系列具有可操作性的建议和意见。

针对高职院校思想政治教师先进理念领会肤浅和学科知识结构松散问题,本研究明确指出,要科学践行高职院校思想政治教育教学理念,整合与优化思想政治学科知识结构,积极开发与利用思想政治课课程资源,以实现高职院校思想政治教师理论素养的丰富与夯实。针对高职院校思想政治教师现有的实体性教学思维方式导致日常教育教学实践中拘泥经验而忽视理性探究、热衷确定而鲜于动态建构、盲目从众而缺乏自主创新的问题,提出来要通过对话合作超越师生二元对立,通过多元主动超越一元被动,通过动态生成超越静态预定,通过多维开放超越封闭单一,从而培育高职院校思想政治教师关系性教学思维方式。这种关系性教学思维方式有利于新形势下思想政治课堂教学模式的优化和师生关系的改进。本研究建议,通过锤炼教学艺术塑造高职院校思想政治教师教学风格,通过探究式教学推进思想政治课堂教学方法创新,通过生活化教学情境构建思想政治"生命化"课堂,从而为高职院校思想政治教师实践智慧培育与提升构建一种现实载体。本研究强调,要通过提升职业道德与丰富文化底蕴、遵照责任伦理与创建共同愿景、追求民主自由与实现和谐共荣来积极引导高职院校思想政治教师追求高尚的精神境界,从而增强高职院校思想政治教师的职业使命感、职业幸福感、职业认同感。本研究指出,要通过注重前瞻性、监控性和批判性地深入教学实践反思与去除功利性、立足校本课程和强化专业引领的教学研究,为高职院校思想政治教师实践智慧培育与提升提供强劲动力资源。本研究最后强调,要通过构建高职院校思想政治教师发展性评价制度、改进与完善高职院校思想政治教师对话制度、改革高职院校思想政治教师的继续教育制度,为高职院校思想政治教师实践智慧的培育与提升创设优质制度环境。

总之,通过本研究,能够为高职院校思想政治教师实践智慧的培育与生成、丰富与发展提供理论与实践指导,帮助广大高职院校思想政治教师顺利走出思想政治教育教学的现实困境;能够使广大高职院校思想政治教师在教育教学理想愿景中,不断推进实然"可信"的思想政治教育教学实践和应然"可爱"的思想政治教育教学实践的高度契合与完美呈现,从而不断塑造个性教学风格、积淀深厚文化底蕴、彰显独特人格魅力和提升生命价值与人生境界。

二、建议

由于实践智慧是高职院校思想政治教师的内部存在状态,蕴含于思想政治教育教学实践之中,是无法对其进行科学量化与准确测量的,更多的是采用问卷调查、观察思考、访谈研究等主观性较强的研究方法进行比较分析。虽然本研究尽力秉持科学、客观、认真的态度,但由于精力、时间、研究经费有限,只能在贵州省等 9 省份 20 所高职院校采取抽样调查研究与个别访谈研究相结合的方式,因此本研究的科学性、实效性、代表性还有待进一步提高。在以后的教育教学实践研究中,本人必将竭尽全力地避免本次研究中存在的上述问题和缺点,进一步深入地探讨新时期高职院校思想政治教师实践智慧的相关研究。为了促进未来高职院校思想政治教师实践智慧研究更具有科学性,本研究认为应该从以下几方面进行深入探讨。

(一)要推动高职院校思想政治教师实践智慧内涵的科学探讨

对于高职院校思想政治教师实践智慧内涵的科学解读,从根本上说还是要对

"实践智慧"和"教师实践智慧"追根溯源,要挖掘"实践智慧"和"教师实践智慧"的哲学意蕴,要探讨"实践智慧"和"教师实践智慧"的中西方文化差异,要结合我国新时期教育教学改革的价值诉求以实现对"实践智慧""教师实践智慧""高职院校思想政治教师实践智慧"合理、有效的本土化研究,从而真正赋予"实践智慧""教师实践智慧""高职院校思想政治教师实践智慧"以中西方共有的文化价值诉求目标,赋予"实践智慧""教师实践智慧"和"高职院校思想政治教师实践智慧"以中国文化特有的元素,赋予"实践智慧""教师实践智慧""高职院校思想政治教师实践智慧"以时代气息与教育特质。

(二)要丰富高职院校思想政治教师实践智慧生成的实然研究

对于包括高职院校思想政治教师实践智慧在内的教师实践智慧的培育与生成问题的研究,各位专家与学者主要集中于理论上与宏观设想上的探讨,对于揭示教师实践智慧"应然"状态的确提出了一系列主张与看法。而事实上,高职院校思想政治教师实践智慧的培育与生成过程是教学一线教师对亲身教育教学实践的自我感悟、自我总结、自我反思与自我提升的过程,这一过程是真实的、具体的,同时也是复杂的、动态的。作为理论工作者,要更多地走进具体的教育教学情境之中,真实而具体地深入了解教师日常教育教学实践,从而实现理论研究主体与实践操作主体的真诚对话,实现研究主体与研究客体的良性互动,尤其要进行科学的、全面的、具体的调查研究。因为,"没有调查就没有发言权",只有进行更充分而真实的调查研究,才能根据高职院校思想政治教师实践智慧生成与发展过程中存在的现实问题,针对其背后的深层次原因,提出更具有指导性与可操作性的意见与建议。

(三)要拓展高职院校思想政治教师实践智慧研究的理论视域

目前,对于包括高职院校思想政治教师实践智慧在内的教师实践智慧的研究,主要还是以哲学为理论基础,以教育学为理论依据,与其他相关学科的整合性不够,研究的理论综合化程度还不高,研究的学术专注度还不强。当今,各学科间研究内容的交叉性不断增大,研究方法的通用性不断提高,研究思维方式转变趋势不断强化。因此,在进一步深化高职院校思想政治教师实践智慧的研究中,要在总结现有国内外研究成果的基础上,积极吸收当前心理学、社会学、文化学等学科的最新研究成果,不断开阔高职院校思想政治教师实践智慧的研究视域,不断夯实高职院校思想政治教师实践智慧的理论基础。

参考文献

[1] [美]A.麦金太尔.追寻美德：道德理论研究[M].宋英杰,译.南京：译林出版社,2008.

[2] [美]埃德加•莫兰.复杂性理论与教育问题[M].陈一壮,译.北京：北京大学出版社,2004.

[3] [加]安迪•哈格里夫斯.知识社会中的教学[M].熊建辉,译.上海：华东师范大学出版社,2007.

[4] [古希腊]柏拉图.柏拉图全集[M].王晓朝,译.北京：人民出版社,2003.

[5] 曹正善.从斯滕伯格的成功智力理论看教育智慧的结构[J].当代教育论坛,2008,(1)：120－122.

[6] 陈国庆.论教师实践智慧与教师专业发展[J].江苏教育学院学报(社会科学),2012(4)：31－34.

[7] 陈萍.增进班主任实践智慧的反思策略[J].中国德育,2008(10)：31－33.

[8] 陈向明.实践性知识：教师专业发展的知识基础[J].北京大学教育评论,2003(1)：104－112.

[9] 谌安荣.论教师思维的异化及其超越路径——文化哲学视角[J].教师教育研究,2009(3)：3.

[10] 成晓利.论教学智慧及其生成[D].济南：山东师范大学,2007.

[11] 程亮."实践智慧"视野中的教育实践[J].华东师范大学学报(教育科学版),2008(3)：10－16.

[12] 崔允漷,夏雪梅.FAPO：一种新的教师专业发展分析框架[J].教育发展研究,2011(10)：6－10.

[13] 邓友超,李小红.论教师实践智慧[J].教育研究,2003(9)：32－36.

[14] 邓友超.教师实践智慧及其养成[M].北京：教育科学出版社,2007.

[15] 邓志伟,周勇.教师专业发展学校实践范式研究[J].教育发展研究,2010

（24）：66-71.

[16] 刁培萼,吴也显,等.智慧型教师素养探新[M].北京:教育科学出版社,2005.

[17] 丁钢.教育与日常实践[J].教育研究,2004(2):16-20.

[18] 丁立群.亚里士多德实践哲学中的德性与实践智慧[J].道德与文明,2012(5):81-86.

[19] 丁文祥.作为赫尔巴特教育学基础的实践哲学和心理学[J].齐齐哈尔师范高等专科学校学报,2008(5):20-22.

[20] [美]杜威.哲学的改造[M].许崇清,译.北京:商务印书馆,1958.

[21] 方建锋.对教育理论与实践关系的再思考——兼论教育研究的取向与方法[J].华东师范大学学报(教育科学版),2003(2):9-31.

[22] 冯钢.责任伦理与信念伦理:韦伯伦理思想中的康德主义[J].社会学研究,2001(4):32-38.

[23] 冯契.人的自由和真善美[M].上海:华东师范大学出版社,1996.

[24] 冯燕华.关文信课堂文化的生态哲学解读[J].兰州教育学院学报,2010(1):128-131.

[25] 傅淳华.论教师智慧的生活意蕴及其实践困境[J].教育理论与实践,2012(22):28-31.

[26] 高秉江.亚里士多德论灵魂求真的五种形式[J].哲学研究,2009(10):70-75.

[27] 高伟.回归智慧,回归生活——教师教育哲学研究[M].北京:教育科学出版社,2010.

[28] 高原.新手教师教学实践智慧提升之策略探究[D].济南:山东师范大学,2005.

[29] 郭远.实践智慧与人的发展[J].哈尔滨工业大学学报(社会科学版),2011(1):55-59.

[30] 韩沛伦,崔平.战略思维与实践智慧[J].江西社会科学,2006(11):58-60.

[31] 何淼.思想政治新课程与思想政治教师的继续教育[D].大连:辽宁师范大学,2007.

[32] 何卫平.伽达默尔《真理与方法》中的实践哲学——析此书关于亚里士多德伦理学的解读及意义[J].求是学刊,2010(6):22-29.

[33] [德]黑格尔.法哲学原理[M].范扬,张企泰,译.北京:商务印书馆,1982年.

[34] [德]黑格尔.哲学全书:第3部[M].北京:人民出版社,2006.

[35] 洪鲁鲁.教师专业化视野下的教师实践智慧探究[D].芜湖：安徽师范大学,2007.

[36] 胡红梅."可信又可爱"的教师实践从哪里来[J].教师教育研究,2008(4)：79-80.

[37] 胡萨,宁虹.教师反思何以可能——教师反思的现象学研究及其现实意义[J].首都师范大学学报(社会科学版),2010(1)：67-71.

[38] 胡萨,宁虹.课程：作为一种实践[J].首都师范大学学报(社会科学版),2009(6)：120-123.

[39] 胡燕琴.20世纪90年代以来我国教育智慧研究综述[J].当代教育科学,2006(5)：26-19.

[40] 怀特海,教育目的[M].北京：生活·读书·新知三联书店,2002.

[41] 黄文浩.从教师实践智慧看我国的教师培训[J].教育导刊,2007(11)：40-41.

[42] 黄小洲.伽达默尔教化解释学与古代实践智慧[J].武汉大学学报(人文科学版),2012(5)：22-29.

[43] 嵇辉.教师多元职业智能的内涵与构成探析[J].太原城市职业技术学院学报,2011(6)：84-85.

[44] [德]加达默尔.真理与方法(下卷)[M].洪汉鼎,译.上海：上海译文出版社,1999.

[45] 蒋茵.教育实践智慧的建构及其价值[J].现代教育管理,2012(2)：87-90.

[46] 金建生,王嘉毅.论教师的课程素养[J].新课程研究,2006(1)：3-7.

[47] 金建中.教育呼唤返璞归真的实践[J].上海教育,2009(24)：16.

[48] 金生.教育哲学是实践哲学[J].教育研究,1995(01)：17-22.

[49] [德]康德.法的形而上学原理[M].北京：商务印书馆,1991.

[50] 柯政,洪志忠.教师专业发展的本土理解——基于对132位中学高级教师的调查[J].教育发展研究,2011(18)：48-56.

[51] 李长伟,汪亚芳.实践哲学：教育学迷惘中的选择[J].内蒙古师范大学学报(教育科学版),2006(3)：1-4.

[52] 李长伟.从实践哲学的角度透析近代教育学的分裂[J].华东师范大学学报(教育科学版),2006(03)：21.

[53] 李长伟.实践智慧与公民教育[J].濮阳职业技术学院学报,2010(2)：113-116.

[54] 李长伟.实践智慧与教育[J].教育理论与实践,2010(16)：3-7.

[55] 李凤阳.思想政治课新课程探究式教学研究[D].大连：辽宁师范大

学,2011.

[56] 李国芝.浅析教师自主发展的途径与策略[J].太原大学教育学院学报, 2006(2):1-3.

[57] 李启凤,缑智博.论教师的实践智慧及其生成[J].西藏教育,2010(4): 18-19.

[58] 李艺,李美凤.教育中的技术价值论研究过程与方法——兼谈对教育技术哲学研究的几点看法[J].电化教育研究,2008(10):5-9.

[59] 李鹰,宋志莲.教学实践智慧缺失的原因及应对策略——一个基于博弈理论的简单分析框架[J].山东师范大学学报(人文社会科学版),2010(1):132-135.

[60] 梁宇学.影响教师获得教学智慧的因素[J].基础教育参考,2005(8): 15-20.

[61] 刘冬岩.实践能力——不容忽视的教学价值取向[J].濮阳职业技术学院学报,2005(2):9-11.

[62] 刘冬岩.实践智慧:一种可能的教学价值[D].南京:南京师范大学,2007.

[63] 刘桂辉.教师实践智慧:课堂教学的活力之源[J].黑龙江教育学院学报, 2008(7):48-50.

[64] 刘华.教学实践智慧的养成:实践哲学与现象学的考察[J].教育发展研究,2010(4):41-45.

[65] 刘静.20世纪美国教师教育思想的历史分析[M].北京:北京师范大学出版社,2009.

[66] 刘明.构建教师发展的"实践—发展"模式[J].上海教育,2004(18):25.

[67] 刘雪梅,祝成林.教学实践智慧与教师专业发展[J].社会科学战线,2011 (2):272-274.

[68] 刘宇.当代西方"实践智慧"问题研究的四种进路[J].现代哲学,2010 (4):10-18.

[69] 刘宇.亚里士多德实践智慧思想的起源和发展[J].求是学刊,2012(3): 28-34.

[70] 鲁洁.教育的原点:育人[J].华东师范大学学报(教育科学版),2008(4): 15-22.

[71] 罗伯特·哈里曼,刘宇.实践智慧在二十一世纪(上)[J].现代哲学,2007 (1):63-73.

[72] 罗伯特·哈里曼,刘宇.实践智慧在二十一世纪(下)[J].现代哲学,2007 (2):110-117.

[73] 罗相彪.高中思想政治课探究性教学研究[D].重庆：重庆师范大学,2011.

[74] 马万东.实践智慧(phronesis)与"技艺"(techne)之喻——由亚里士多德引发的现代思考[J].现代哲学,2007(1)：58-62.

[75] 毛文凤.生态智慧与生态式教育[J].华东师范大学学报(教育科学版),2008(3)：25-32.

[76] 潘小慧.德行与伦理——多玛斯的德行伦理学[M].台北：哲学与文化月刊杂志社,2003.

[77] 裴思怡.高中思想政治教师课堂教学行为影响因素[D].上海：上海师范大学,2010.

[78] 蒲阳.教师知识分子特征的失落与复归——教师专业化背景下的反思[J].教育发展研究.2010(6)：16-19.

[79] 邱苗苗,陈峰.职初物理教师专业发展亟待解决的问题[J].中学教学参考,2010(8)：37-38.

[80] 邵华.亚里士多德论实践智慧的内涵[J].武汉科技大学学报(社会科学版),2011(1)：1-8.

[81] [古希腊]色诺芬.回忆苏格拉底[M].吴永泉,译.商务印书馆,1984.

[82] 施良方,等.教学理论：课堂教学的原理、策略与研究[M].上海：华东师范大学出版社,1999.

[83] 石学斌,袁玲俊.论新课程实施背景下教师教学实践智慧及其培养[J].中小学教师培训,2005(6)：14-16.

[84] 石中英.缄默知识与师范教育[J].高等师范教育研究,2001(3)：36-40.

[85] 石中英.论教育实践的逻辑[J].教育研究,2006(1)：3-9.

[86] 史宁中,柳海民.素质教育的根本目的与实施路径[J].教育研究,2007(8)：10-14.

[87] 舒丽芳.亚里士多德所述的实践及其对教育的启示[J].重庆教育学院学报,2011(2)：132-134.

[88] 宋志明."情境、留白、互动、反思、迁移"教学模式的构建——新课标下中学《思想政治》有效性教学研究[D].武汉：华中师范大学,2008.

[89] 孙秀丽.高中政治教师发展性评价研究[D].金华：浙江师范大学,2010.

[90] 孙园园.高中思想政治课探究式教学研究[D].重庆：重庆师范大学,2011.

[91] 谭春芳.论准教师实践智慧的培养[J].辽宁师范大学学报(社会科学版),2008(4)：71-73.

[92] 田慧生.时代呼唤教育智慧和智慧型教师[J].教育研究,2005(2):53-55.

[93] 汪子嵩,等.希腊哲学史[M].北京:人民出版社,2003.

[94] 王策三.教学认识论(修订本)[M].北京:北京师范大学出版社,2002.

[95] 王恩惠,蔡培菊.试论教师实践智慧的养成[J].教育科学论坛,2009(9):37-39.

[96] 王芳,卢乃桂.教学内容知识:教师教育中教学实践课程的重点[J].教育发展研究,2010(2):69-73.

[97] 王芳.教育科学研究方法适用的辩证法[J].天津市教科院学报,1995(4):15-17.

[98] 王晶梅.高校思想政治理论课教学实践智慧刍议[J].思想理论教育导刊,2012(11):78-81.

[99] 王竞晗.亚里士多德的德性理论辨析——基于品德养成的视角[J].福建论坛(社科教育版).2011(2):12-13.

[100] 王立群,刘宇.关于实践教育学的若干思考[J].现代教育科学,2006(7):6-9.

[101] 王萍.教师教学实践智慧的缺失与培育[J].当代教育科学,2012(4):42.

[102] 王琼珍.思想政治课堂教学情境的设计[J].成功(教育),2008(5):139.

[103] 王荣华.高中思想政治课教师实践智慧研究[D].长春.东北师范大学,2009.

[104] 王素梅.教师的实践智慧及其培养途径探微[J].江苏教育学院学报(社会科学版),2006(6):13-14.

[105] 王铁群.在课堂的动态生成中培育教师的实践智慧[J].现代中小学教育,2008(1):50-52.

[106] 王卫华.论教学机智的内涵[J].湖南师范大学教育科学学报,2009(6):77-81.

[107] 王亚娟.关于以反思性教学获取实践智慧的思考[J].教育与职业,2010(18):96-97.

[108] 王彦明.在理想与现实之间——教育理论与实践关系的再思考[J].教育发展研究,2010(4):30-35.

[109] 魏仲江.良好的学习氛围:教师专业发展的沃土[J].当代教育论坛(校长教育研究),2008(2):100-101.

[110] 吴德芳.论教师的实践智慧[J].教育理论与实践,2003(4):33-35.

[111] 吴南中.教师专业发展视角下的知识分享研究[J].江苏广播电视大学学报,2011(02):86-89.

[112] 武云英.新教师实践智慧的缺失性研究[J].浙江教育学院学报,2010(4):73-78.

[113] 武云英.新教师实践智慧的缺失研究[J].天津市教科院学报,2011(1):54-57.

[114] 席梅红.教学实践智慧发展论[D].上海:华东师范大学,2009.

[115] 谢泽源,卢敏.教师教学实践智慧及其培养策略[J].江西教育科研,2006(10):46-48.

[116] 熊华军.教师:成为实践智慧者[J].现代大学教育,2010(06):8-12.

[117] 徐长福.亚里士多德实践哲学的理论特质[J].学习与探索,2006(4):32-37.

[118] 徐小容,林克松,朱德全.教师教学实践智慧:内涵解读与生成之道[J].教育理论与实践,2012(31):43.

[119] 许占权.提升教育实践智慧促进教师专业发展[J].教育导刊,2007(8)上:8-10.

[120] [古希腊]亚里士多德.尼各马可伦理学[M].廖申白,译注.北京:商务印书馆,2003.

[121] [古希腊]亚里士多德.尼各马科伦理学[M].苗力田,译.北京:中国社会科学出版社,1990.

[122] [古希腊]亚里士多德.亚里士多德全集[M].苗力田,主编.北京:中国人民大学出版社,1994.

[123] 闫德明.实践智慧:教育理念的形成与提炼[J].人民教育,2008(19):14-16.

[124] 闫震普.教育实践结构:前人研究了什么[J].太原大学教育学院学报,2010(3):7-10.

[125] 严群.亚里士多德之伦理思想[M].张君劢,张东荪,校.北京:商务印书馆,2003.

[126] 杨国荣.论实践智慧[J].中国社会科学,2012(4):4-22.

[127] 杨日飞.论教育哲学的实践性[J].内蒙古师范大学学报(教育科学版),2007(9):14-17.

[128] 叶章明.高中思想政治课探究式教学研究[D].武汉:华中师范大学,2008.

[129] 俞国良,辛自强.教师信念及其对教师培养的意义[J].教育研究.2000(5):

16-20.

[130] 袁宝菊.教师专业发展的知识基础研究[J].平原大学学报,2005(01)：92-94.

[131] 袁强,张杰.教师个人实践智慧生长的影响因素探析[J].当代教师教育,2009(4)：29.

[132] 袁兆伟.从实体思维到关系思维：中小学教师思维方式的转换研究[D].桂林：广西师范大学,2009.

[133] 原晓慧.论教师实践智慧及其养成[J].开封教育学院学报,2010(4)：65-67.

[134] 岳欣云.课堂教学变革中的教师思维方式发展[J].中国教育学刊,2007(3)：75-76.

[135] 曾文婕.试析教学领域的文化错位[J].教育发展研究,2010(4)：36-40.

[136] 张光陆.教师理解与教师实践智慧的生成[J].教师教育研究,2009(4)：22-26.

[137] 张光陆.解释学视域下的教师实践智慧的生成[J].全球教育展望,2008(8)：64-67.

[138] 张进良.教育技术学专业人才实践智慧的培育策略[J].现代教育技术,2011(3)：58-60.

[139] 张俊列,徐学福.后现代主义知识观下的教学思维变革[J].教育导刊,2009(3)上：8-10.

[140] 张乐.教师实践智慧的解读[J].濮阳职业技术学院学报,2010(2)：129-131.

[141] 张宁.反思教学理念下师范生实践智慧的培养[J].中国高教研究,2012(11)：79-82.

[142] 张其志.邓小平教育辩证法思想简论[J].陕西教育学院学报,2001(1)：14-16.

[143] 张晓峰.解读教师实践智慧的内涵及其特征[J].辽宁教育行政学院学报,2008(1)：40-41.

[144] 张秀红.基于现象学视阈下的对话教学研究[J].教育科学,2010(1)：17-20.

[145] 张彦杰.教师的实践智慧及生成途径[J].教学与管理,2008(35)：3-5.

[146] 张志伟,欧阳谦.西方哲学智慧[M].北京：中国人民大学出版社,2009.

[147] 赵昌木.教师成长：实践知识和智慧的形成及发展[J].教育研究,2004 (5)：54－58.

[148] 赵敦华.西方哲学简史[M].北京：北京大学出版社,2000.

[149] 赵海燕.教师实践智慧的消解与生成[J].黑龙江教育学院学报,2006 (5)：57－58.

[150] 赵健.学习共同体的建构[M].上海：上海教育出版社,2008.

[151] 赵荣辉.论教师的实践智慧[J].内蒙古师范大学学报(教育科学版), 2012(2)：6－8.

[152] 赵瑞情,范国睿.实践智慧与教师专业发展[J].教育导刊,2006(7)： 7－9.

[153] 赵文刚.教师实践智慧形成的认识性误区探究[J].现代教育科学,2011 (6)：71.

[154] 郑臣.从伦理学到政治学——亚里士多德实践哲学探源[J].兰州学刊, 2007(6)：17－21.

[155] 郑苗苗.论教师的实践智慧[D].成都：西南大学,2008.

[156] 钟启泉."教师专业化"的误区及其批判[J].教育发展研究,2003(Z1)： 119－123.

[157] 钟启泉.教育的挑战[M].上海：华东师范大学出版社,2008.

[158] 仲秀英,周先进.教师专业发展：反思性教学的视角[J].中国教育学刊, 2006(11)：67－69.

[159] 朱桂琴.教师的实践性格[D].武汉：华中师范大学,2009.

[160] 朱丽.技术理性与实践智慧：教师发展的两种取向[J].天津市教科院学报,2007(06)：38－40.

[161] 朱丽.论教师的实践智慧及其生成[D].武汉：华中师范大学,2004.

[162] 朱娜."80后"中学语文教师职业倦怠成因及对策研究[D].长春：东北师范大学,2011.

[163] 朱清华.海德格尔对亚里士多德实践智慧(Phronesis)的存在论诠释 [J].现代哲学,2009(6)：60－67.

[164] 朱晓宏.重新理解教师的实践境遇[J].当代教育科学,2007(9)： 27－30.

[165] 朱志良.建立发展性教师评价体系刍议[J].高等工程教育研究,2005 (6)：38－41.

[166] [日]佐藤学.学习的快乐——走向对话[M].钟启泉,译.上海：华东师

范大学出版社,2004.

[167] Aristotle. Nicomachean Ethics[M]. Irwin T. trans. Indianapolis: Hackett Publishing Company, 1985: 158.

[168] Dewey, J. How We Think: A Restatement of the Relation of Reflective Thinking to the Educative Process [M]. Chicago: Henry Regnery, 1933.

[169] Dewey, J. Theory of the Moral Life [M]. New York: Holt, Rinehart, and Winston, 1932.

[170] Elbaz, F. Teacher Thinking: A Study of Practical Knowledge[M]. London: Croom Helm, 1983.

[171] Elbaz, F. Teacher Thinking: A Study of Practical Knowledge[M]. New York: Nichols Publishing Company, 1983.

[172] Goldstein, L. Teaching with Love: A Feminist Approach to Early Childhood Education [M]. New York: Peter Lang, 1998.

[173] Kristjansson, K. Philosophy of Education Society of Australiasia[M]. Wellington: Open Polytechnic of New Zealand, 2007.

[174] Noddings, N. Caring: A Feminine Approach to Ethics and Moral Education [M]. Betkeley: University of Califomia Press, 1984.

[175] Paul, A. S. & Pekrun, R. Emotion in Education[M]. Waltham Academic Press, 2007.

[176] Pearson, A. T. The Teacher: Theory and Practice in Teacher Education[M]. New York: Routledge, 1989.

[177] Usher, R. & Edwards, R. Postmodernism and Education [M]. London: Routledge, 1994.

[178] Shulman, L. S. The Wisdom of Practice: Essays on Teaching, Learning, and Learning to Teach[M]. Wilson, S. M. (ed.), San Francisco: Jossey-Bass, 2004.

[179] Shulman, L. S. The Dangers of Dichotomous Thinking in Education [M] //Grimmett, P. & Erickson, G. Reflection in Teacher Education. New York: Pacific Educational Press, 1988.

[180] Steger, M. F. Meaning in Life [M] //Lopez S. J., (ed.) Encyclopedia of Positive Psychology. Oxford: Blackwell Publishing, 2009.

[181] Van Manen, M. Pedagogy, Virtue, and Narrative Identity in Teaching [J]. Curriculum Inquiry, 1994,24(2): 135 – 170.

附录1：高职院校思想政治教师 自然情况统计表

人数总计			118 人		
项目		人数	项目		人数
性别	男	54	教龄	1～5 年	45
性别	女	64	教龄	6～10 年	19
年龄	20～30 岁	46	教龄	11～15 年	16
年龄	31～40 岁	41	教龄	16～20 年	10
年龄	41～50 岁	25	教龄	21～25 年	13
年龄	51～60 岁	6	教龄	26～30 年	8
最后毕业学校	师范院校	101	教龄	30 年以上	7
最后毕业学校	理工科大学	2	任教学校	本科高职院校	15
最后毕业学校	综合性大学	9	任教学校	专科高职院校	103
最后毕业学校	其他	6	任教年级	大一	96
最高学历	博士	4	任教年级	大一	22
最高学历	硕士	61	任教年级	大二	8
最高学历	双学士	2	任教年级	大二	32
最高学历	学士	45	职称	教授	8
最高学历	大专	5	职称	副教授	32
最高学历	其他	1	职称	讲师	51
是否为校级以上"两课"骨干教师	是	23	职称	助教	24
是否为校级以上"两课"骨干教师	否	95	职称	见习助教	3

附录2：高职院校思想政治教师实践智慧现实表现的调查问卷

尊敬的老师：

您好！

非常感谢您参加本次调查！本问卷主要是针对高职院校思想政治教师的职业认同感和师生关系进行的问卷调查，请您在认同的选项后面括号内画"√"。

一、您的自然情况

您的性别：（　　　）；您的年龄：（　　　）岁；您的教龄（　　　）年

您的职称：教授（　　　）；副教授（　　　）；讲师（　　　）；助教（　　　）；
　　　　　见习助教（　　　）

您任教的学校：本科高职院校（　　　）；专科高职院校（　　　）

您任教的班级：大一（　　　）；大二（　　　）

您最后毕业学校：师范院校（　　　）；理工科大学（　　　）；
　　　　　　　　综合性大学（　　　）；其他（　　　）

您最后的学历：博士（　　　）；硕士（　　　）；双学士（　　　）；
　　　　　　　学士（　　　）；大专（　　　）；其他（　　　）

您是否为校级以上"两课"骨干教师：是（　　　）；否（　　　）

二、当前高职院校思想政治教师职业认同感与师生关系方面现实表现的调查

（一）关于您的职业认同感

1. 您对自己目前工作状态、工作环境、工作待遇是否满意？

（1）很满意（　　　）　　　　　　　（2）基本满意（　　　）

（3）不满意（　　　）　　　　　　　（4）说不清楚（　　　）

2. 作为高职院校思想政治教师，您是否时刻能获得尊严感？

（1）经常能获得（　　　）　　　　　（2）较少能获得（　　　）

（3）偶尔能获得（　　　）　　　　　（4）不能获得（　　　）

3. 您认为高职院校思想政治教师社会地位如何？

（1）社会地位高（　　　　）　　　　（2）社会地位比较高（　　　　）

（3）社会地位一般（　　　　）　　　　（4）基本没有什么社会地位（　　　　）

4. 您认为思想政治教育教学工作是否能够不断彰显生命价值,实现崇高理想和不断提升人生境界?

（1）能够（　　　）　（2）一般（　　　　）　（3）不能（　　　　）　（4）说不清楚（　　　　）

5. 您对自己所从事的思想政治教育教学工作如何评价?

（1）十分重要,因为它既关系到高职生的健康成长,也关系着高院院校人才的培养质量（　　　　）

（2）比较重要,因为它直接关系着学生正确世界观、人生观和价值观的形成与塑造（　　　　）

（3）一般,因为高职院校思想政治教育教学很难在短期内取得明显成效（　　　　）

（4）说不清楚（　　　　）

6. 如果重新选择,您是否愿意继续作高职院校思想政治教师?

（1）非常愿意（　　　　）　　　　（2）比较愿意（　　　　）

（3）很可能不会选择（　　　　）　　　　（4）说不清楚（　　　　）

（二）关于您与学生的关系

1. 您认为在教育学生的过程中是否出现过"事与愿违"的现象?

（1）经常出现（　　　　）　　　　（2）偶尔出现（　　　　）

（3）从未出现（　　　　）　　　　（4）说不清楚（　　　　）

2. 您觉得学生是否在背后议论过自己,贬低过自己,甚至诋毁过自己?

（1）经常感觉到（　　　　）　　　　（2）偶尔有感觉（　　　　）

（3）从未感觉到（　　　　）　　　　（4）说不清楚（　　　　）

3. 您是否主动减少接触或拒绝接纳学生?

（1）经常拒绝（　　　　）　　　　（2）基本没有（　　　　）

（3）偶尔有过（　　　　）　　　　（4）从未有过（　　）

4. 您是否用标签式语言来描述个别学生?

（1）经常使用（　　　）　　　　（2）偶尔使用（　　　　）

（3）从未使用（　　　　）　　　　（4）说不清楚（　　　　）

5. 您在课堂教学中开展师生互动的效果如何?

（1）效果很好（　　　　）　　　　（2）效果比较好（　　　　）

（3）效果一般（　　　　）　　　　（4）基本不开展（　　　　）

6. 您是否能经常收到学生对您的祝福与得到学生对您的赞美?

（1）经常能够收到学生的祝福和得到学生的赞美（　　）

（2）只有在教师节、元旦等节日时能收到学生的祝福（　　）

（3）偶尔能够得到学生的赞美（　　）

（4）基本没有（　　）

　　感谢您百忙之中协助填答这份调查问卷，请您再仔细地检查一遍所填写的各项信息，确保所有问题都全部做了如实回答。如果在日后的教育教学实践活动中，您对本研究所涉及的内容感兴趣，请您随时联系我们。

贵州轻工职业技术学院思想政治理论教学部

贵州省贵阳市花溪大学城党武路 10 号

邮政编码：550025

电子邮箱：zfxy5858@126.com

附录3：高职院校思想政治教师日常教育教学活动访谈提纲

尊敬的老师：

您好！

感谢您能够接受我的访谈！

1. 您对高职院校思想政治教师理论智慧与实践智慧是否了解？有何看法？

2. 您对现行高职院校思想政治理论课教材是否充分信任？为什么？

3. 您认为在具体教育教学实践中，是否有必要结合高职院校及本校实际对教材内容进行重新整合？您自己有过这方面的经验吗？对此，您又有何感想？

4. 在课堂教学与课外实践活动中，您是否经常采用启发式和探究式的教学？

5. 您是否能熟练地运用多媒体组织教育教学活动？您认为这种现代教育技术手段、方法与传统的教育教学手段、方法有何异同？

6. 您认为思想政治学科知识结构都包括哪些？您是如何获得，并逐步使其不断完善的？您是否经常阅读马克思主义经典著作和专业领域最新学术专著？您是否经常关注教育学、心理学、思想政治教育学、思想政治学科课程与教学论领域的学术前沿问题？您是如何获得与增进思想政治教育教学实践中所需的人文科学、社会科学、自然科学等领域内的基础知识与最新理论成果的？

7. 在日常的师生互动中，您是更强调通过给予学生更多的思考空间来培养学生的思维方式与思维能力，还是更注重通过机械记忆、考试测验来巩固学生的学习效果？

8. 针对学生的个性差异，您采取过因材施教的方法吗？是否经常鼓励和引导学生根据自身的兴趣、爱好与特长选择不同的学习方法？效果如何？

9. 您是通过多种评价方式来评价学生，还是主要依据学习成绩？为什么？

10. 您在课堂教学与社会实践活动中，是否经常肯定、鼓励和表扬学生？

11. 您是否把激发学生求知欲和丰富学生的情感作为教育教学的主要目标？

12. 在日常思想政治教育教学实践中，您是更注重自己的教学活动安排、教学情境设计、教学方法选择,还是更关注学生的身心特点、知识基础、接收与理解能力? 还是二者兼而有之?

13. 您的日常教学计划、教学内容、教学过程与评价标准主要由自己决定,还是经常有学生积极、主动地参与其中?

14. 在日常教育教学中,您是否经常引导学生根据教学内容进行小组合作学习?

15. 在日常教育教学中,您是否偏爱学习成绩好的学生,而在课堂师生互动时给予他们更多的机会?

16. 您是否经常鼓励和引导学生在教育教学中提出不同看法和解决问题的不同方案?

17. 在您的课堂教学上,学生能否勇于提问、大胆设想,而不会受到您的批评与指责?

18. 您的教学设计与教学活动组织是否经常性地从日常生活中选择主题或选取素材?

19. 在日常思想政治教育教学实践中,您是否注重对文字与音像资源、人力资源、实践活动资源、信息化资源的开发与利用?

20. 您是否经常进行比较深入地反思自己的教育教学行为?

21. 您是否经常与同事互相听课? 是否在课前、课后进行教学研讨?

22. 面对学生的不良行为,您是经常采用批评、惩罚等方式予以直接纠正,还是采用眼神、手势、谈话等方式进行深入了解再做细致安排?

23. 您和学生之间是否形成了比较平等、民主、和谐的新型师生关系?

24. 您认为学校现有的文化环境如何? 是否有利于您学习、工作和生活? 是否有利于您实现自己的人生理想、彰显生命价值和提升人生境界?

25. 学校和上级教育行政部门是否经常组织高职院校思想政治教师进行专题学习或其他继续教育活动? 您是否参加过? 如果参加过,您认为效果如何? 您有何建议?

26. 您认为,当前思想政治学科教学整体效果如何? 是否受到应有的重视? 如果受到重视,您认为主要原因是什么? 如果没有受到充分的重视,您认为障碍主要在哪里?

附录4：高职院校思想政治教师课堂教学听课记录表

听课时间		年 月 日 第 周 星期 第 节		授课教师			
学校		班级		课程名称			
评价	一级指标	二级指标	评价等级				
			优秀	良好	一般	差	
	教学态度	1. 备课认真充分,有课程设计、实训指导书等基本教学文件。					
		2. 治学严谨,态度认真,为人师表。					
		3. 遵守教学纪律,准时上、下课。					
	教学内容	1. 提出了明确的能力目标和知识目标。					
		2. 符合课程标准要求。以项目、任务为载体,注重学生的参与,突出对学生能力的培养。					
		3. 课程内容的引入、驱动、示范、展开、讨论、归纳、解决、提高、实训等过程的实施有序,有条不紊。					
	教学方法	1. 运用普通话教学,语言清晰流畅,逻辑性强;板书、板图工整。					
		2. 能合理运用各种教学方法,且有所创新。					
		3. 以学生为主体(中心),关注学的过程,有效调动学生学习兴趣,促进学生积极思考与实践。					
	教学效果	1. 学生在掌握该门课程知识、技能的同时,培养了学生的学习能力。					
		2. 有对学生学习效果的考核与记载。					
		3. 调动了学生学习的主动性、积极性,激发了学生对课程的兴趣。					
改进建议							
评学		评价项目	优秀	良好	一般		
		1. 举止文明,不迟到,不早退,尊师守纪。					
		2. 听课认真,主动思考,精神饱满,积极参与互动活动。					
		3. 课堂学习气氛好。					

附录5：高职院校思想政治理论课
典型教学案例

典型教学案例1：以诚信为基础夯实社会主义核心价值观

选自绪论：珍惜大学生活 开拓新的境界

第一节：适应人生新阶段

第二节：提高思想道德素质和法律素质

课题	第一节：适应人生新阶段 第二节：提高思想道德素质和法律 素质	授课时间	年 月 日 星期 第 节
课类/课序	公共基础课/ 第 次课	授课地点	
班级/小组		单元学时	2

<table>
<tr><td colspan="4" align="center">教 学 目 标</td></tr>
<tr><td align="center">知识目标</td><td align="center">能力（技能）目标</td><td align="center">素质目标</td><td align="center">情感目标</td></tr>
<tr>
<td>1. 了解大学生活的特点。
2. 正确认识当代大学生的历史使命。
3. 掌握社会主义核心价值体系的基本内容。
4. 掌握社会主义核心价值观的基本内容。</td>
<td>1. 能够适应大学新环境，完成从高中到大学的角色转变。
2. 能够明辨是非，分清善恶美丑，明确什么事是自己应该做的，什么事是不应该做的。
3. 能够根据大学生成才应具备的素质制订自己的目标和计划。</td>
<td>1. 提高大学生的道德修养，坚持德、智、体、美全面发展。
2. 引领学生科学认知社会主义核心价值体系与社会主义核心价值观，并在此基础上使学生能够自觉培育与践行以诚信为基础的社会主义核心价值观。</td>
<td>1. 培养学生正确的学习态度。
2. 培养学生在学校生活中的主人翁意识，不断培养与增进学生对学校的认同感。
3. 培养与强化学生对社会主义核心价值观的认知度、认同感。</td>
</tr>
</table>

教学重点、难点及其解决办法

1. 教学重点：适应人生新阶段；思想道德与法律的关系；社会主义核心价值体系；社会主义核心价值观。
2. 教学难点：思想道德素质与法律素质的关系；培育与践行社会主义核心价值观。
3. 解决办法：联系案例重点讲解；组织互动逐一击破；通过综合探究进一步突出重点、突破难点。

教学过程总体设计思路

1. 第一次课设计：课程导言—组织互动—总结（尽量与本次课产生联系）—简单复习上次课内容—案例导入—组织互动—介绍本章框架、在整本书中的位置—告知教学重点、难点—以学生为主体、以教材为基础、以互动为形式、结合案例展开教学—课堂小结
2. 第二次课设计："90后主播"—组织互动—总结（尽量与本次课产生联系）—简单复习上次课内容—以学生为主体、以教材为基础、以互动为形式、结合案例展开教学、通过综合探究突出重点与突破难点—课堂小结

续 表

具体教学过程实施				
步骤	教学内容	教学方法与手段	学生活动	时间分配（分钟）
1	课程导言 第一节适应人生新阶段 一、认识大学生活特点，提高独立生活能力	互动	听讲、参与互动	5
2	二、树立新的学习理念，培养优良学风	讲授、课件展示、互动	听讲、参与互动	5
3	三、确立成才目标，塑造崭新形象	讲授、课件展示、互动	听讲、参与互动	5
4	第二节 提高思想道德素质和法律素质 一、思想道德与法律	讲授、课件展示、互动	听讲、参与互动	5
5	二、思想道德素质与法律素质	讲授、课件展示、互动	听讲、参与互动	8
6	课堂小结	讲授、课件展示、互动	听讲、参与互动	15
7	导入：中央电视台关于公民培育与践行社会主义核心价值观的公益广告	讲授、课件展示	听讲、参与互动	2
8	三、培育和践行社会主义核心价值观	讲授、课件展示	听讲	2
9	（一）社会主义核心价值体系	讲授、课件展示、互动	听讲、参与互动	10
10	（二）社会主义核心价值观的内涵	讲授、课件展示、互动	听讲、参与互动	10
11	（三）以诚信为基础夯实社会主义核心价值观	讲授、课件展示、互动	听讲、参与互动	20
12	课堂小结	讲授、课件展示	听讲	3

课后作业布置	参考资料与设备、工具和材料的配置
1. 结合实际，谈一谈在日常生活中如何培育与践行社会主义核心价值观。 2. 查阅资料，分析当前大学生诚信缺失的主要原因与重塑人学生诚信的基本对策。	1. 徐冰：《人之动力论》（上下册），辽宁人民出版社，1999 年版。 2. 胡锦涛：《牢固树立社会主义荣辱观》，《求是》，2006 年第 9 期。 3. 黄希庭、徐凤姝：《大学生心理学》，上海人民出版社，1988 年版。 4. 钱穆：《人生十论》，广西师范大学出版社，2004 年版。 5. 蒙田：《人生随笔》，陈晓燕选译，浙江人民出版社，1987 年。 6.《高举中国特色社会主义伟大旗帜 为夺取全面建设小康社会新胜利而奋斗——在中国共产党第十七次全国代表大会上的报告》，人民出版社，2007 版。 7.《坚定不移沿着中国特色社会主义道路前进 为全面建成小康社会而奋斗——在中国共产党第十八次全国代表大会上的报告》，人民出版社，2012 版。 8.《习近平总书记"五四"青年节在北京大学师生座谈会上的讲话》 9.《赵克志同志对贵州理工学院机自 132 班回信精神》

教学反思

以诚信为基础夯实社会主义核心价值观①

注：本节是一堂综合探究课,内容选自《思想道德修养与法律基础》的绪论"珍惜大学生活 开拓新的境界"第二节"提高思想道德素质和法律素质"中的"培育和践行社会主义核心价值观"。

[探究开启——创设问题情景]

[教师]在党的十八大报告中,第一次将"诚信"纳入社会主义核心价值观系统,具有重要的理论与现实意义。因为,诚信不仅是对个人道德涵养的基本要求,更是社会主义市场经济健康发展的道德基石。在培育社会主义核心价值观的过程中,"诚信"既是党应对社会转型期出现的诚信缺失现象的重要举措,也是通过社会伦理规范对接主流价值体系以凝聚社会共识的一次尝试。

在这里,作为社会主义核心价值观的"诚信"内涵是什么呢?我们这个时代为什么更加呼唤"诚信"这一社会主义核心价值观?"诚信"作为社会主义核心价值观的重要组成部分具有什么样的结构?在现实生活中我们又应该如何倡导和培育"诚信"呢?就让我与大家共同走进今天的综合探究课——"以诚信为基础夯实社会主义核心价值观"。

附图1

附图2

[教师]由于我们在课前已经分了学习小组,下面前大家分别展示自己所查到的自己关于对"诚信"内涵的理解。

[学生]共分三个学习小组,分别谈了各自对"诚信"的理解。

---

① 素材来源主要参见：涂成林.以诚信为基础夯实核心价值观[N],光明日报 2013 - 6 - 22,第 011 版.

学习小组 A：诚信是一个道德范畴，是日常行为的诚实和正式交流的信用的合称。

学习小组 B：诚信就是待人处事真诚、老实、讲信誉，言必信、行必果，一言九鼎，一诺千金。

学习小组 C：诚信就是要求人们修德做事，必须效法天道，做到真实可信。说真话，做实事，反对虚伪。

［教师］其实，"诚信"作为中华民族的传统美德，在社会转型时期也更加呼唤"诚信"的价值回归，并且早日回归到我们的日常学习、工作与生活之中。因为——

（1）诚信是我国传统伦理的基本概念，也是修身处世治国的基本美德。

诚信是我国传统伦理的基本概念，也是修身处世治国的基本美德。早在先秦时期，儒家就提出了"诚""信"概念。《礼记·中庸》把"诚"视为礼的核心范畴，"唯天下至诚，为能尽其性"，认为诚笃之德是达至"天人合一"境界的前提。《大学》提出"格物，致知，诚意，正心，修身，齐家，治国，平天下"，将"诚"视为人们认识、修为和治国的重要环节。在孟子那里，"诚"既是天道本体的范畴，也是做人的诀窍，"是故诚者，天之道也；思诚者，人之道也"。

"信"也是如此。孔子将"信"视为"仁"的体现，要求人们"敬事而信""信则人任焉"。他强调："人而无信，不知其可也"，将"信"作为朋友相交的重要原则。汉代大儒董仲舒将"信"与仁、义、礼、智并列为"五常"，视为最基本的社会行为规范，认为表里如一，言行一致即为信。程朱理学的创始人朱熹则提出"仁包五常""以实之谓信"，认为"信"不仅是"仁"的表现，更是人们交往的准则。

而在《说文解字》中，"诚，信也"，"信，诚也"，这说明"诚""信"二字虽然分而解之，其实是一体概念。

附图3

附图4

显然，在中国传统思想中，诚信不仅是一个基本的伦理概念，更是人们立身处世的基本品质。诚信之义要求人们待人处事真实诚恳、以信取人，做到言必行、行必果，一言九鼎，一诺千金。

附图 5

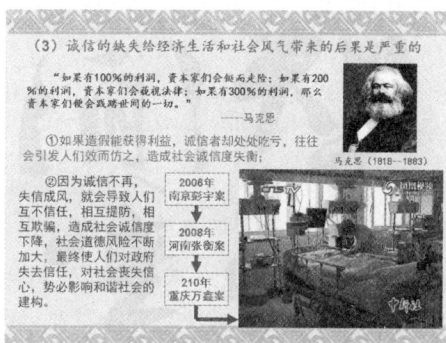

附图 6

（2）诚信缺失呼唤诚信的价值回归

［教师］改革开放以来，我国取得了举世瞩目的发展成就，中国人也走上了富裕之路。在市场经济大潮中，也有一些人迷失方向、失去自我。比如商业欺诈屡见不鲜，媒体曾报道某奥运冠军曾被其前女友诈骗上百万，并且这位奥运冠军的诸多好友也成为受害者；复旦大学曾"自揭家丑"——公开处理本校十余名教师与学生的学术造假行为，其中包括几位教授和博士；中央反腐风暴中包括前中国足协副主席南通和谢亚龙，以及"金哨"陆俊等人的先后落马，证明中国足球场上的假球黑哨比传说与想象中的还要严重；假冒伪劣产品几乎充斥着我的生活的每个角落，有网友曾在中国地图上标注了新版的"南地""北钙""东鞋""西毒"。这里的"南地"是南方违法生产的"地沟油"，"北钙"是指河北的"三鹿奶粉事件"，"东鞋"是东部小作坊生产不合格皮鞋，"西毒"是办假证件，提供假发票的，公安机关时常能够查获大量作案工具；就连城市管理的执法机关，也对法律视而不见，央视曾报道上海市城管就利用"钓鱼执法"，并美其名曰是整治出租车市场秩序。所有这些都说明，在社会转型期，诚信的缺失已经渗透到人们社会生活的方方面面。

（3）诚信的缺失给经济生活和社会风气带来的后果是严重的。

［教师］请同学说一下马克思曾经对资本家追疯狂求利润的名言是什么？

［学生］马克思曾经在《资本论》中一针见血地指出，"如果有100％的利润，资本家们会铤而走险；如果有200％的利润，资本家们会蔑视法律；如果有300％的利润，那么资本家们便会践踏世间的一切"。可见，为了追求与实现利益最大化，资本家完全可以"蔑视法律"，甚至"践踏世间的一切"，当然也包括我们推崇的"诚信"的"良知"。

[教师]而在现实生活中,如果造假能获得利益,诚信者却处处吃亏,往往会引发人们效而仿之,造成社会诚信度失衡;因为诚信不再,失信成风,就会导致人们互不信任,相互提防,相互欺骗,造成社会诚信度下降,社会道德风险加大,最终使人们对政府失去信任,对社会丧失信心,影响社会主义和谐社会的建构。

[教师]同学们是否知道中国是什么时候正式加入,世界贸易组织(WTO)的吗?

[学生]2001年11月10日晚6时38分(卡塔尔首都多哈当地时间),世界贸易组织(WTO)第四届部长级会议审议通过了中国加入世界贸易组织的申请。中国将从12月11日起正式成为世贸组织成员。

[教师]有谁知道世界贸易组织(WTO)的基本原则有哪些?

[学生]世界贸易组织(WTO)的基本原则有互惠原则、透明度原则、市场准入原则、促进公平竞争原则、经济发展原则、非歧视性原则。

[教师]其实这些原则中,无论是互惠原则,还是透明度原则,抑或促进公平竞争原则,都不同程度地涉及了"诚信"问题。我国现在已经是WTO的正式成员,如果缺失"诚信"还将严重损害我国的国家声誉和国际竞争力。对此,世界银行前副行长沃尔芬森先生就曾提出严重警告:"中国加入WTO后,如果不严格遵守诚信、透明的原则,中国对外国直接投资的吸引力将会丧失。"这段话发人深省,引人深思,更加呼唤着诚信的价值回归。

附图7

附图8

[教师]诚信在现实生活中,小到个人,大到国家,都是至关重要的。为了更准确地把握诚信内涵,接下来,我们简要地分析一下。

2. 诚信价值观的多维结构分析

(1)从价值主体来看,诚信价值观的主体表现为个人诚信、企业诚信和政府诚信的多主体综合。诚信不仅指个体要求、企业准则和政府信念的综合,更是指由这些主体共同建构的社会诚信氛围。

一、诚信是个人主体的基本素质。常言道："做事先做人、做人先取信。"人生在世，"诚为根、信为本"。因此，我们大学生在一定要牢记，考试作弊可能得到高分，却学不到真本领；伪造假证可能找到一份好工作，却丢了做人的底线。总之，弄虚作假者终究一败涂地。

二、诚信是企业主体的经营准则。市场经济既是法治经济，也是契约经济，更是诚信经济，对企业而言，诚信不仅是无形资产，也是有形资产；不仅意味着较好的信誉，更意味着更高的竞争优势。失信者不仅"门可罗雀"，甚至可能被市场"扫地出门"，比如 2001 年，尽管有媒体呼吁再给南京著名的食品企业冠生园一个机会，但其还是因为"月饼事件"不得不申请破产保护。相反，海尔创始人张瑞敏先生亲自带领员工砸毁不合格电冰箱，并且向全体员工郑重承诺："将来海尔的奉献是用我们的手和我们的心奉献给我们民族一个中国人自己的世界级的名牌！"而今，海尔已经成为享誉世界的中国名牌。可见，诚信的有无与坚守的程度，对一个企业而言，某种程度上不仅决定着一个企业的生死存亡，而且决定着一个企业的做大做强。

三、诚信是政府主体的执政信念。荀子早就指出"诚"为"政事之本"，诚信为政，可以取信于民，从而政通人和。现在一些地区和部门不是依法执政，取信于民，而是自行其是，忽悠老百姓，政府诚信的缺失对党的领导和执政能力将产生致命的影响。

（2）从价值演进来看，诚信价值观的发展表现为市场规则、底线伦理到主流价值的多层次历史演变。在历史的长河中，诚信首先表现为人们在社会交往中通过彼此约定和相互认可形成的市场交易规则，其目标是寻求相互交易的公平、公正和对等，我们经常提及的"公平交易""童叟无欺"等市场约则就是体现了这一要求。其次，诚信也体现了人们的价值认识和道德追求，成为社会公众和企业必须遵循的底线伦理和职业道德。诚信要求真心待人、诚实无欺，要求企业讲求信用、信守合同。

诚信还在当今时代被纳入主流价值体系，成为社会主义核心价值观的组成部分。

总之，诚信的价值回归和价值提升，一方面体现了诚信的普遍缺失对经济社会发展、国家民族命运带来的严重影响，需要在全社会呼唤诚信价值的回归；另一方面也体现出民间伦理规范向主流意识形态提升的客观必然规律：通过底线伦理的向上扬升而构建具有社会高度共识的价值体系，是构建市场经济秩序和和谐社会的基础工作。

（3）从价值呈现来看，诚信价值观的呈现形式表现为个体约束、人际约定和社会氛围的多维建构。

首先，诚信是个体对自己的基本约束和规定，即希望通过个人的以诚立身，以信立世，获得基本的社会认可，这就使诚信成为人们立身济世的道德底线。其次，诚信也是一种对人与人相互关系的道德约定，即诚信是人与人交往必须恪守的基本道德规范，人际交往必须做到以诚为本，两不相欺，彼此公平。最后，诚信还是一种对社会氛围的要求，换言之，要通过人的个体约束和人与人之间的诚信交往来建立社会的诚信氛围。只有这样，才能使"诚信者行天下"，进而使"诚信者赢天下"。

总之，从诚信作为个体约束，到彼此的道德约定，再到社会诚信氛围，原本的民间伦理规范和社会底线伦理逐渐纳入主流的核心价值体系，这既是民间伦理规范提升为主流价值观的逻辑路径，又凸显出诚信家族在当今社会价值谱系中的突出地位。

附图9

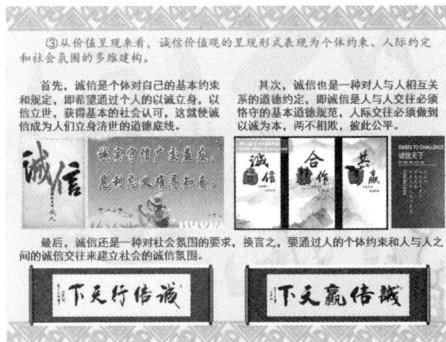

附图10

3. 积极倡导和培育以"诚信"为基础的核心价值观。

如前所述，当前我国社会各个领域诚信缺失的现象十分严重，以至于出现了某种程度的诚信危机。积极倡导和培育以"诚信"为基础的核心价值观，加强以诚信为主要内容的公民道德建设，是全面推动社会主义核心价值观落地生根、开花结果的有效途径。

一是要强化价值认同。通过价值认同形成价值共识，是倡导和培育社会主义核心价值观的基本前提。就诚信价值而言，价值认同的主要途径是通过价值主体的上下互动，实现主流价值的下沉和草根价值的提升，在价值互动中实现价值要素的对接。换言之，诚信价值作为草根百姓、社会公众日常生活的底线伦理，具有全社会普遍认同和全面遵守的现实基础，这就为诚信价值成为社会主流价值提供了条件；另一方面，随着诚信被纳入社会主义核心价值观，其原始内涵通过替换和转型又被赋予了新的时代内容，成为更高基础上的价值共识。

二是要构建多维规范。不同的价值主体具有不同的诚信要求，需要通过对诚信价值主体的多维建构，形成整体的社会诚信氛围。从个体而言，要把诚信价值观作为自身修身立世的基本原则和价值追求，以此建构与个体行为目标相一致的价值规范；对企业而言，要将诚信价值观作为企业经营的价值取向，成为企业核心竞争力和企业社会责任的组成部分，并建构系统的基于诚信价值的企业规划与制度；对于政府而言，要将诚信价值观作为政府执政的基本理念。执政成功之诀窍，在于取信于民，执政之失败，其原因也在失信于民。只要政府恪守诚信理念，就可以做到取信于民，获得广大民众的认同与支持。

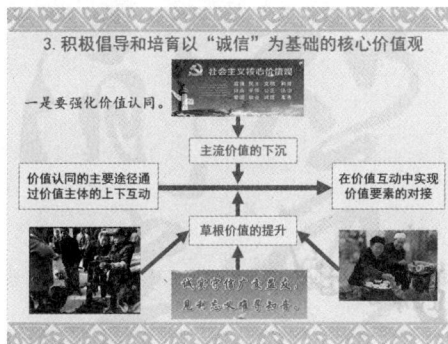

附图11

附图12

三是要重视制度建构。诚信价值观需要倡导和培育，更需要科学的制度建设来保障。党的十六届三中全会提出"形成以道德为支撑、产权为基础、法律为保障的社会信用制度"，指出了制度建构的基本方向。目前，我国社会信用体系发育程度较低，信用缺失比较严重，需要建立符合我国基本国情、与国际规范接轨的社会信用体系，以保证市场经济的公平、公正与效率，保障和谐社会的建设与完善。西方发达国家通过社会信用体系和法律的铁腕手段来规范个人和企业诚信缺失行为的做法，值得我们总结和借鉴。因此，要提供完备的法律法规来保障社会信用制度的实施，用法律促进道德自律，防范和惩治失信行为，使社会信用制度起到促进市场经济健康发展的积极作用。

四是要加强诚信监督。当今社会之所以存在严重的诚信缺失现象，关键是监管不到位，惩处力度不够。2008年轰动全国的"三鹿奶粉事件"带来全国奶业危机，但由于事后惩罚力度不足，补救措施不力，导致中国奶业至今都未能完全走出阴霾。这是一个深刻的教训。加强诚信监督，一是要动员社会公众的参与，让公众拥有足够的知情权和监督权；二是发挥舆论监督的作用，一经发现个人、企业和政府的失信行为,就应该通过各种媒体进行曝光,使之成为过街老鼠;三是依靠法律的威严与制度的力量,要借鉴西方对处理假冒伪劣的立法和执法经验,对制假卖假者一撸到底,终身处罚,绝不轻饶,增强法制的威慑力。

附图 13

附图 14

典型教学案例2：当代中国人信仰危机的社会呈现

选自第一章：追求远大理想 坚定崇高信念

第一节：理想信念与大学生成才

第二节：树立科学的理想信念

课题	第一节：理想信念与大学生成才 第二节：树立科学的理想信念	授课时间	年 月 日 星期 第 节
课类/课序	公共基础课/ 第 次课	授课地点	
班级/小组		单元学时	2

教 学 目 标

知识目标	能力(技能)目标	素质目标	情感目标
1. 能正理解理想信念的含义与特征,明确理想信念对大学生成长成才的重要意义。 2. 能正确认识理想与现实的关系,认识到目前存在的不足之处,意识到现阶段和理想的差距要怎样通过努力缩小甚至消除,积极投身社会实践,把理想化为现实。	1. 能理解理想对一个大学生成长成才的重要性,确立自己的人生理想和信念。 2. 能用坚定的信念把握实现理想需要具备的条件,树立将理想化为现实的信心和勇气。 3. 能积极投身社会实践,坚持社会理想与个人理想的统一。	提高学生的知觉、耐受、控制、适应能力,进而增强学生的综合素质。通过积极引导学生准确把控情绪,使他们在发现自己的愿望与社会需求发生矛盾时,能迅速进行自我调节,以求与社会协调一致。事实上,学生只有掌握了这些具体了这些素质,才能规范日常行为举止,才能理性安排行为去实现理想,最终实现自己的人生价值。	1. 培养正确的爱憎感情。 2. 培养强烈的自尊心与正确的荣誉感。 3. 培养追求真理、追求美好前景目标的情感。 4. 培养建设祖国的爱情情感和建功立业的事业感。

教学重点、难点及其解决办法

1. 重点：理想信念对大学生成长成才的重要意义；树立中国特色社会主义共同理想。

2. 难点：确立马克思主义的科学信仰；如何在实践中把理想变为现实；实现理想的长期性、艰巨性和曲折性。

3. 解决方法：联系案例重点讲解、组织互动逐一击破。

教学过程总体设计思路

1. 第一次课设计："90后主播"—组织互动—总结(尽量与本次课产生联系)—简单复习上次课内容—案例导入—组织互动—介绍本章框架、在整个书中的位置—告知教学重点、难点—以学生为主体、以教材为基础、以互动为形式、结合案例展开教学—课堂小结

2. 第二次课设计："90后主播"—组织互动—总结(尽量与本次课产生联系)—简单复习上次课内容—以学生为主体、以教材为基础、以互动为形式、结合案例展开教学—课堂小结

续　表

具体教学过程实施				
步骤	教学内容	教学方法与手段	学生活动	时间分配（分钟）
1	"90后主播"	互动	参与互动	5
2	导入：信仰危机的社会呈现	讲授、课件展示、互动	听讲、互动	20
3	第一节　理想信念与大学生成长成才 一、理想信念的含义与特征	讲授、课件展示、互动	听讲、参与互动	12
4	二、理想信念对大学生成长成才的重要意义	讲授、课件展示、互动	听讲、参与互动	8
5	课堂小结	讲授、互动	听讲、参与互动	5
6	"90后主播"	互动	参与互动	5
7	第二节　树立科学的理想信念 一、认识大学生的历史使命	讲授、课件展示、互动	听讲、参与互动	10
8	二、确立马克思主义的科学信仰	互动	参与互动	15
9	三、树立中国特色社会主义的共同理想	讲授、课件展示、互动	听讲、参与互动	10
10	课堂小结	讲授、互动	听讲、参与互动	5

课后作业布置	参考资料与设备、工具和材料的配置
1. 怎样正确处理个人理想与社会理想的关系？ 2. 在社会主义市场经济条件下，需要什么样的理想？ 3. 你的理想是什么？你打算如何实现自己的理想？	1. 恩格斯：《社会主义从空想到科学的发展》，《马克思恩格斯选集》第3卷，人民出版社，1995年版。 2. 列宁：《青年团的任务》，《列宁选集》第4卷，人民出版社，1995年版。 3. 毛泽东：《青年运动的方向》，《毛泽东选集》第2卷，人民出版社，1991年版。 4. 邓小平：《一靠理想二靠纪律才能团结起来》，《邓小平文选》第3卷，人民出版社，1993年版。 5. 江泽民：《在纪念中国共产主义青年团成立八十周年大会上的讲话》，《人民日报》，2002年5月16日。 6.《高举中国特色社会主义伟大旗帜 为夺取全面建设小康社会新胜利而奋斗——在中国共产党第十七次全国代表大会上的报告》，人民出版社，2007版。 7.《坚定不移沿着中国特色社会主义道路前进 为全面建成小康社会而奋斗——在中国共产党第十八次全国代表大会上的报告》，人民出版社，2012版。

教学反思

当代中国人信仰危机的社会呈现①

选自《思想道德修养与法律基础》第一章"追求远大理想 坚定崇高信念"的导入。

[教师] 以市场经济为主导的改革开放正使当代中国日益进入利益分化的政治时代，然而在对经济利益最大化的追求中，国人的道德、信仰、良知等遭遇到前所未有的冲击与挑战，面对国人在道德与信仰领域出现的诸多危机，有人提出"道德滑坡论"，有人主张"道德爬坡论"。有谁能给大家简单介绍一下所谓的"道德滑坡论"？

[学生]"道德滑坡论"主要是认为，伴随市场经济的发展，当代中国人的道德水准与改革开放之前相比较，既放弃了中华民族的优秀道德传统，也违背社会主义市场经济的道德准则，出现了严重"道德滑坡"的社会现象与问题。比如，2009年10月24日央视报道的湖北荆州大学生救人遇难后遭遇的"挟尸要价"。

[教师] 谁能简单说一下"道德爬坡论"的主张？

[学生] 与"道德滑坡论"不同，"道德爬坡论"认为，尽管改革开放后，我国公民的道德建设中出现了这样或那样的问题，但是主流是好的，特别是伴随着市场经济的发展，人们生活水平的提高，人们的道德水平也正在逐步提高，正所谓"仓廪实而知礼节，衣食足而知荣辱"。比如，每年评选出来的CCTV感动中国人物就是其中的杰出代表。让我们始终看到国家的希望、民族的未来与社会的正能量。

[教师] 好，看来两位同学的知识面都比较广，对问题的回答也都有自己的见解。其实，这一争论的背后，当代中国人的道德和信仰出现危机却是一个不争的事实。作为当代青年人的杰出代表，大学生们有必要对这一现象有更为深刻与全面的了解，因此，今天，我将与大家一道来"浏览"一下"当代中国人信仰危机的社会呈现"，看看当代中国人的精神家园到底是繁花似锦，还是花果飘零？

一、神圣与权威的消解

[教师] 著名现代西方哲学家尼采曾针对西方社会道德信仰危机，向人们提出严重警告："上帝死了，一切价值需要重估。"在西方基督教社会，尼采这一声音的反响相当强烈。尼采之所以说"上帝死了，一切价值需要重估"，主要是指西方社会在追求利益最大化的进程中，以"上帝"为代表的信仰体系已经土崩瓦解。如果说尼采的警告震耳欲聋，那么法国著名法国哲学家米歇尔·福柯的"人也死了"可谓石破天惊！在福柯看来，面对利益、权力等的诱惑时，人们已经失去了道德底线与理

---

① 素材来源主要参见：贾利静.当代中国人的信仰危机及其消解[D].济南：山东大学，2009.

想信仰,因此,"人"已经不是完全意义上的"人"了,充其量是一具具"行尸走肉"。其实,无论是尼采,还是福柯,他们的主张都表明:西方人的精神世界开始荒芜,信仰虚无主义盛行起来。

附图 15

附图 16

[教师]然而,当今中国人的信仰危机并不亚于西方人心目中"神的形象的颠覆",甚至比西方的精神危机更可怕。市场经济大潮席卷下的当代中国,正处在"一切终极而最崇高的价值从公众生活中隐退"的时代。当然,中国人的终极价值关怀并不是韦伯语境中宗教领域的超市脱俗的彼岸幸福,而是人的现实生存的意义和安身立命的根本所在。儒家信仰是国人安身立命的伦理价值规范体系,支撑了中华民族的生生不息,成就了中华文明的绵延不绝。然而,自从经历了五四运动的批判、"文革"时期的摧毁和市场经济的冲击,儒家信仰也逐渐失去了其主导地位。现实生活中,传统价值关怀中的"修身、养性、齐家、治国、平天下"已被认为是不合时宜,"居庙堂之高,则忧其民;处江湖之远,则忧其君"的心态也一去不复返。就连作为当代中国主流意识形态——马克思主义信仰,也日益受到利益多元化和文化多样化的深刻影响,以至于国人产生了迷茫、困惑甚至动摇的念头。

附图 17

附图 18

二、敬畏之心的消逝

[教师] 中国古代强调："君子有三畏：畏天命、畏大人、畏圣人之言。"(《论语·季氏》)也就是说，在古代中国，人们心中是有敬畏的，古人"敬天爱人""敬畏神""敬畏自然""敬畏生命"。而大家刚才所说的长江畔出现的"挟尸要价"就是典型案例。有谁还能说一些国人缺乏对生命的敬畏的事件呢？

[学生]

A：2008年汶川地震时，有央视记者未穿无菌服而硬闯"临时手术室"，被当班医生批评；B：2013年辽宁沈阳发生的儿童"剁手"惨案；

C：某些大学校园周边张贴的"无痛人流"广告，表明某些大学生缺乏对生命的敬畏。

[教师] 大家说得都很好，这些都表明当代中国人心中生命缺少最起码的敬畏之心，长此以往，后果不堪设想！其实，同样应该引起我们思考的，还有当代中国人——

三、价值追求的裂变

[教师] 1. 拜金主义愈演愈烈。网络上的炫富业已成为某种"时尚"，无论是成年人的生日，还是新生儿的百天，都成为"土豪"们争相在网络上炫富的好时机，无论是福建新娘结婚时的上百万的金银首饰，还是山西富商们举办婚礼时的豪车洋房，都在表明某些人的婚姻从头到脚、从里到外都无时无刻不充斥着铜臭味儿。

附图19

附图20

[教师] 2. 享乐主义泛滥成灾。无论是各大城市KTV的灯红酒绿与纸醉金迷，还是公款吃喝与旅游的触目惊心，无论是臭名昭著的"海天盛宴"，还是号称"亚洲第一单体建筑"的济南市政府办公大楼，都表明从普通百姓到政府官员，享乐主义都有共高阔的"市场"。

[教师] 哪位同学能举一个大学生日常生活中"享乐主义"的实例？

[学生]《武汉晚报》2009年8月27日报道，武汉某大学新生张敏(化名)报到

时，携带着包括衣服、被子、零食、电脑等整整十大箱子行李，妈妈怕学校的被子不厚，专门给她带了3床厚被子；爸爸为了奖励她考上大学，给她买了一台笔记本电脑；平时穿的衣服全部要带上，春夏秋冬还要重新买几套备用；亲戚送的"好记星"、MP3等都得带上；爷爷奶奶从超市购回5大袋家乡的零食……

附图21

附图22

3. 极端个人主义"大行其道"

[教师] 极端个人主义的代表人物——范美忠——本应成为舆论谴责的对象，本应遭到社会的口诛笔伐，却成为娱记追逐的偶像、网络媒体的宠儿、演讲论坛的嘉宾。

四、宗教信仰的异化

[教师] 众所周知，基督教、佛教、伊斯兰教并称为"世界三大宗教"。在我国实行宗教信仰自由政策，只有遵守我国现行法律法规，信教者与不信教者同样受到我国法律保护。然而，伴随"法轮功""全能神"等邪教组织活动的屡禁不止，国人的宗教信仰也出现了异化的现象。甚至出现了一些民族极端主义者打着宗教的幌子制造多起惨无人道的暴力恐怖事件，如西藏拉萨的"3·14"事件、新疆乌鲁木齐的"7·5"事件、云南昆明的"3·1"事件。这些暴恐事件已严重危及我国社会和谐稳定与人民群众生命财产安全。

附图23

附图24

与此同时，新中国成立后早日销声匿迹的封建迷信活动卷土重来。无论是被众多达官显贵和娱乐名人奉为"大师"的王林逃离大陆，还是隐居深山被视为道家"当代第一人"的李一被拉下神坛，抑或每逢高考各大寺庙内焚香祈祷的善男信女，都表明封建迷信活动正已迎合某些人的心理在当代中国"开疆拓土"。

五、精神焦虑和意义的丧失

[教师] 现代化的进程是人的主体意识觉醒的过程，也是人的精神贫困化的过程。物质文明的发展并没给人们带来精神上的充实，人际交往的广泛反而加剧了个体的孤独。伴随现代性产生的不确定性、空虚、不安和焦虑充斥着人们的心灵，影响了人们内心的和谐。

附图 25

附图 26

在中国古代历史上，几乎每个人一生来就自然地划归于某一特定等级或从属于某一特定的阶级，在日常生活在任何人都很难摆脱属于某一特定等级或阶级的"命运"，这也在客观上使身处其中的绝大多数人获得了某种"归属感"。这一现象真正出现新中国成立之初的"三大改造"完成后，农民、工人、军人、学生等社会阶层的重新划分与定位，身处不同阶级或阶层的人们同样也获得了某种"归属感"。

然而进入现代社会后，人们正日益摆脱传统人身依附关系的束缚，可以根据自己的职业、兴趣、思维方式甚至生活习惯来定位自己的归属。特别是伴随改革开放的不断深入与拓展，原来的身份、地位的判断标准被打乱，原本统一、完整、和谐的"我"被多元、断裂、矛盾的"我"所取代，孤独、怀疑、抑郁、烦躁、茫然接连而至，"我是谁"这个在传统社会看似简单的问题，变得愈来愈虚无缥缈。日复一日在城市打拼的农民工，始终没有弄清楚他们到底是"农民"，还是"工人"？因为，说他们是农民，却常年生活与工作在城市，说他们是工人，他们的户籍、家人却大都在有农村。再看看富士康女工充满忧郁、困惑、迷茫的眼神，我们恐怕就能够找到当年"十连跳"的答案了。

附图27

附图28

（三）自我意义的丧失

[教师]自我的无意义感，就是那种感觉生活没有任何价值的感受。现实生活中，在"欲望"与"利益"的双重驱使下，众多生命在"人性的草原"上"忘我地游荡"与"肆意地狂奔"，并且已经或正在渐渐失去"自我"。因为，人一旦被无限的欲望所支配和左右，就会沉沦于"物"的世界，把精神放逐于荒漠之中，只剩下肉体的躯壳。

当今大学校园里几乎见不到当年高中生迎接高考时的学习热情与拼劲儿，当年的"挑战夜战"变成了今天的"睡倒一片"，千辛万苦"冲"过高考"独木桥"的天之骄子因为瞬间失去奋斗的目标与生活的意义而不知所措，在"浮躁"与"迷茫"的双重压力下大多数人的自我意义莫名的丧失。大学校园如此，其他校园又是如何呢？看看幼儿园里的小朋友在老师的带领下过圣诞节的画面，再看看过端午节时商家的玩的噱头，"传统与现代""中国与外国"诸多领域的冲突与矛盾如何化解与融合，正在考量我们国人的智慧与胸襟。

典型教学案例 3：敬畏生命　善待自然

选自第三章：领悟人生真谛 创造人生价值

第二节：创造有价值的人生

第三节：科学对待人生环境

课题	第二节：创造有价值的人生 第三节：科学对待人生环境	授课时间	年　月　日　星期　第　节
课类/课序	公共基础课/第　次课	授课地点	
班级/小组		单元学时	2

教 学 目 标

知识目标	能力(技能)目标	素质目标	情感目标
1. 理解人生价值、人生环境的含义。 2. 理解和掌握人生观、价值观的重要内容及人生价值的标准与评价。 3. 理解自我价值和社会价值的辩证关系。 4. 掌握人生环境的要素及科学对待人生环境的方法。	1. 能掌握评价人生价值的方法和手段。 2. 能辨析各种人生观的性质和特点。 3. 能自主促进自我身心、个人与他人、个人与社会、人与自然的和谐。	1. 培养大学生正确的人生观与价值观。 2. 能够正确处理人际关系，拥有良好的人际关系。 3. 培养大学生的敬业精神与社会责任感。 4. 能够心存敬畏、尊重生命、善待自然，做社会主义核心价值的践行者。	1. 培养大学生积极进取的人生态度。 2. 培养大学生拥有敬畏之心，能够时刻尊重生命及其价值。 3. 引导大学生善待生命、善待自然，对生命与大自然充满无限热爱与真实情感。

教学重点、难点及其解决办法

1. 教学重点：价值与价值观；社会主义核心价值观；对人生环境的理解。

2. 教学难点：社会主义核心价值观；科学对待人生环境。

3. 解决方法：联系案例重点讲解；组织互动逐一击破；通过综合探究进一步突出重点、突破难点。

教学过程总体设计思路

1. 第一次课设计："90 后主播"—组织互动—总结(尽量与本次课产生联系)—简单复习上次课内容—案例导入—组织互动—介绍本章框架、在整本书中的位置—告知教学重点、难点—以学生为主体、以教材为基础、以互动为形式，结合案例展开教学—课堂小结

2. 第二次课设计："90 后主播"—组织互动—总结(尽量与本次课产生联系)—简单复习上次课内容—以学生为主体、以教材为基础、以互动为形式、结合案例展开教学—课堂小结

续　表

	具体教学过程实施			
步骤	教学内容	教学方法与手段	学生活动	时间分配（分钟）
1	"90后主播"	互动	听讲、参与互动	5
2	复习上一次课内容	互动	参与互动	2
3	导入："印度"狼孩儿"的故事	讲授、课件展示、互动	听讲、参与互动	5
4	第二节　创造有价值的人生 一、人生价值的标准与评价	讲授、课件展示、互动	听讲、参与互动	28
5	二、人生价值实现的条件			
6	课堂小结	讲授	听讲、参与互动	5
7	"90后主播	互动	参与互动	5
8	复习上一次课内容	互动	听讲、参与互动	2
9	第三节　科学对待人生环境 一、促进自我身心的和谐	讲授、课件展示、互动	听讲、参与互动	4
10	二、促进个人与他人的和谐			4
11	三、促进个人与社会的和谐			4
12	四、促进人与自然的和谐			4
13	综合探究：敬畏生命 善待自然	讲授、课件展示、互动	听讲、参与互动	20
14	课堂小结	讲授	听讲、参与互动	2

课后作业布置	参考资料与设备、工具和材料的配置
1. 谈谈如何有效处理自我身心关系。 2. 如何正确认识和处理个人与社会的关系？ 3. 结合"小悦悦事件"谈谈你对"心存敬畏、尊重生命"的理解？ 4. 如何协调人与自然的关系，有效解决当今世界面临的环境和资源问题。	1.《毛泽东邓小平江泽民论世界观人生观价值观》，人民出版社，1997版。 2. 爱因斯坦：《我的世界观》《社会和个人》，《纪念爱因斯坦译文集》，上海科学技术出版社，1979版。 3. 胡锦涛：《在中央人口资源环境工作座谈会上的讲话》，《十六大以来重要文献选编》（上），中央文献出版社，2005年版。 4.《高举中国特色社会主义伟大旗帜 为夺取全面建设小康社会新胜利而奋斗——在中国共产党第十七次全国代表大会上的报告》，人民出版社，2007版。 5.《坚定不移沿着中国特色社会主义道路前进 为全面建成小康社会而奋斗——在中国共产党第十八次全国代表大会上的报告》，人民出版社，2012版。

教学反思

敬畏生命　善待自然

注：本节是一堂综合探究课，内容选自《思想道德修养与法律基础》的第三章"领悟人生真谛 创造人生价值"。

［探究开启——创设问题情景］

［教师］今天我将与大家一起来对第三章"领悟人生真谛 创造人生价值"进行一次综合探究，共同来探讨如何珍惜生命、尊重生命、善待自然，共同去领悟人生的真谛，共同来实现人生价值。

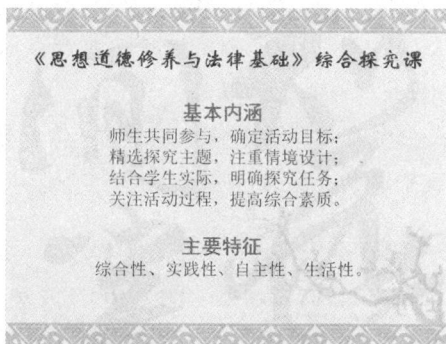

附图29

附图30

［教师］在现实生活，当代中国人缺乏对生命敬畏的事件数见不鲜，比如：

（一）虐待动物或致伤或致死——触目惊心

［教师］首先，请大家看大屏幕上的这张新闻图片，是否有人知道主人公是谁？为什么他与黑熊同时出现在一张新闻图片上？

［学生］新闻图片中的主人公名叫刘海洋，曾经是清华大学机电系学生。之所以他与黑熊现时出现在一张新闻图片上，是因为2002年1月和2月，刘海洋先后几次将事先准备的氢氧化钠溶液、硫酸溶液，向展区内的黑熊和棕熊进行投喂，致使三只黑熊、两只棕熊受到不同程度的损伤。

［教师］这位同学说得很准确，一位清华大学的高才生，做出如此令人发指的行为，其内心的冷血可见一斑！接下来，再请大家看一段视频，2013年6月17日，江西卫视《晨光新视界》中播出的"善待动物敬畏生命是文明更是良心"。

看过之后，当事人骑着摩托车狠心地将狗妈妈活活拖死的镜头依然历历在目、触目惊心！一个人有多残忍才能做如此丧心病狂的举动？！这个人的行为与刘海洋相比,有过之而无不及!他们的共同点就是对生命缺乏起码的珍惜与尊重!更谈不上去善待生命了。

[教师]以上两位是通过残忍的手段伤害动物的生命,也有人通过自杀的方式结束自己的生命,事实上,当代中国人——

(二)自残、自杀现象——层出不穷

[教师]看了相关的新闻报道,大家谈一下自己对这些自残或自杀现象的看法。

[学生]无论中国新闻报道的每年我国自杀的人数,还是富士康员工的"十连跳",无论是深圳某高中女生的切腹自残,还是南京林业大学女生上吊身亡,无论是贵州因交不起超生罚款选择服毒自杀的父亲,还是为讨要工钱不惜以跳楼威胁企业主的农民工,一幕幕画面都让我们看到了当面对失败、挫折、打击、迷茫,甚至绝望时,有多少人选择的不是向政府、社会、媒体与亲朋求助,而是选择了自残或自杀,这是对生命的漠视与亵渎,应该引起社会的关注与人们的深思。

[教师]是的,对于自己和他人的生命,我们都应该保持最基本的尊重,要学会珍惜、学人善待,因为"生命只有一次",所以我们必须要加倍珍惜,要好好呵护。

附图 31

附图 32

[教师]在社会上出现的虐待动物致残或致死,在中学校园出现的自残或自杀,而在大学校园,却有另一种漠视生命与残害生命的现象存在,那就是——

(三)大学生杀人案件——反响强烈

[教师]下面请在四个小组分别说一下你找到的近年来发生在大学校园里这方面的典型案件。

学习小组 A:2009 年 11 月吉林农业大学大四学生郭力维杀人案;

学习小组 B:2004 年 2 月云南大学大四学生马加爵杀人案;

学习小组 C:2010 年 10 月西安音乐学院大三学生药家鑫杀人案;

学习小组 D：2013 年 4 月复旦大学研究生林森浩杀人案。

[教师]接下来请大家通过大屏幕来共同了解下其中的三个案件。马加爵是因"受不了同窗讥讽"疯狂地将四位室友锤杀；药家鑫因害怕被其开车撞倒的张妙认出自己后报警，向张妙连捅数刀致其当场死亡；林森浩因生活琐事在寝室饮水机里投毒导致室友黄洋不治身亡。这一系列案件，表明当代大学校园还缺乏生命教育，当代大学生还缺少尊重生命和善待生命的意识与素养。

以上种种现象，无论是对动物的虐待，还是对人的残害，可谓触目惊心，发人深省，应该引起在座各位的高度重视，在日常生命中要学会珍惜与尊重生命，更重要的是要学会与能够敬畏生命。也就是说，我们要——

二、明确敬畏生命的内涵，强化敬畏生命的意识

[教师]有哪位同学知道"敬""畏"和"敬畏"都做如何解释？

附图 33

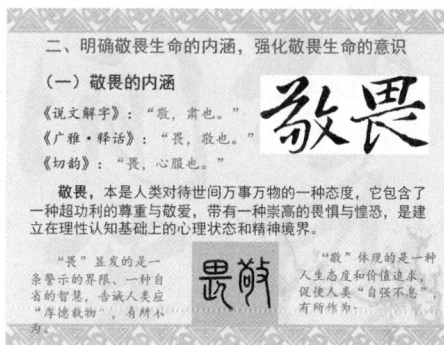

附图 34

学习小组 A：《说文解字》明确指出"敬，肃也"；《广雅·释话》则强调，"畏，敬也。"《切韵》将"畏"解释为"心服也。"

学习小组 B："敬"体现的是一种人生态度和价值追求，促使人类"自强不息"，有所作为；

学习小组 C："畏"显发的是一条警示的界限、一种自省的智慧，告诫人类应"厚德载物"，有所不为。

[教师]敬畏，本是人类对待世间万事万物的一种态度，它包含了一种超功利的尊重与敬爱，带有一种崇高的畏惧与惶恐，是建立在理性认知基础上的心理状态和精神境界。

[教师]明确了敬畏的内涵，接下来我们再来了解一下"生命"的含义，请同学说说你所查到的资料或自己的理解。

学习小组 A：生物体所具有的存在和活动的能力。

学习小组 B：现代生物学认为，生命是生物体所表现出来的自身繁殖、生长发育、新陈代谢、遗传变异以及对刺激产生反应等复合现象。

学习小组 C：奥地利著名生物学家贝塔菲朗认为，广义的生命表现为无数种植物和动物的形态。这些形态展现为一种从单细胞到组织、器官，再到无数细胞组成的多细胞有机体的独特的组织形式。

学习小组 D：生命的哲学定义：生命是生物的组成部分，是生物具有的生存发展性质和能力，是生物的生长、繁殖、代谢、应激、进化、运动、行为表现出来的生存发展意识，是人类通过认识实践活动从生物中发现、界定、彰显、抽取出来的具体事物和抽象事物。

[教师] 我觉得奥地利著名生物学家贝塔菲朗给生命下的定义更符合我们今天所要探讨的生命的内涵。

[教师] 在日常生活中，当代大学生要——

三、心存敬畏　尊重生命　善待自然

（一）敬畏生命，护佑生命，是把生命提高到最有价值的地位，多一些对生命的热爱和责任。

比如，弘一法师圆寂前，再三叮嘱弟子将其遗体装龛时，在龛的四角各垫上一个碗，碗中盛水，以免蚂蚁等虫子爬上龛，在他遗体火化时被无辜烧死……这就是敬畏生命！

《新民周刊》2008 年 7 月 23 日曾报道，一个美国网球运动员在比赛时无意中打死一只鸟，他跑上前去，跪下来，捧起鸟，吻了一下，说抱歉。于是，全场观众起立。

美国文学名著《飘》中邻居老人对从不服输的郝思嘉说："我劝你，留着一点什么东西去敬畏吧，正如要留着一点什么东西去爱一样……"

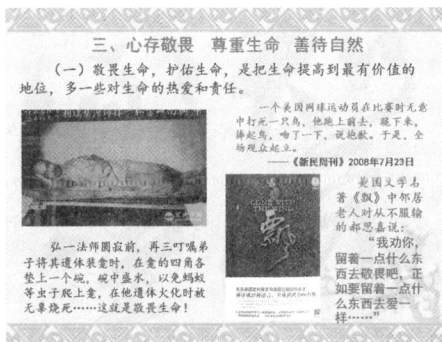

附图 35

附图 36

所有这些都向我们昭示着一个永恒的真理，那就是人要学会敬畏生命与护佑

生命。

(二)敬畏生命,不仅是敬畏自己的生命,还包括敬畏他人的生命,以及敬畏自然。

[教师]2011年7月23日20时38分,甬温线北京南至福州D301次列车与杭州至福州南D3115次列车发生追尾事故,共造成38人死亡、192人受伤。发生事故的动车部分车体损毁严重。当遇难者的遗体还在损毁的车体里时,救援人员却猛地将车摔倒在地面,对于已经逝去的生命,这些救援者缺少最基本的尊重与敬畏!令遇难者家属痛心!令新闻媒体惊讶!令全社会为之震惊!

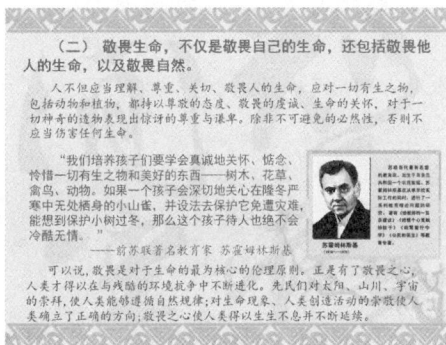

附图37

附图38

[教师]也就是说,在日常生活,我们不仅理解、尊重、关切、敬畏人的生命,应对一切有生之物,包括动物和植物,都持以尊敬的态度、敬畏的虔诚、生命的关怀,对于一切神奇的造物表现出惊讶的尊重与谦卑。除非不可避免的必然性,否则不应当伤害任何生命。

正如苏联著名教育家苏霍姆林斯基所说,"我们培养孩子们要学会真诚地关怀、惦念、怜惜一切有生之物和美好的东西——树木、花草、禽鸟、动物。如果一个孩子会深切地关心在隆冬严寒中无处栖身的小山雀,并设法去保护它免遭灾难,能想到保护小树过冬,那么这个孩子待人也绝不会冷酷无情"。正因为这样——

(三)敬畏生命,更涵盖了这样一些德行:爱、奉献、同情、同乐和共同追求。

[教师]2011年10月13日,2岁的小悦悦(本名王悦)在佛山南海黄岐广佛五金城相继被两车碾压,7分钟内,18名路人路过但都视而不见,漠然而去,最后一名拾荒阿姨陈贤妹上前施以援手,引发网友广泛热议。2011年10月21日,小悦悦经医院全力抢救无效,在0∶32离世。2011年10月23日,广东佛山280名市民聚集在事发地点悼念"小悦悦",宣誓"不做冷漠佛山人"。2012年9月5日,肇事司机胡军被判犯过失致人死亡罪,判处有期徒刑三年六个月。

为了进一步了解事件的整个过程,请大家观看两段视频资料。

[教师] 与小悦悦相比,在遭遇类似不幸时,有的人却遇到了好心人、善良人、遇到能够凝聚与传递正能量的时代楷模。大屏幕上面左侧图片中的主人公是被誉为龙口"最美女孩"的刁娜,她是南山集团旅游公司的员工。哪个小组查到了有关她的先进事迹,给大家说一下?

学习小组 D:2011 年 10 月因救助受伤女子,刁娜在指挥的过程中,被一辆飞驶而过的小轿车挂倒。经医院诊断,刁娜右小腿两处骨折,其中一处是粉碎性的。经过半个多月治疗,刁娜被撞断的右腿正逐渐愈合,看上去仍是伤痕累累。她说,现在使不上劲,只能挂着拐杖慢慢锻炼。面对感激和赞扬,刁娜说:"一条腿换一条命,值!我只是不想让小悦悦的悲剧重演,只是希望世间从此没有小悦悦。"2011 年 11 月 28 日,团省委授予刁娜"山东省优秀共青团员"称号。2013 年 9 月 26 日被评为第四届全国道德模范——全国见义勇为模范。

[教师] 大屏幕上面中间图片中的主人公是被称为"最美妈妈"的吴菊萍,哪个小组知道她为什么被亲切地称为"最美妈妈"?

学习小组 A:2011 年 7 月 2 日下午 1 点半,在杭州滨江区的一住宅小区,一个两岁女童突然从 10 楼坠落,在楼下的吴菊萍奋不顾身地冲过去用双手接住了孩子,女孩稚嫩的生命得救了,但吴菊萍的手臂瞬间被巨大的冲击力撞成粉碎性骨折。这一感人事迹在网络上热传,无数网民为之动容,称其为"最美妈妈"。2011 年 9 月 12 日,吴菊萍和坠楼女孩妞妞相约,回家共度中秋。2011 年 9 月 20 日,她在第三届全国道德模范评选中荣获全国见义勇为模范称号。

[教师] 大屏幕上面左侧图片中的主人公是被誉为"最美女教师"的张丽莉,又有哪个小组能向大家介绍一下她的感人故事?

学习小组 B:2012 年 5 月 8 日,张丽莉在失控的汽车冲向学生时,先是把后面的两个学生挡住,又一把推开了几个学生,自己却被车轮碾轧,造成全身多处骨折,双腿高位截肢,现已康复。2013 年 9 月 26 日被评为第四届全国道德模范——全国见义勇为模范。2014 年 7 月 23 日被中宣部评为"见义勇为最美人物"。

[教师] 以上各位"最美"中国人,以她们的先进事迹启示我们,当发现有生命遇到危险,甚至是可能逝去时,作为当代的大学生,我真心希望也相信在座的各位不会袖手旁观,要敢于担当、随机应变、冷静处理,在保证自己生命安全的前提下,勇敢地伸出援手,争当时代先锋,乐于传递生命正能量。

[教师] 德国近代著名哲学家康德曾说过:"有两样东西,我们愈经常愈持久地加以思索,它们就愈使心灵充满日新月异、有加无已的景仰和敬畏:在我之上的星空和居我心中的道德法则。"康德老人的这句名言警示我们,要时刻对"在我之上的

星空"充满敬畏，要时刻遵守"我心中的道德法则"，只有这样，我们才能做好新时代的大学生，并将自己日益造就成青年人的榜样。

法国著名思想家阿尔贝特·史怀泽在他的著作《敬畏生命》一书中特别强调，"有思想的人体验到必须像敬畏自己的生命意志一样敬畏所有的生命意志，他在自己的生命中体验到其他生命。对他来说，善是保存生命，促进生命，使可发展的生命实现其最高价值。恶则是毁灭生命，伤害生命，压制生命的发展。这是思想必然的、绝对的伦理原理。"

附图 39

附图 40

二位著名的思想家都在告诉我们，敬畏生命，是对生命的一种虔诚态度，一种独特的心理特征和人类特有的行为方式，同时也是对人类最基本和最本源性的道德要求。最后，希望也相信在座的各位，通过今天的综合探究课，能够在以后的学习、工作与生活中不断学会珍惜生命、尊重生命、敬畏生命、善待自己、善待他人、善待自然，只有这样，我们才能真正实现人与自身的和谐、人与人之间的和谐、人与社会和和谐、人与自然的和谐，从而真正领悟到生命的真谛，真正实现生命的价值！

典型教学案例4：恻隐之心　人应有之

选自第四章：学习道德理论　注重道德实践

第一节：道德及其历史发展

第二节：继承和弘扬中华民族优良道德传统

课题	第一节：道德及其历史发展 第二节：继承和弘扬中华民族优良 道德传统	授课时间	年　月　日　星期　第　节
课类/课序	公共基础课／第　　次课	授课地点	
班级/小组		单元学时	2

<table>
<tr><th colspan="4" align="center">教　学　目　标</th></tr>
<tr><th>知识目标</th><th>能力(技能)目标</th><th>素质目标</th><th>情感目标</th></tr>
<tr>
<td>1.了解道德的起源、本质、功能和社会历史发展；
2.掌握中华民族优良道德传统的主要内容。</td>
<td>1.使学生能够结合中华民族优良道德传统，在自己成长和成才的过程中，形成辨别是非、善恶、荣辱的能力；
2.使学生能够在明确道德本质与功能的基础上，继承与弘扬中华民族优良道德传统，在纷繁复杂的社会道德生活、形形色色的道德矛盾和冲突中，面对各种各样的道德难题和挑战，坚持正确的道德立场和做出正确的行为选择。</td>
<td>使大学生更准确地认识道德的本质与功能，更好地继承和弘扬中华民族优良道德传统，从而积极引导大学生不断培育与努力践行"爱国、敬业、诚信、友善"的社会主义核心价值观。</td>
<td>培养当代大学生对中华民族优良道德传统的热爱之情，培育大学生的民族自豪感、历史使命感和社会责任感，做一个有爱心、懂感恩、重实践的新时代大学生。</td>
</tr>
</table>

教学重点、难点及其解决办法
1.教学重点：道德的本质、功能与作用；继承和弘扬中华民族优良道德传统的重大意义和主要内容。 2.教学难点：道德的本质；继承和弘扬中华民族优良道德传统的重大意义；正确对待中华民族道德传统。 3.解决方法：联系案例重点讲解；组织互动逐一击破；通过综合探究进一步突出重点、突破难点。

教学过程总体设计思路
1.第一次课设计："90后主播"—组织互动—总结(尽量与本次课产生联系)—简单复习上次课内容—案例导入—组织互动—介绍本章框架、在整本书中的位置—告知教学重点、难点—以学生为主体、以教材为基础、以互动为形式、结合案例展开教学—课堂小结 2.第二次课设计："90后主播"—组织互动—总结(尽量与本次课产生联系)—简单复习上次课内容—以学生为主体、以教材为基础、以互动为形式、结合案例展开教学、通过综合探究突出重点与突破难点—课堂小结

具体教学过程实施				
步骤	教学内容	教学方法与手段	学生活动	时间分配（分钟）
1	"90后主播"	互动	参与互动	5
2	第一节 道德及其历史发展 一、道德的起源与本质	讲授、课件展示、互动	听讲、参与互动	12
3	二、道德的功能与作用	讲授、课件展示、互动	听讲、参与互动	15
4	三、道德的历史发展	讲授、课件展示、互动	听讲、参与互动	8
5	课堂小结	讲授、课件展示	听讲、互动	5
6	"90后主播"	互动	参与互动	3
7	第二节 继承和弘扬中华民族优良道德传统 一、继承和弘扬中华民族优良道德传统的重大意义	讲授、课件展示、互动	听讲、参与互动	6
8	二、继承和弘扬中华民族优良道德传统的主要内容	讲授、课件展示、互动	听讲、参与互动	6
9	三、正确对待中华民族道德传统	讲授、课件展示、互动	听讲、参与互动	8
10	综合探究："恻隐之心 人应有之"	讲授、课件展示、互动	听讲、参与互动	20
11	课堂小结	互动	参与互动	2

课后作业布置	参考资料与设备、工具和材料的配置
1. 结合实际，谈一谈你对道德功能与作用的理解。 2. 试论述当代大学生如何继承与弘扬中华民族优良道德传统？ 3. 结合实际，谈一谈你对"恻隐之心，人应有之"的理解与感悟。	1. 毛泽东：《为人民服务》，《毛泽东选集》第3卷，人民出版社，1991年版。 2. 刘少奇：《论共产党员的修养》，人民出版社，1994年版。 3. [英]亚当·斯密：《道德情操论》，蒋自强、钦北愚、朱钟棣、沈凯璋译，胡企林校，商务印书馆，1997年版。 4. 唐凯麟：《伦理大思路——当代中国道德和伦理学发展的理论审视》，湖南人民出版社，2000年版。 5. "二十四孝"故事"百里负米"视频来源：www.tudou.com/programs/view/vur3v8208MY/2011-5-12。 6. 《公民道德建设实施纲要》，学习出版社，2001版。 7. 孙敬华：《美德的种子：青少年美德教育的100个经典故事》，中国社会出版社，2005年版。 8. "2013年度感动中国人物颁奖典礼"，网址http://news.cntv.cn/china/20100211/105694.shtml。

教学反思

恻隐之心 人应有之[①]

选自第四章：学习道德理论 注重道德实践

第一节：道德及其历史发展

第二节：继承和弘扬中华民族优良道德传统

[探究开启——创设问题情景]

[教师]孟子曾经说过："恻隐之心，人皆有之。"虽然两千多年过去了，这一命题仍有待心理学的证实。可是，如果将这句话修正一下，改为"恻隐之心，人应有之"，则能够找到充足的理由。

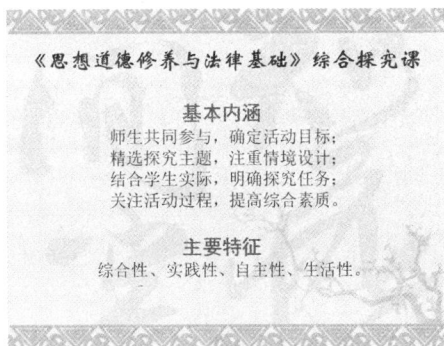

附图41

附图42

[教师]人常常以"人是万物之灵"而感到骄傲和自豪。而人之所以成为万物之灵的重要依据乃是人实现了对动物生存法则的超越。请问：谁能说一下动物的生存法则是什么呢？

学习小组A：动物的生存法则是：弱肉强食、适者生存。

[教师]这个同学回答得非常对，因为，在达尔文的进化论看来，动物的生存为弱肉强食、适者生存的法则所支配。因此，人没有理由抱怨猎豹捕食角马怎能那样"心安理得"，也没有理由谴责狼对羊的残忍无情，这一切都不过是动物生存法则编导的剧情而已。

[教师]哪个小组知道"恻隐之心"的具体出处呢？

学习小组B：出自《孟子·公孙丑上》："恻隐之心；仁之端也。"

① 素材来源主要参见：兰秀良.恻隐之心 人应有之[N].光明日报,2006-4-25,第012版.

[教师] 下面哪几个小组能具体解释一下"恻隐之心"的意义呢？

附图 43

附图 44

学习小组C："恻"：悲伤；"隐"：伤痛；"恻隐"：对遭受不幸的人表示同情。"恻隐之心"就是指怜悯受苦受难者的心情。

[教师] C解释得很具体，也很准确。在这里，我们可以将C组解释做如下拓展与深化，介绍一位当代著名伦理学者、也是我的老师、吉林师范大学兰秀良教授的观点，他认为："所谓恻隐之心，亦即对弱者的同情、怜悯与关怀。而是否同情、怜悯、关怀弱者，直接关系到人的尊严的捍卫，人对幸福的追求以及人格的自我完善。简言之，关系到以人为本道德信念的贯彻落实。"

[教师] 下面我们就依照兰教授的观点，通过几张图片和视频，看看当代中国人的恻隐之心都去哪儿了。

附图 45

附图 46

大家看到位的大屏幕上的左上角的图片，是前几年网络上著名的"虐猫事件"，看看图片中女主人公用细细的高跟鞋狠狠地踩进了小猫儿的眼睛，如此残无人道的行为，网友只能通过发布所谓的"宇宙A级通缉令"表达自己的愤怒！

下面的这幅画面是一直被媒体和舆论抨击的城管对瓜农施暴的场景，年近七旬的老人只为在城市多卖几个西瓜,却遭到城管的毒打,同时,城管来砸烂了他们的西瓜,散落一地的西瓜瓤——那零落的红色在路灯的掩映下,是那么的刺眼!

大屏幕右侧下面的是我们以前给大家介绍的广东佛山"小悦悦事件",面对即将逝去的幼小生命,18位路人的冷漠至今让人不寒而栗!

接下来请大家看段视频——《养老院里的惨叫声》。请同学谈谈自己的看法。

学习小组B:老师,看过视频中养老院的工作人员竟然给无辜的老人喂尿,不让他们睡觉,这样的行为,真的令人发指! 难道他们就没有父母、爷爷、奶奶、外公、外婆吗? 他们真的是没有任何恻隐之心,简直不配为人!

学习小组C:老师,看了视频,我想起中国一句古训:"老吾老以及人之老,幼吾幼以及人之幼。"养老院这些工作人员根本不知道这句古训,真的没人性!

[教师]同学们说得都很好,通过这个视频,我们看到现实生活中有人由于缺失恻隐之心而对老人如此残忍,那么,现实生活中,由于缺失恻隐之心,又是如何地对待儿童的呢? 请看下一段视频,也请同学们谈谈自己的看法。

[教师]视频看完了,有谁能说下,幼儿园为什么给小孩儿喂食只有成年人才能用的病毒灵呢? 这又说明了什么?

学习小组A:老师,幼儿园之所以给这些小孩儿喂食病毒灵,我认为他们表面是防止这些四五岁的孩子感染手足口病,其实是怕哪怕只有一个小孩儿感染了手足口病,这个幼儿园也要"关门大吉",说白了,如果那样,他们就赚不到钱了。可见他们是为了自己的经济利益,不惜牺牲这些可怜的孩子们的健康,更谈不上什么人之为人的恻隐之心了。

[教师]这位同学分析得很到位,既看到了幼儿园给小孩儿喂食病毒灵的表象,又透过这一表面分析了背后的实质,最后还点明了幼儿园领导和老师缺失恻隐之心的根本原因。

总之,通过以上的图片与视频,我们只能非常遗憾,也非常气愤地承认现今确实存在恻隐之心缺失的事实。其实,现实生活中,还有许多像养老院和幼儿园有这样的情况存在,是因为,他们在极端功利主义价值观念的驱使下,将生活中的一切都浸泡在功利打算的冰水之中,恻隐之心只能在这一冰冷的打算中消失始尽。这一切无不提醒人们培植人的恻隐之心,克服恻隐之心缺失给道德人格带来的负面影响,是人的素质教育和精神文明建设面临的重要课题。

因此,在现实生活中,我们要以恻隐之心去最大限度地关怀弱者,因为——

一、对弱者的关怀——显示了人的尊严与高贵

[教师]现实生活中,以上的极端案例毕竟还是少数,因为人类在进化的过程中逐渐摆脱了动物生存法则的制约,达到更高的境界。也就是说,人在理性基础上

生成的道德良知,使人能够推己及人,在心与心之间搭设彼此沟通的桥梁,敏锐地感受到弱者的不幸,并向弱者伸出救援之手。因而,对弱者的关怀,确凿地证明了人与动物之间的区别,显示了人的尊严与高贵,反映出人性的璀璨光芒。比如,让大家事先阅读的文学名著《悲惨世界》和《杜甫诗集》,谁能找出作者描述或表达恻隐之心的情节或内容啊?

附图 47

附图 48

学习小组 A：在《悲惨世界》中,市长冉阿让默默地扛起压在车夫身上的马车,及时挽救了车夫的生命;

学习小组 C：杜甫在《茅屋为秋风所破》中的"安得广厦千万间,大庇天下寒士俱欢颜"。

[教师]好,大家找得都很准确!不知道大家是否还记得小学课本上学过的一篇关于周总理让给小孩儿救生衣的文章,就是在面临失事危险的飞机上,周恩来总理把救生衣脱下穿在一个小女孩身上。其实,他们的这些行为,都是在生动地诠释着上述观念。试想,倘使生活的世界到处充斥着恃强凌弱的惨相,恻隐之心被冷漠之心乃至冷酷之心所取代,人的尊严又从何谈起?事实上,最大限度地关怀弱者,不仅可以显示人的尊严与高贵,还有助于增进人的福祉。

二、对弱者的关怀——有助于增进人的福祉

[教师]人类历史发展证明,关心人,关心人的幸福,乃是人道主义的坚定信念和道德情怀。而对弱者的关怀,显然有助于增进人的福祉。一方面,它能够帮助弱者摆脱生活中的痛苦与不幸,赢得他们同样有权赢得的幸福和快乐。贫困山区失学的孩子在好心人的资助下又背起了上学的书包,眸子里重新闪烁出文明的火花;被拖欠工资的打工者在劳动主管部门的帮助下讨回了自己的工资,并和家人过上了团圆年;生活陷于窘困状态已久的下岗职工在社区的努力下找到了一份养家糊口的工作,并燃起了对生活的美好希望……这一切都向我们表明:身处寒冷之中

的人们更需要温暖,孤苦无助的人更需要人们的救援。而人们对弱者的冷漠乃至欺凌,只能使他们的痛苦和不幸雪上加霜。

附图49

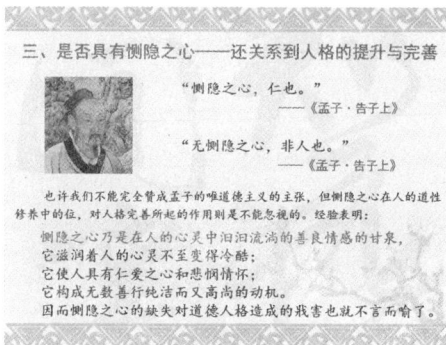

附图50

[教师]其实,一个社会如果不能对弱者给予应有的关怀,反而漠视弱者的诉求,损害弱者的利益,势必引起诸多社会矛盾,破坏社会的秩序与和谐,甚至导致剧烈的社会冲突与震荡。而在这种恶劣的生存环境下,任何人的福利都会受到危害。

比如,2013年6月,厦门陈水总曾因低保被取消而上访,因自感生活不如意,悲观厌世,而泄愤纵火,造成48人死亡、30多人受伤。2005年,福州公交车爆炸事件也是嫌疑人厌世造成1死31伤……一些弱势群众的生活、家庭、邻里关系矛盾等如果得不到及时有效的解决,往往会导致一些人的"一念之差",给社会带来不稳定因素。

为了了解详细情况,请大家看下视频。并思考为什么关怀弱者,有助于增进人的福祉。

学习小组B:陈水总制造的这起公交车爆炸案给我们深刻的启示,那就是,在现实生活里,我们任何人都应该同情关怀弱者,自觉承担起这份社会责任。因为,关怀弱者也是关怀我们自己。事实上,人类就是一个共同体,人与人之间在利益上休戚与共。一个社会如果不能对弱者给予应有的关怀,反而漠视弱者的诉求,损害弱者的利益,势必引起诸多社会矛盾,破坏社会的秩序与和谐,甚至导致剧烈的社会冲突与震荡。而在这种恶劣的生存环境下,任何人的福利都会受到危害。所以,关怀弱者就不仅是一种道义,而且是明智之举,我们今天,更需要传递这种正能量,尤其是我们当代大学生,永怀恻隐之心,深切关怀弱者,理应成为我们义不容辞的责任。

[教师]这位同学代表小组的发言非常精彩,体现了当代大学生的风采与担当,老师在这里给你们"点赞"!除了以上两点——

三、是否具有恻隐之心——还关系到人格的提升与完善

［教师］在孟子看来，恻隐之心乃是仁德的萌芽，他甚至更直接地把恻隐之心视为仁德本身。"恻隐之心，仁也。"而仁则是人之为人的本质，人之所以异于禽兽的根据。据此孟子说出"无恻隐之心，非人也"，也就不奇怪了。也许我们不能完全赞成孟子的唯道德主义的主张，但恻隐之心在人的道性修养中的位置，对人格完善所起的作用则是不能忽视的。

［教师］同学们，人类文明永无止境，社会发展勇往直前，在我们建设中国特色社会主义的历史征程中，在我们实现中华民族新的伟大复兴中国梦的历史进程中，恻隐之心乃是在人的心灵中汩汩流淌的善良情感的甘泉，它滋润着人的心灵不至变得冷酷；它使人具有仁爱之心和悲悯情怀；它构成无数善行纯洁而又高尚的动机。只有每个中国人都在内心深处有这一眼甘泉，必将汇聚成中华民族开拓创新、创意进取，和谐发展过程中取之不尽、用之不竭的动力之源。

因此，希望也相信大家要永存恻隐之心，因为，"恻隐之心，人应有之"！

典型教学案例 5：许霆案缘何引起社会关注？

选自第六章：树立法治理念　维护法律权威

课题	第一节：培养社会主义法治思维方式 第二节：维护社会主义法律权威	授课时间	年　月　日　星期　第　节
课类/课序	公共基础课/第　次课	授课地点	
班级/小组		单元学时	2

教 学 目 标

知识目标	能力（技能）目标	素质目标	情感目标
1. 掌握社会主义法治的概念。 2. 社会主义法治理念基本内容。 3. 社会主义法治思维方式的基本含义和特征。 4. 理解建设社会主义法治国家的历史意义。	1. 能树立社会主义法治理念，培养社会主义法治思维方式。 2. 能正确运用所学的法律知识来指导自己的工作和生活，努力成为法律权威的坚定维护者。	1. 培养学生正确的法治观念，加强社会主义法律修养，做一个学法、知法、懂法、守法的合格公民。 2. 培养学生对法律权威的敬畏之情，坚定学生建设社会主义法治国家和全面建设小康社会的伟大理想。	1. 树立建设社会主义法治国家的信念，自觉加强法律修养，培养做一个学法、知法、懂法、守法的合格公民的荣誉感。 2. 能维护社会主义法律权威，增强对社会主义法律制度认同感和维护法律尊严责任感。

教学重点、难点及其解决办法

1. 教学重点：社会主义法治理念基本内容；正确理解社会主义法治思维方式。
2. 教学难点：树立社会主义法治理念；培养社会主义法治思维方式；以法治思维切实维护合法权益。
3. 解决方法：联系案例重点讲解，组织互动逐一击破

教学过程总体设计思路

1. 第一次课设计："90后主播"—组织互动—总结（尽量与本次课产生联系）—简单复习上次课内容—案例导入—组织互动—介绍本章框架、在整本书中的位置—告知教学重点、难点—以学生为主体、以教材为基础、以互动为形式，结合案例展开教学—课堂小结
2. 第二次课设计："90后主播"—组织互动—总结（尽量与本次课产生联系）—简单复习上次课内容—以学生为主体、以教材为基础、以互动为形式，结合案例展开教学—课堂小结

续　表

	具体教学过程实施			
步骤	教学内容	教学方法与手段	学生活动	时间分配（分钟）
1	"90后主播"	互动	听讲、参与互动	3
2	导入："许霆案"缘何引起社会关注	讲授、课件展示、互动	听讲、参与互动	20
3	第一节　树立社会主义法治理念　一、树立社会主义法治理念的重要意义	讲授、课件展示、互动	听讲、参与互动	5
4	二、社会主义法治理念的基本内容	讲授、课件展示、互动	听讲、参与互动	10
5	三、自觉树立社会主义法治理念	讲授、课件展示、互动	听讲、参与互动	5
6	课堂小结	讲授、互动	参与互动	2
7	"90后主播"	互动	听讲、参与互动	5
8	复习上一次课内容	互动	参与互动	2
9	第二节　培养社会主义法治思维方式　一、法治思维方式的基本含义和特征	讲授、课件展示、互动	听讲、参与互动	15
10	二、正确理解法治思维方式	讲授、课件展示、互动	听讲、参与互动	10
11	三、培养法治思维方式的途径	讲授、课件展示、互动	听讲、参与互动	10
12	课堂小结	讲授	听讲	3

课后作业布置	参考资料与设备,工具和材料的配置
1. 建设社会主义法治国家的主要任务是什么？　2. 联系实际，谈谈如何理解法律权利与义务的关系。　3. 大学生应该如何增强法制观念，维护法律权威？	1. 邓小平：《民主和法制两手都不能削弱》,《邓小平文选》第2卷,人民出版社,1994年版。　2. 胡锦涛：《关于建设社会主义政治文明》,《十六大以来重要文献选编》(上),中央文献出版社,2005年版。　3. 胡锦涛：《努力建设持久和平、共同繁重的和谐世界》,《十六大以来重要文献选编》(中),中央文献出版社,2006年版。　4. 《高举中国特色社会主义伟大旗帜 为夺取全面建设小康社会新胜利而奋斗——在中国共产党第十七次全国代表大会上的报告》,人民出版社,2007版。　5. 《坚定不移沿着中国特色社会主义道路前进 为全面建成小康社会而奋斗——在中国共产党第十八次全国代表大会上的报告》,人民出版社,2012版。

教学反思

许霆案缘何引起社会关注？①

第六章：树立法治理念　维护法律权威

[教师] 同学们，你们是否听说过"许霆案"？

注：有的学生说听说过，有的学生说没听说过。

[教师] 好，不管大家是否听说过，现在呢，就请大家与我来共同简要地回顾一下这个曾经引起全国轰动、备受关注的案子。请看大屏幕。我找同学读一下相关文字说明。

附图 51

附图 52

[学生] 2006 年 4 月 21 日，广州青年许霆与朋友郭安山利用 ATM 机故障漏洞取款，许取出 17.5 万元，郭取出 1.8 万元。事发后，郭主动自首被判处有期徒刑一年，而许霆潜逃一年落网。2007 年 12 月一审，许霆被广州中院判处无期徒刑。许霆随后提出上诉，2008 年 3 月，广州中院认定许霆犯盗窃罪，判处有期徒刑 5 年。许霆再度上诉，2008 年 5 月，广东省高院二审驳回上诉，维持原判。

[教师] 接下来呢，为了更清晰地了解案情，请大家再看下央视的相关报道。

[教师] 同学们，当年这个案子引起了新闻媒体跟踪报道、社会舆论普遍关注、司法界学术界激烈争论，为什么"许霆案"受到如此关注呢？一般情况下，一宗案件受到关注的首要条件是案件本身与众不同。正是因为有其特殊性，因为"鹤立鸡群"有了鲜明对比，才会引起大众的注意。比如说，被媒体称之为"政治明星"的原中共中央政治局委员、重庆市委书记薄熙来贪污腐败案，牵涉到公安部和广东省高官的大陆前首富黄光裕案，因不雅视频被媒体曝光的中共重庆市北碚区委原书记

---

① 素材来源主要参见：黄耀佳. 许霆案的反思[D]. 北京：中国政法大学，2009：32 - 45.

雷政富案,都曾引起社会广泛关注。与这些特殊的案件相比,"许霆案"既没牵涉到省部级及以上高官,也没有显赫的政治社会背景,既无曲折跌宕的情节,也无错综复杂的推理,更为重要的是,本案的定性似乎在司法实务界早有定论,并没有什么特别疑难、争议的地方。那么究竟是什么使该案显得与众不同,引人注意呢?接下来,就让我们共同来探讨一下,"许霆案"缘何引起关注?到底是当代中国人培育与践行法治思维的必然结果,还是新闻媒体哗众取宠以博眼球的又一噱头?

附图53

附图54

一、"天时"——处于改革开放的伟大时代

[教师]当今,我们正处于改革开放的伟大时代,经过近四十年的深化改革与扩大开放,当代中国社会经济、政治、文化、科技、教育都发生了翻天覆地的变化,我国已经成为世界第二大经济体,人们的生活日新月异,综合国力与日俱增,伴随社会主义法律体系的建立健全和人们法治观念与法治思维的日益形成与完善,我国依法治国方略取得了明显成效。

在这样的时代背景下,我国公民的法律观念、权利意识、法治思维正在走向成熟,在维护、保障和增进权利与利益方面也正趋于理性,对立法、行政、司法等机关所实施行为的合法性与正当性也不再盲目相信与一味顺从,更习惯于多问几个"为什么""怎么样",甚至会追问"有没有更优的方案与选择"。这无疑将对立法、行政、司法机关行使权力形成某种压力,而这种监督与制约的意识与氛围及互相作用,最终形成了"许霆案"备受关注的"天时",因为如果公众觉得此案有失偏颇或失误,必然通过各种方式表达诉求,以期实现公平与正义。

[教师]同学们能否举一下当前开展普法宣传、加强法制建设以增强人们法治观念、推进依法治国的例子?

[学生A]每年12月4日被设立为我国的普法宣传日。

[学生B]中央电视台的《今日说法》《焦点访谈》《开网》《一线》等经典栏目。

[学生C]重庆电话台的《拍案说法》。

[学生D]中央电视台的"3·15"晚会。

附图55

附图56

[教师]大家举的例子都很恰当。事实上,正是这些措施与行动促使依法治国观念的深入人心,无论是全国普法日当天的宣传活动,还是《焦点访谈》等新闻栏目的广受欢迎,无论是央视"3·15"晚会的案件曝光,还是网络传媒的家喻户晓,都在表明,当代中国老百姓的权利意识不断增强,维护权利的方式和手段向多样化和纵深发展。其实,除了"天时","许霆案"还占据了——

二、"地利"

[教师]因为,"许霆案"发生在我国的一线城市之一的广州,而广州是我国改革开放的前沿,对外开放的窗口。与其他地方相比,广州有哪些市场经济发达地区具有的独特之处呢?

[学生E]人们的民主意识、法治观念都比较强;

[学生B]人们的维权意识与能力都比较强;

[学生G]新闻媒体嗅觉比较敏感;

[学生H]网络信息发达,就某一事件或案件容易引起普遍的、持续的关注。

[教师]大家考虑得比较全面,分析得也比较到位。事实上,一般情况下,但凡市场经济发达的地区,人们的民主意识、法治观念、维利意识、平等观念都比较强烈,在其他地方可能"司空见惯"的事情,而在市场经济相对发达的广州来说,就很可能就有人要出来"问个明白"。这种意识与观念的公众越来越多时,就会慢慢凝聚成一股强大的社会力量,一种通过新闻媒体和社会舆论广泛关注某一事件、某一案件的社会力量。反之,如果"许霆案"发生在我国西部欠发达地区的偏僻山寨或小村落,恐怕就会因惯性的逆来顺受而听之任之,也就很难引起社会的普遍关注了。

[教师]同学们,如果你有一张银行卡,按照正常的程序在自动柜员机上取1000 元现金而只在你账户上扣 1 元钱,说句心里话,你会心动吗? 你会不会大取特取呢?

请大家看大屏幕,我请一位同学给大家读一下相关文字信息。

[学生 I]据《京华时报》2008 年 3 月 21 日的报道:英国赫尔市多部提款机日前出错,取一赠一,双倍吐钱。当地居民呼朋唤友,上百人井井有条地排队提款。大家迅速将钱提取一空,拿着一沓现金离开,笑得很开心。另据英国媒体报道:2002 年 8 月份,英国一家银行(考文垂建筑金融合作社)电脑故障,导致其 ATM机“狂吐”五天,不管人们输入什么密码,是否正确,取款机都会乖乖地吐出要求金额的钞票。期间有人甚至往返 20 次取了成千上万英镑,银行总共被取走了 100 多万英镑。看来面对如此诱惑,素有“绅士国度”之称的老牌资本主义国家英国,也有不少的公民不能“免俗”。那么我国呢?

附图 57

附图 58

[教师]面对如此情形,那么我国又会出现什么状况呢? 我请下位同学给大家读一下大屏幕上的资料。

[学生 J]腾讯、南都等多家网络都以情景再现的类似方式请网民设身处地地体验在相同背景下自己的选择。数万人参与调查,几家网站得到的调查结果基本相同。这次网调结果显示,面对这“许霆式诱惑”,约五成公众“会多取”并为自己辩护“事后追究的话就说不是故意”。而表示“我不会多取,我会给银行反映情况”的不到一成。剩下的四成都坦白自己会“摇摆不定,想,但是不敢”。

[教师]我们先抛开这次网络调查的可信度和准确性,但这些材料至少可以说明一点,那就是当面对“许霆式诱惑”时,还是相当一部分公众很可能成为第二、第三、第 N 个“许霆”。于是这就在一个侧面说明为什么本案会被如此关注:在这样的情境下,我(一个普通的公民)也很可能和许霆有一样行为,那么我的行为是犯罪

吗？怎么拿了十几万就判了无期徒刑！

许霆今天的命运就是我明天的缩影！于是乎,这场争论或斗争就不仅仅是关于许霆一个人的利益了,很可能涉及一大批有同样想法的人的利益,尽管在这个案子中两种利益并不能等同。除了这些有心理学、社会学上原因的,对许霆案怀有"感情代入"式的谅解和同情的人之外,另外有些人是出于对本案所涉及的一些社会现实的不满。

[教师]下面请大家看大屏幕上,关于网上的一段关于许霆案的"戏言"

看过这些"戏言",大家能看出公众对银行哪些方面存在质疑?

[学生K]银行的很多规定都有霸王条款的味道,都是要求储户如何如何,否则如何如何,而对于自己的很多责任和义务却想办法推脱。

[学生L]在银行柜员机出现故障,高利引诱储户多取钱款的情况下,作为被害人的银行显然具有过错。加上如果是机器出现故障而银行得利的情形,则储户总是投诉无门,哑巴吃黄连,在这样的反差下,人们更加觉得判处许霆无期徒刑是重了。

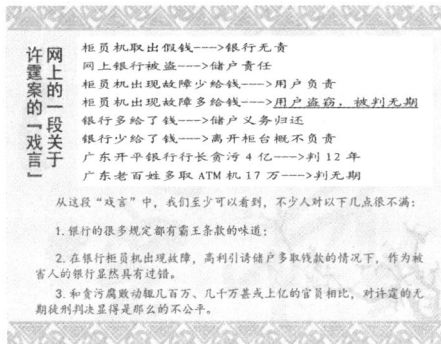

附图 59

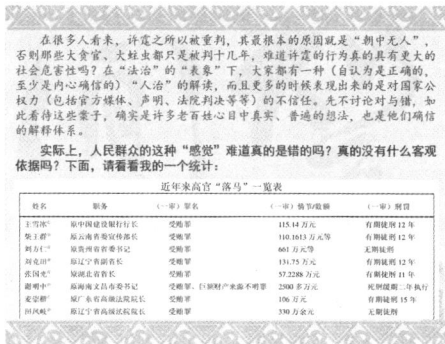

附图 60

附图 61

附图 62

[学生M]和贪污腐败动辄几百万、几千万甚或上亿的官员相比,对许霆的无期徒刑判决显得是那么的不公平。在很多人看来,那些大贪官、大蛀虫都只是被判十几年,难道许霆的行为真的具有更大的社会危害性吗?

[教师]同学们分析都有道理,实际上,人民群众的这种"感觉"难道真的是错的吗? 真的没有什么客观依据吗? 下面,我们来看学者所做的一个统计,请看大屏幕。

因此,我们说除了拥有"天和"、占据"地利"外,"许霆案"还具备——

三、"人和"

这些"察己可以知人"的"情感代入"加上种种的不满情绪,形成了"人和"的凝聚力:很多人"团结"在一起,质疑许霆案的判决,也表达自己由此案引申出来的或积蓄良久的种种不满。而在这个过程中,我们可能没有察觉,达到"人和"沟通的媒介正是我们日常在使用的因特网。如果没有网络,这种"人和"的程度和影响力很可能大打折扣,远远没有今天的威力,当无数台个人计算机被联通成为一个网络的时候,它就由量变引起了质变,推动我们进入一个信息化的时代。

[教师]总之,正是网络把"天时""地利""人和"沟通联系起来,使许霆案迅速引起关注、引发热议,继而成为有力的舆论,进而通过大众媒体(广播、电视、报刊等)广而传播,成为有可能制约司法审判权(也包括其他的国家权力)的力量。通过以上探讨与分析,我们比较全面地了解和把握了"许霆案"之所以备受关注的原因。其根本原因在于伴随我国改革开放的不断深化与拓展,伴随我国社会市场经济体制的建立与健全,我国公民的法律观念、权利意识和法治思维成日益走向完成与成熟。那么法治思维的含义是什么? 特征有哪些? 在现实生活中我们应该如何培育公民的法治思维呢? 就请与共同走进今天的课堂:《思想道德修养与法律基础》第六章"树立法治理念 维护法律权威"第一节"树立社会主义法治理念"和第二节"培养社会主义法治思维方式"。

典型教学案例6：学高为师　身正为范

选自第七章：遵守行为规范　锤炼高尚品格

第一节：公共生活中的道德与法律

第二节：职业生活中的道德与法律

课题	第一节：公共生活中的道德与法律 第二节：职业生活中的道德与法律	授课时间	年　月　日　星期　第　节
课类/课序	公共基础课/ 第　次课	授课地点	
班级/小组		单元学时	2

教　学　目　标

知识目标	能力（技能）目标	素质目标	情感目标
1. 了解公共生活中的道德与法律 2. 了解职业生活中的道德与法律 3. 明确择业与创业的区别与联系	1. 能在公共生活中知辱明耻，养成良好的文明习惯，做维护社会公共秩序的模范。 2. 能正确地认识当前的就业形势，从而树立正确的择业观和创业观。	1. 培养遵守社会公德，说文明话，办文明事，做文明人； 2. 培养对未来所从事的职业都要具有敬业之心、精业之能、乐业之情； 3. 增强大学生的创业意识，培育大学生的创业精神，健全大学生的创业能力。	1. 培育大学生的社会公德意识，遵守社会公德； 2. 树立大学生的职业理想与职业精神； 3. 培养大学生的创业情怀，引领大学对工作与职业充满激情； 4. 引导大学生加强团结协作，培育团队精神，共同创业。

教学重点、难点及其解决办法

1. 教学重点：公共生活及其特点；维护公共秩序的意义；职业生活中的道德规范；大学生社会公德的实践与养成。

2. 教学难点：大学生社会公德的实践与养成；大学生职业道德与职业精神的培育与塑造。

3. 解决方法：联系案例重点讲解、组织互动逐一击破。

教学过程总体设计思路

1. 第一次课设计："90后主播"—组织互动—总结（尽量与本次课产生联系）—简单复习上次课内容—案例导入—组织互动—介绍本章框架、在整本书中的位置—告知教学重点、难点—以学生为主体、以教材为基础、以互动为形式，结合案例展开教学—课堂小结

2. 第二次课设计："90后主播"—组织互动—总结（尽量与本次课产生联系）—简单复习上次课内容—以学生为主体、以教材为基础、以互动为形式、结合案例展开教学—课堂小结

续　表

具体教学过程实施				
步骤	教学内容	教学方法与手段	学生活动	时间分配（分钟）
1	"90后主播"	互动	听讲、参与互动	5
2	复习上一次课内容	互动	参与互动	2
3	导入："中国大陆游客在海外"	讲授、课件展示、互动	听讲、参与互动	3
4	第一节　公共生活中的道德与法律 一、公共生活与公共秩序	讲授、课件展示、互动	听讲、参与互动	5
5	二、公共生活中的道德规范	讲授、课件展示、互动	听讲、参与互动	10
6	三、公共生活中的有关法律	讲授、课件展示、互动	听讲、参与互动	5
7	第二节　职业生活中的道德与法律 一、职业生活中的道德规范 （一）医者仁心 救死扶伤——医德	讲授、课件展示、互动	听讲、参与互动	3
8	职业道德	讲授、课件展示、互动	听讲、参与互动	10
9	课堂小结	互动	听讲、参与互动	2
10	"90后主播"	讲授、课件展示、互动	听讲、参与互动	5
11	复习上一次课内容	互动	听讲、参与互动	2
12	（二）学高为师 身正为范——教师职业道德	讲授、课件展示、互动	听讲、参与互动	20
13	二、职业生活中的有关法律	讲授、课件展示、互动	听讲、参与互动	5
14	三、大学生的择业与创业	讲授、课件展示、互动	听讲	10
15	课堂小结	讲授、互动	听讲、参与互动	3

课后作业布置	参考资料与设备、工具和材料的配置
1. 当代社会公共生活有哪些特点？如何维护公共生活秩序？ 2. 公共生活有序化对经济社会发展有何重要意义？ 3. 联系实际谈谈大学生应当如何增强自身的公德意识。 4. 遵守网络生活中道德要求的重要意义是什么？	1.《中共中央关于加强社会主义精神文明建设若干重要问题的决议》，中央文献出版社，2002年版。 2.《公民道德建设实施纲要学习读本》，学习出版社，2001年版。 3.《中华人民共和国治安管理处罚法》。 4.《中华人民共和国道路交通安全法》。 5.《维护互联网安全的决定》。 6. 王易、邱吉：《职业道德》，中国人民大学出版社，2009版。 7. 肖行定、谈欣、甘德安、张荣：《大学生职业生涯规划与就业指导》，上海交通大学出版社，2001版。

教学反思

学高为师　身正为范①

选自第七章：遵守行为规范　锤炼高尚品格
第一节：公共生活中的道德与法律
第二节：职业生活中的道德与法律

［探究开启——创设问题情景］

［教师］今天，比以往任何时候都凸显出提升教师道德素质的紧迫性。一方面，高素质人才的培育对教师的素质，尤其是道德素质提出了更高的要求；另一方面，教师社会地位的提升又使教师面临着从未有过的多方面的诱惑。致使当前师德出现了一系列的问题，引起了社会的普遍关注与热议，那教师职业道德的内涵是什么？师德到底出现了哪些突出问题？面对这些突出问题，作为教师，又应该从哪些方面着力培育与提升自身的职业道德呢？今天，我们将通过一节综合探究课来共同寻找上述问题的答案。好，请与我们共同走进今天的课堂——选自第七章"遵守行为规范　锤炼高尚品格"第一节"公共生活中的道德与法律"和第二节"职业生活中的道德与法律"的一节综合探究课——"学高为师　身正为范——谈培育与提升教育职业道德"。

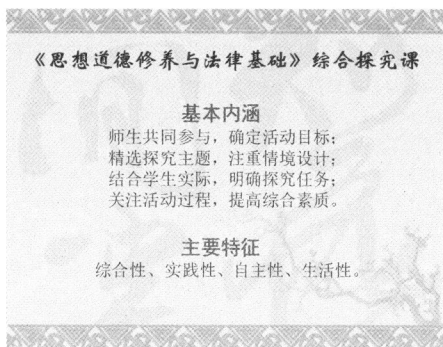

附图63

附图64

［教师］自1985年确立每年9月10日为教师节以来，每到这个时候从中央到地方都要举行各级各类的活动，对奋斗在教育战略的优秀教师、教师工作者进行表彰与奖励。2014年教师节时，习近平总书记来到北京师范大学考察和看望师生，他

---

① 素材来源主要参见：兰秀良.说师德[N].光明日报，2003－9－8，A4版.

说，"国家繁荣、民族振兴、教育发展，需要我们大力培养造就一支师德高尚、业务精湛、结构合理、充满活力的高素质专业化教师队伍，需要涌现一大批好老师"。关于"好老师"的内涵习近平总书记做了全面而深刻的解读，下面请几位同学分别读一下。

附图 65

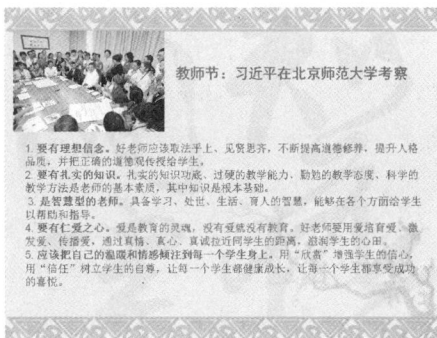

附图 66

[学生A] 1. 要有理想信念。好老师应该取法乎上、见贤思齐，不断提高道德修养，提升人格品质，并把正确的道德观传授给学生。

[学生B] 2. 要有扎实的知识。扎实的知识功底、过硬的教学能力、勤勉的教学态度、科学的教学方法是老师的基本素质，其中知识是根本基础。

[学生C] 3. 是智慧型的老师。具备学习、处世、生活、育人的智慧，能够在各个方面给学生以帮助和指导。

[学生D] 4. 要有仁爱之心。爱是教育的灵魂，没有爱就没有教育。好老师要用爱培育爱、激发爱、传播爱，通过真情、真心、真诚拉近同学生的距离，滋润学生的心田。

[学生E] 5. 应该把自己的温暖和情感倾注到每一个学生身上。用"欣赏"增强学生的信心，用"信任"树立学生的自尊，让每一个学生都健康成长，让每一个学生都享受成功的喜悦。

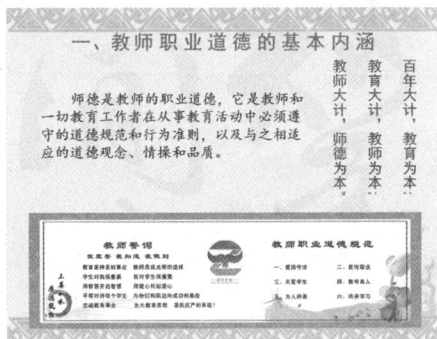

附图 67

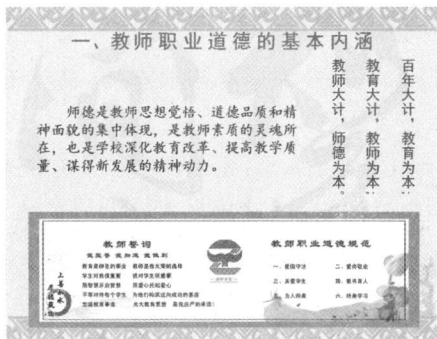

附图 68

[教师]可以说,习近平总书记对新时代"好老师"内涵的科学解读,包含着对教师职业道德的深刻诠释,而到底什么是"教师职业道德"呢?请看屏幕——

[教师]课前请大家去收集了有关师德师风的名家名言,接下来,请各小组说一说。

学习小组A:管子曾说过:"一年之计,莫如树谷;十年之计,莫如树木;终身之计,莫如树人。"而爱因斯坦曾经说过:"学校的目标始终应当是:青年人在离开学校时,是作为一个和谐的人,而不是作为一个专家。""使学生对教师尊敬的唯一源泉在于教师的德和才。"

学习小组B:我国著名教育家叶圣陶先生说过:"一个学校的教师都能为人师表,有好的品德,就会影响学生,带动学生,使整个学校形成一个好校风,这样就有利于学生的德、智、体全面发展,对学生的成长大有益处。"

学习小组C:苏联著名教育家苏霍姆林斯基说过:"教师应当意识到和感受到每一个孩子的命运都由他负责,学校正在培养的人的理想、健康和幸福,都取决于他的精神素质和他的思想的完美性。"他还特别强调:"请你记住,你不仅是自己学科的教员,而且是学生的教育者,生活的导师和道德的引路人。"

学习小组D:法国著名启蒙思想家卢梭说过:"热情的老师,你要保持纯朴,谨言慎行。"

我国著名教育家陶行知先生说过:"千教万教,教人求真;千学万学,学做真人。"因此,他还特别指出,教师的"一举一动、一言一行,都要修养到不愧为人师表的地步"。

二、关于教师职业道德的名言警句与经典案例

"榜样!榜样!没有榜样,你永远不能成功地教给孩子们以任何东西。"
——让·雅克·卢梭(1712—1778)
法国伟大的启蒙思想家、哲学家、教育家、文学家

"学校应该永远以此为目标:学生离开学校时是一个和谐的人,而不是一个专家。"
——阿尔伯特·爱因斯坦(1879—1955),德裔美国物理学家

"教育工作者的全部工作就是为人师表。"
——叶圣陶(1894—1988)现代著名教育家

"爱与责任是师德之魂,没有爱就没有教育,没有责任就办不好教育。"
——教育部原部长周济

附图69

[教师]大家找的这些名家名言涉及古今中外,很具有代表性。我呢,也找到了几位思想家和教育家关于师德的名言警句,有的与大家找到的相同,接下来就与大家共同分享。

[教师]其实,关于师德不仅有这些名言警句的时刻提醒,国家也从政策层面加强积极引导与行为规范,比如《国家中长期教育改革和发展规划纲要》(2010—2020)第十七章第五十二条关于"加强师德建设"的规划,特别强调教师人格魅力和学识魅力教育感染学生的作用以及明确了采取综合措施,建立长效机制的要求。然而,令人遗憾,当今的师德问题却层出不穷,有的甚至激起公愤,具体情况,请大家观看下面四段视频。

[教师]通过这些视频,我们不难发现,从幼儿园到大学,师德问题日益突显:幼儿教师虐待儿童丧心病狂,小学校长带学生酒店开房令人发指,中学老师忙于补课赚钱良知泯灭,大学老师学术造假发人深省。因此,人们不禁要问:"当代中国教师的职业道德都去哪儿了?"

与这些所谓的教师与教育工作者相比,被誉为"人民教育家"的陶行知先生又是如何为人师表的呢? 请看大屏幕,哪位同学给大家读一下陶行知先生"四颗糖果"的经典教学案例。

[学生 F]陶行知有这样一则教育学生的故事:有一个男生用泥块砸自己班上的男生,被校长陶行知发现制止后,命令他放学时到校长室去。

放学后,陶行知来到校长室,男生早已等着挨训了。可是陶行知却笑着掏出一颗糖果送给他,说:"这是奖给你的,因为你按时来到这里,而我却迟到了。"男生接过糖果。

随后陶行知高兴地又掏出第二颗糖果放到他的手里,说:"这是奖励你的,因为我不让你打人时,你立即住手了,这说明你很尊重我,我应该奖你。"男生惊讶地看着陶行知。

这时陶行知又掏出第三颗糖果塞到男生手里,说:"我调查过了,你用泥块砸那些男生,是因为他们欺负女生,你砸他们说明你很正直善良,且有跟坏人作斗争的勇气,应该奖励你啊!"

男生感动极了,他流着眼泪后悔地喊道:"陶校长,我错了,我砸的不是坏人,而是同学……"

陶行知满意地笑了,他随即掏出第四颗糖果递过来,说:"为你正确地认识自己的错误,我再奖给你一块糖果,我没有多的糖果了,我们的谈话也可以结束了。"

[教师]同学们,听了这个故事之后,大家想一想,陶先生直接批评或教育了这个"淘气"的学生吗?

[学生]没有!

[教师]那么,为什么这个小男孩"感动极了",并"流着眼泪后悔地"喊道:"陶校长,我错了"呢?

[学生 G]因为陶先生是借助一颗又一颗的糖果来表扬这个小男孩儿的一系列行为,表扬他及时来到校长办公室,表扬他懂得尊重师长,表扬他勇于与坏人作斗争,表扬他敢于承认自己的错误。陶先生这种以"表扬"来教育学生的方式远远胜过所谓的说服、批评教育,效果也非常好。

[教师]这位同学分析得很好! 让我们一起为他鼓掌! 接下来,我们来一起探讨下这"四颗糖果"故事所蕴含的陶行知先后的教育思考,再请大家思考一个问题,

大家觉得陶行知先生是一个性善论者还是性恶论者呢？

〔学生 H〕我觉得陶行知先生是位性善论者。

〔教师〕我与这位同学的相同，其实陶先生不仅是性善论者，而且是典型的性善论者，这就是陶先生的哲学观，因此，他能用一颗善良而美好的心灵去寻找孩子身上的闪光点。

〔教师〕大家是否听说过这样一句话，那就是"好孩子是表扬出来的"？

〔学生〕听说过。

〔教师〕通过这"四颗糖果"的故事，我们不难发现，陶先生是"好孩子是表扬出来的"典型执行者。这就是陶先生的教育观。从心理学的角度来分析，陶先生在教育学生时，非常善于利用"阳性强化法"。下面，请位同学给大家读一下，什么是"阳性强化法"。

〔学生 I〕"阳性强化法是一种比较常用的行为治疗方法。……如果想建立或保持某种行为，必须对其施加奖励；如果要消除某种行为，就得设法给予惩罚。……及时奖励正常行为，漠视和淡化异常行为。值得注意的是，大多数行为学家认为，对人而言，最好只奖不罚，奖励往往对行为的影响更大。"[①]这种疗法的心理基础就是，每个人都希望自己所做的事都能够获得他人的认可、表扬或赞美，而且这种被认可、表扬或赞美的行为会在以后被不断地发扬光大。长此以往，被认可、表扬或赞美的人就会慢慢形成某种良好习惯与健康的行为举止。

〔教师〕接下来，我们再重新审视一下陶先生所奖励出的"四颗糖"。每一颗糖所奖励的行为，都是先生希望孩子所具有的品行。先生的行为让孩子发自内心的认识到了自己身上所拥有的闪光点。同时，先生也无须说什么，孩子就已经认识到事情该怎么去做才是正确的。"第一颗糖果"，先生是表扬学生什么？又希望学生要具有什么样的品行呢？

学习小组 A：表扬学生遵守时间，希望学生"言必信，行必果"。

〔教师〕对，就是表扬学生遵守约定按时来见面，希望学生信守承诺。

谁能说下"第二颗糖果"，先生是表扬学生什么？又希望学生要具有什么样的品行呢？

学习小组 D：表扬学生实话实说，能有恻隐之心，希望学生能够明辨是非，有正义感。

〔教师〕说得很好！陶先生就是通过奖励"第二颗糖果"，表扬这个男孩儿敢于

---

① 孟昭君.阳性强化法在人力资源管理中的运用[J].扬州大学税务学院学报,2010(3)：77.

仗义执言与关怀弱者，并希望他能够守望正义。谁又试着分析一下"第三颗糖果"，先生是表扬学生什么？又希望学生要具有什么样的品行呢？

学习小组 C：表扬学生敢于与恃强凌弱的坏人作斗争，希望学生光明磊落，尤其小孩儿要从小最培养做一个敢于担当的、正直的、心地善良的男子汉。

［教师］分析得很透彻，其实陶先生是想通过奖励"第三颗糖果"来表扬学生与坏人作斗争的勇气，希望学生始终都能做一个正直善良的人。接下来，我们就请 B 组的同学来分析一下"第四颗糖果"，陶先生是表扬学生什么？又希望学生要具有什么样的品行呢？

学习小组 B：陶先生是表扬学生能够正确认识到自己的错误，并且通过勇于去改正自己的错误。古人云："知错能改，善莫大焉！"先生是希望学生在日后也要做到"知错能改"。

［教师］他们分析也很到位，陶先生是通过奖励给小男孩儿"第四颗糖果"以表扬他能够及时地、正确地认识到自己的错误，并希望学生知错能改！

附图 70

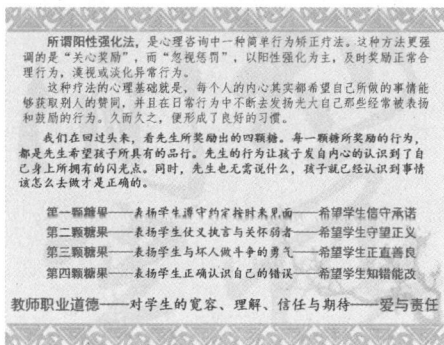

附图 71

［教师］通过以上大家的共同探讨，不难发现，陶先生这"四颗糖果"的故事中蕴含着深刻的教育思想与科学的教育理念，更彰显着陶行知作为"人民教育家"所具有的高尚的教师职业道德，那就是对学生的"宽容、理解、信任与期待"，这也是当今中国社会教师职业道德建设中最缺乏的"爱与责任"！

［教师］其实，作为一名教师，都应该向陶行知先生学习，学习他科学的教育理念、高尚的职业道德，只有这样才能真正"传道、授业、解惑"，才能为人师表。作为教师要以陶先生为楷模，在现实生活中如何不断培育与提升自身的职业道德呢？这就我们今天要共同探究的第三个大问题——

三、教师加强自身修养、提升职业道德的基本路径

［教师］师德是一个内涵丰富的多层次结构。首先，教师是人师，因而理应具

备人的基本美德。大家认为人的基本美德有哪些呢？

学习小组B：善良、孝顺、真诚、仁爱、勤奋、宽容、饶恕、和蔼；

学习小组C：正直、敬业、爱国、诚信、节约、端庄、爱心；

学习小组A：坦率、敢于担当、光明磊落；

学习小组D：恭敬、守时、节制、不屈不挠、自强不息、奋发图强。

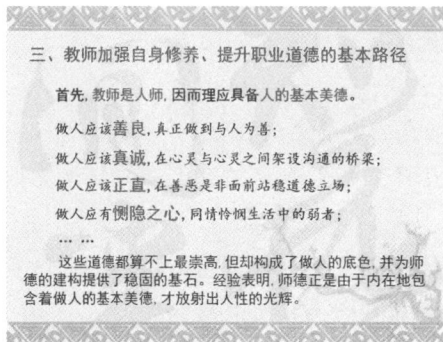

附图72

附图73

[教师]大家说得都很好。教师要为人师表，就必须在做人上站得住脚。而做人就其实质而言乃是人在道德上的自我完善，用人类文明在千百年的历史演进过程中积淀下来的基本道德价值装备自己。在这里我们选取几个与教师关联性更直接、更紧密的人的基本美德，来共同探讨一下，请看大屏幕。比如：

做人应该善良，真正做到与人为善。

[教师]众所周知，"君子"是中国古人道德追求的崇高理想，而"君子莫大乎与人为善良"。因为"慈爱使人心平，善良使人气和"。在如同"地上种了菜，就不易长草"一样，而"心中有善，就不易生恶"。因此，希望善良大家都能"永存之心"。

[教师]谁看过陈凯歌导演、高圆圆和赵又廷主演的电影《搜索》？请给大家简单介绍一下剧情。

[学生J]老师，我看过，故事由一场让座事件展开，刚刚查出患上绝症并被保险公司拒绝偿付的白领，也就是由高圆圆饰演的电影女主人公叶蓝秋拒绝在公交车上给老人让座。争执中，恰巧有一名电视台记者偷拍下了叶蓝秋的样貌。此事上了晚间新闻的专题报道，电视节目鼓励市民参与讨论，从而引起市民、网友争相激辩，叶蓝秋成为网络"红人"，在人肉搜索的威力下，个人信息被悉数曝光。网络上，有匿名帖子控诉叶蓝秋为第三者，顿时群情激愤，骂战升级，诅咒和谩骂如潮水般涌来。最后，在强大舆论与身患绝症的双重压力下，叶蓝秋选择了跳楼自杀。

[教师]无论是否看过这部电影，相信所谓的"人肉搜索"，大家应该都听说过吧？

[学生]听说过。

[教师]接下来，结合我们现在探讨的"善良"这一做人的基本美德，就请同学分析一下，电影《搜索》给了我们什么启示？

学习小组B：《搜索》启示我们，做人要有底线，不能随波逐流，遇事要冷静对待、理性思考，要学会与人为善。就像看到类似《搜索》那样"不给老人让座"的新闻报道时，要学会多问几个"为什么"，要学会"换位思考"。

学习小组C：《搜索》启示我们，在当今网络时代，即使在虚拟的空间里，也同样要遵守法律，要坚守做人的道德底线，不能人云亦云，如果这样，不仅为失去自我，还可能助纣为虐。因此，要时刻保持以仁爱之心对待周围的人与事，始终做一个善良的人。

[教师]这两个小组同学谈得都很具体，也很深入。其实，这部电影就是在倡导我们，无论是在现实社会，还是在虚拟空间，我们都要遵守法律、坚守底线伦理，要学会与人为善，做一个有爱心、懂仁爱的善良的人。

做人应该真诚，在心灵与心灵之间架设沟通的桥梁。

[教师]关于真诚，作为教师而言，已故国学大师启功先生曾说过，当老师在学生面前出现差错时，要第一时间承认，并及时改正过来。他还特别指出，当老师能够诚恳地对待自己所犯的错误和出现的问题时，只要你能第一时间承认，向学生真诚道歉，并及时改正，学生非但不会瞧不起老师，反而会更加敬重老师。可见，真诚对教师的重要性与必要性。

[教师]谁能说一下韩愈《师说》中的相关论述？

[学生K]韩愈的《师说》中说过："孔子曰：'三人行，则必有我师'。是故弟子不必不如师，师不必贤于弟子。闻道有先后，术业有专攻，如是而已。"

附图74

附图75

[教师]其实啊,启功先生的告诫与《师说》中的这段话有异曲同工之妙,那就是希望教师能具备真诚这一做人的基本美德。

做人应该正直,在善恶是非面前站稳道德立场。

[教师]我国古人历来倡导"清白为人、正直传家"。因此,"粉身碎骨浑不怕,要留清白在人间"成为一种美德。正直,就是说人们要在善恶是非面前站稳道德立场。比如,前段日子网络上炒得沸沸扬扬的"黄海波嫖娼事件"。关于这一事件,某网站曾做了一个调查,请大家看大屏幕。

[教师]对于这一调查结果,新华网做出旗帜鲜明地表态,并对此提出严肃的批评,发表了《网友为黄海波叫屈会模糊道德底线》的评论文章。对黄海波嫖娼一事,大家是怎么看的?

学习小组A:嫖娼在我们既是法律禁止的行为,也是道德所不齿的勾当,无论是谁,只要做了这一既违法又违背道德的事,都应依法处罚。

学习小组D:嫖娼既然是法律禁止、舆论谴责的行为,无论涉及谁,都不例外,尽管黄海波曾经塑造荧屏上所谓的"国民女婿"的良好形象,但是不能因为这个,就宽容他嫖娼这一违法行为。

[教师]看来大家对这一事件还是有理性的认知的。能够在这一事件上,在涉及善恶是非时站稳自己作为当代大学生的道德立场,也充分说明,大家是正直的。

做人应有恻隐之心,同情怜悯生活中的弱者。

[教师]这一点我们做过一次综合探究课,在这里就不详细分析了。善良、真诚、正直和有恻隐之心,这些道德都算不上最崇高,但却构成了做人的底色,并为师德的建构提供了稳固的基石。经验表明,师德正是由于内在地包含着做人的基本美德,才放射出人性的光辉。

附图76

作为教师,首先要具备这些做人的基本美德。

其次,教师是知识分子,因而应该具备知识分子的价值观念与操守。

[教师]知识分子之所以为知识分子,绝不仅仅因为掌握某种特殊技能,还是由于他们具备不同于一般人的价值观念与操守。

附图 77

附图 78

一是科学精神。

1. 追求真理，捍卫真理的权威性，当真理与世俗的权力、偏见、迷狂等相冲突时，能够义无反顾地站在真理一边。

［教师］比如对待理想与信仰，当代中国的知识分子理应树立共产主义的崇高理想与政治信仰，但是，有的人却痴迷邪教"法轮功"，大家能在课前查到相关的实例没？

学习小组 A：中央音乐学院的女大学生陈果因为痴迷邪教"法轮功"不惜自焚来追求所谓的"圆满"。

［教师］其实，陈果之所以选择通过自焚的方式追求所谓的"圆满"，主要是受了她母亲郝惠君的蛊惑。大屏幕上这幅图片这位就是陈果的母亲郝惠君，她是河南开封回民中学老师，正是因为她自己痴迷邪教"法轮功"，才亲手导演了母女二人共同自焚追求"圆满"的人间悲剧。自焚被救后，郝惠君成了一个最悲情、最痛苦的母亲，因为自焚，自己没有了双手；没有了头发，没有了耳朵，没有了眉毛，没有了鼻子，没有了嘴唇，没有了左眼，只有右眼在一个小小的眼洞里。更让她终生悔恨的是，她还亲手把自己如花似玉、前程似锦的女儿陈果毁掉。清醒后的郝惠君十分自责，她常说"我这一生是可悲的，把果果带到这一步也是可悲的""现在想起来就是愚昧、痴迷！"，可这一切已经无法挽回。

所以，作为当代大学生，我们一定要追求与捍卫真理，绝不能信奉诸如邪教"法轮功"之类的歪理邪说，否则害人害己。

2. 热爱知识，甚至把知识当成目的本身来珍爱。

［教师］谁知道有关"知识"与"力量"之间关系的名言？

［学生 L］培根说过："知识就是力量。"

［教师］正如培根所说，知识就是力量，现实生活中，人有多少知识就有多少力

量。所以,做老师的要时刻学习,不断积累知识,进而凝聚力量,为自己教书育人的伟大事业提供取之不尽、用之不竭的动力资源。

3. 崇尚理性,能够站在理性的立场思考和评价生活中的各种现象,而不是囿于一己的私利或者盲从众人的意见。

[教师]作为老师,更应该崇尚理性。因此,不能把不良情绪带进课堂,而要时刻以阳光的心态、乐观的形象出现在学生面前。其实,这种理性还体现在老师与学生的交流与沟通时。平时,大家恐怕听到更多的是老师这样的问话:"你们听懂了吗?"而很少听老师问:"我讲清楚了吗?"大家仔细想一下,这两句话,有什么不同?

学习小组D:"你们听懂了吗?"这句强调的是"你们"作为"听者"是否"听懂"了? 如果我们说"听懂"还好办,如果我们说没"听懂",那责任在学生,而不在老师。

学习小组B:"我讲清楚了吗?"这句强调的是"我"作老师是否"讲清楚"了,当学生回答"老师,您讲清楚了"时,其实是学生已经"听懂"了;当学生回答"老师,您没讲清楚"时,也就是说学生没"听懂"。

[教师]大家分析得很好。其实,这两句话表面上看,都是在老师询问学生对他所讲的内容是否"听懂"了,但是由于出发点与着力点不同其效果自然不同。"你们听懂了吗?"这句话的潜台词是"我"(学生)已经"讲清楚"了,就看"你们"(学生)是否"听懂"了,如果没"听懂",主要责任在"你们"(学生),而不"我"。而"我讲清楚了吗?"这句话就不一样了,就像刚才B组同学分析的那样,当学生回答"老师,您讲清楚了"时,其实是学生已经"听懂"了;如果学生回答"老师,您没讲清楚"时,是因为学生没"听懂"老师讲的内容,责任主要在老师,而不是学生。这两句话反映了两种不同的教育理念,也反映出老师是否能够理性地对待自己的教育教学过程及效果。

二是人文精神。

附图79

附图80

[教师] 孔子讲"士志于道"，就昭示了知识分子素来负有守望传承文化价值系统的使命。现代社会的知识分子不但要弘扬优秀传统文化价值，而且要传播自由平等人道正义等支撑现代社会的价值观念，在商品社会里努力确立人文价值的尊严。在当代，各级各类教师都要努力培育与践行社会主义核心价值观，

三是文化品位。

[教师] 由于知识分子更多地与文化打交道，因而对人生的超功利价值更为青睐，更加讲究人在道德审美上的修养和追求，关注心灵上的深邃与丰富，信从"威武不能屈，贫贱不能移，富贵不能淫"一类的祖训，而这一切在功利主义甚嚣尘上的今天弥足珍贵。

[教师] 请大家看大屏幕上的图片，这张是反映中学课外补课屡禁不止的。现在很多家长反映"老师课上不好好教，都跑去补课班上教了"。这是为什么呢？

[学生 M] 是因为，在课外实习班上课，老师可以赚更多的钱！

[教师] 对，正是金钱的诱惑，使得这些老师失去了职业操守。

[教师] 大家再看大屏幕上这位是谁？

[学生 N] 他是范美忠，四川汶川地震时因为没有及时求助学生，而被称为"范跑跑"。

[教师] 对，就是此人！有谁查到他被称为"范跑跑"的详细信息？

[学生 O] 其实，关于范美忠在地震发生时是否未救学生而选择在第一时间自己跑掉，还得追溯到他自己在天涯论坛发表的一篇文章。2008 年 5 月 22 日 9 点 10 分，他在天涯论坛写下了《那一刻地动山摇——"5·12"汶川地震亲历记》。文章提到："在这种生死抉择的瞬间，只有为了我的女儿我才可能考虑牺牲自我，其他的人，哪怕是我的母亲，在这种情况下我也不会管的。因为成年人我抱不动，间不容发之际逃出一个是一个，如果过于危险，我跟你们一起死亡没有意义；如果没有危险，我不管你们，你们也没有危险，何况你们是十七八岁的人了！"这番言论引起社会舆论强烈谴责，遭到新闻媒体口诛笔伐，人们为了表达对他们愤怒与不耻，称他为"范跑跑"。

[教师] 作为老师，范美忠本应该有更高的文化修养与人生追求，特别在学生遇到危险的时候应该能够承担起保护学生生命安全的神圣职责，他非但没有及时救助受困、遇险的学生，反而在网络上发表这样不知廉耻的言论，正如白岩松评论此事时所说，"人可以不高尚，但不能无耻"！而作为教师，不仅要知耻，而且要追求有文化品位的人生境界。

[教师] 大屏幕上最后一幅人物图片，这位老者，是中国音乐评论界重量级人物，中央音乐学院教授、博士生导师梁茂春。他通过提炼、改编、翻译、填词，创作了诸如《达坂城》《掀起你的盖头来》等脍炙人口的民歌。《新京报》2008 年 8 月 15 日

报道,这位 70 岁的知名教授自曝曾与一名准备考取该校博士研究生的女学生发生肉体关系,并收受该生 10 万元贿赂。最终因女学生并未如愿上博,老教授向校方纪检部门坦白此事。事件被媒体曝光后,中央音乐学院对梁茂春做出严肃处理,决定对其"取消所有招生、教学和学术的权利"。

为了预防与严惩此类事件再次发生,2014 年 10 月 9 日,教育部出台《关于建立健全高校师德建设长效机制的意见》,专门为高校教师的师德行为列出"红七条",包括学术不端、影响教学的兼职、收礼等,其中第七条写明,高校教师不得"对学生实施性骚扰或与学生发生不正当关系"。《意见》指出,如违反"红七条",严重者要解除聘用合同或者开除。而对于教师严重违反师德行为监管不力、拒不处分、拖延处分或推诿隐瞒,造成不良影响或严重后果的,还要追究高校主要负责人的责任。①

再次,教师是一种职业,师德自然包括教师的职业道德。

[教师]教师的职业道德尽管有着诸多具体规定,归纳起来不外乎以下三点:

附图 81

附图 82

1. 敬业——即对教育事业的忠诚与敬畏。

[教师]这种忠诚和敬畏源自于对教育事业所具有的伟大意义的深刻理解和感悟;教育事关人的成长与完善,事关文化的传承与繁荣,事关人类社会的发展与进步。关于"敬业"出自哪儿,是什么意思,哪个组查到了?

学习小组 A:"敬业"一词源于《礼记·学记》里的"敬业乐群"。所谓"敬业乐群"原意是说做学生的,既要专心、用心于自己的学业,又要乐于与朋友、同道者相互切磋,学会与人相处,体现了"学业与做人并重"的传统教育思想的核心价值观。

[教师]对于"敬业乐群",作为近代中国职业教育的先驱人物黄炎培先生是如何诠释的?哪个组能说一下?

---

① 北京副教授致女留学生怀孕被处分[N].北京青年报,2014－11－21,A11 版.

　　学习小组C：黄炎培先生对"敬业乐群"的诠释是这样的,他认为,所谓"敬业",是提倡"对所习之职业具嗜好心,对所任之事业具责任心",即职业学校的师生要树立正确的职业观,爱好和敬重所学习或从事的职业；所谓"乐群",是指"具有优美和乐之情操及共同协作之精神",即能与社会和谐相处,能与同事(学)合作互助,要有"利居众后,责在人先"的高尚情操。

　　[教师]其实,不仅仅是作为老师,我们高职院校毕业的学生将来毕业后,无论从事什么职业,要学会"敬业乐群",要保持对自己所从事职业的基本敬畏,要以团结合作的精神与同事和睦相处,这样才能为自己学习、工作与生活创造一个轻松、愉悦、和谐的发展环境。

　　精业——努力提高自身素质,对业务精益求精,在三尺讲台上演出有声有色的人生戏剧。

　　[教师]古人云："业精于勤荒于嬉,行成于思毁于随"。因此,在日常工作中,教师不仅要敬业,还要在业务上精益求精,既要把精益求精作为一种工作常态,也要把精益求精作为一种人生境界。

　　乐业——从事教育事业决不应仅仅是一种牺牲和付出,教育者应在从教过程中感受到幸福和欢乐,感受到人生价值的实现,感受到角色与自我的水乳交融。

　　[教师]关于"乐业",布置大家回去查梁启超先生的专门论述,哪个组查到了,给大家介绍一下?

　　学习小组D：梁启超,《饮冰室合集》(第14卷)第219页中是这样论述"乐业"的："凡职业没有不是神圣的,所以凡职业没有不是可敬的。……所以敬业主义,于人生最为必要,又于人生最为有利。……我老实告诉你一句话：'凡职业都是有趣味的,只要你肯继续做下去,趣味自然会发生。'为什么呢? 第一,因为凡一件职业,总要许多层累曲折,倘能身入其中,看它变化进展的状态,最为亲切有味。第二,因为每一职业之成就,离不了奋斗；一步一步地奋斗前去,从刻苦中得将快乐的分量加增。第三,职业的性质常常要和同业的人比较骈进,好像赛球一般,因竞胜而得快乐。第四,专心做一职业时,把许多游思妄想杜绝了,省却无限闲烦恼。孔子说：'知之者不如好之者,好之者不如乐之者。'人生能从自己职业中领略出趣味,生活才有价值。孔子自述生平,说道：'其为人也,发愤忘食,乐以忘忧,不知老之将至云尔。'这种生活,真算得人类理想的生活了。我生平最受用的有两句话：一是'责任心',二是'趣味'。……敬业即是责任心,乐业即是趣味。"①

————————————
　　① 梁启超.饮冰室合集(第14卷)[M].上海：中华书局,1941：219.

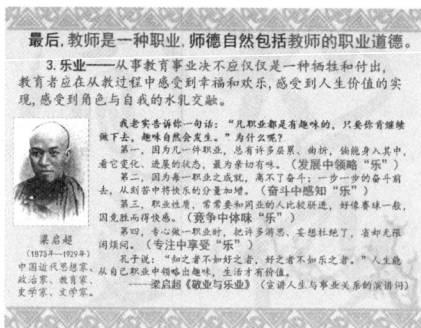

附图83

附图84

［教师］好，找得非常准确。接下来，我们就逐一分析下梁启超先生关于"乐业"的论述。

［教师］"第一，因为凡一件职业，总要许多层累曲折，倘能身入其中，看它变化进展的状态，最为亲切有味。"这说明的是什么呢？

学习小组A：说明我们要在职业发展中领略其中的乐趣。

［教师］"第二，因为每一职业之成就，离不了奋斗；一步一步地奋斗前去，从刻苦中得将快乐的分量加增。"这是一种什么样的"乐"呢？

学习小组C：说明我们要在职业奋斗中感知其中的乐趣。

［教师］"第三，职业的性质常常要和同业的人比较骈进，好像赛球一般，因竞胜而得快乐。"这又说明的是什么呢？

学习小组D：说明我们要在竞争中体味到乐趣。

［教师］"第四，专心做一职业时，把许多游思妄想杜绝了，省却无限闲烦恼。"又是说的是哪种乐呢？

学习小组B：说明我们要在专注中享受着乐趣。

［教师］结合我们的共同探讨，作为老师的，在教师这一神圣的职业中同样可以在职业发展中领略"乐"，在不懈地奋斗中感知"乐"，在竞争中体味"乐"，在专注中享受"乐"。

通过今天我们大家的共同探究，作为教师，一要具备做的基本美德，如善良、真诚、正直、有恻隐之心，二要有知识分子的价值观念和操守，要追求科学精神、传承人文精神和拥有文化品味，三是要有教师的职业道德，即要敬业、精业、乐业。只有这样，才能"以德修身、恪守师德；以德修己、弘扬师魂；以德育人、桃李芬芳"。正如19世纪俄国教育家、被称为"俄罗斯教育心理学的奠基人"的乌申斯基所言："教师个人的范例，对于青年人的心灵，是任何东西都不可能代替的最有用的阳光。"希望也相信每一位教师不断培育与提升自身职业道德，从而使每一位学生都在这"最有用的阳光"下茁壮成长、健康发展。

典型教学案例 7：感恩父母　珍惜亲情

选自第七章：遵守行为规范　锻炼高尚品格

第三节：婚姻家庭生活中的道德与法律

课题	第三节：婚姻家庭生活中的道德与法律	授课时间	年　月　日　星期　第　节
课类/课序	公共基础课/ 第　次课	授课地点	
班级/小组		单元学时	2

<table>
<tr><td colspan="4" align="center">教　学　目　标</td></tr>
<tr><td align="center">知识目标</td><td align="center">能力(技能)目标</td><td align="center">素质目标</td><td align="center">情感目标</td></tr>
<tr>
<td>1. 认识爱情的本质；
2. 把握爱情在人生中的位置和作用；
3. 明确"孝"的内涵与当代价值；
4. 掌握恋爱婚姻道德要求和家庭美德的基本要求；
5. 了解《婚姻法》的基本精神和主要内容。</td>
<td>1. 能判断自己和他人的行为是否符合恋爱婚姻家庭中道德规范的要求；
2. 能正确处理恋爱中的问题，慎重对待感情；
3. 能按照家庭生活中的道德和法律要求自己的行为。</td>
<td>1. 能够孝顺父母、尊敬长辈；
2. 能够理性对待爱情与婚姻；
3. 能够正确处理学业与恋爱的关系。
4. 能够切实履行婚姻家庭道德规范的基本要求。</td>
<td>1. 树立正确的恋爱婚姻观；
2. 树立正确的家庭观；
3. 能够懂得感恩父母、珍惜亲情。</td>
</tr>
</table>

教学重点、难点及其解决办法
1. 重点：恋爱、婚姻家庭中的道德规范与有关法律。 2. 难点：恋爱的本质；科学认知"孝"内涵与当代价值；深刻领悟"孝"的真谛，努力践行"孝"。 3. 解决方法：联系案例重点讲解；组织互动逐一击破；通过综合探究进一步突出重点、突破难点。

教学过程总体设计思路
1. 第一次课设计："90后主播"—组织互动—总结(尽量与本次课产生联系)—简单复习上次课内容—案例导入—组织互动—介绍本章框架、在整本书中的位置—告知教学重点、难点—以学生为主体、以教材为基础、以互动为形式，结合案例展开教学—课堂小结 2. 第二次课设计："90后主播"—组织互动—总结(尽量与本次课产生联系)—简单复习上次课内容—以学生为主体、以教材为基础、以互动为形式，结合案例展开教学、通过综合探究突出重点与突破难点—课堂小结

续 表

	具体教学过程实施			
步骤	教学内容	教学方法与手段	学生活动	时间分配（分钟）
1	"90后主播"	互动	参与互动	5
2	复习上一次课内容	讲授、互动	听讲、互动	3
3	第三节 婚姻家庭生活中的道德与法律 一、恋爱的含义与本质	讲授、课件展示、互动	听讲、参与互动	10
4	二、恋爱生活的道德规范	讲授、课件展示、互动	听讲、参与互动	15
5	三、家庭生活中的道德规范（一）	讲授、课件展示、互动	听讲、参与互动	12
6	"90后主播"	互动	参与互动	5
7	三、家庭生活中的道德规范（二）	讲授、课件展示、互动	听讲、参与互动	8
8	综合探究：感恩父母 珍惜亲情	讲授、课件展示、互动	听讲、参与互动	20
9	四、婚姻家庭生活中的法律规范	讲授、课件展示、互动	听讲、参与互动	10
10	课堂小结	讲授、互动	听讲、互动	2

课后作业布置	参考资料与设备、工具和材料的配置
1. 怎样正确处理学习与恋爱的关系？ 2. 谈谈你对新时期大学生如何学习与弘扬中华民族"孝"的传统美德。 3. 你是否赞同婚前财产公证，说说你的理由？	1.《中共中央关于加强社会主义精神文明建设若干重要问题的决议》，中央文献出版社，2002年版。 2.《公民道德建设实施纲要学习读本》第一讲、第四讲，学习出版社，2001年版。 3.《中华人民共和国婚姻法》。 4.《中华人民共和国继承法》。

教学反思

感恩父母　珍惜亲情

选自第七章：遵守行为规范　锻炼高尚品格
第三节：婚姻家庭生活中的道德与法律

［探究开启——创设问题情景］

［教师］各位，在开始本节课之前呢，请大家欣赏两首歌曲，一会儿呢，找人说一下分别是谁演唱的什么歌。

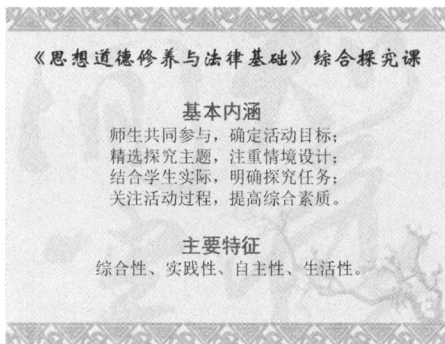

附图85

附图86

［学生A］第一首是阎维文演唱的《母亲》，第二首是刘和刚演唱的《父亲》。

［教师］好，回答得非常准确。在阎维文和刘和刚的深情演唱中，我们能够感受到父母对我们的那份沉甸甸的爱，有人说，母爱似海、父爱如山。而对这情深似海的母爱与厚重如山的父爱，我们做儿女的在日常生活中应该怎样去珍惜、如何去回报呢？为了寻找答案，就请大家与我共同走进今天的《思想道德修养与法律基础》的第七章"遵守行为规范　锻炼高尚品格"第三节"婚姻家庭生活中的道德与法律"的综合探究课——"珍惜亲情　感恩父母"——我将带领各位去领悟"孝"的真谛。

［教师］课前给大家布置了作业，下面就请各小组分别说一下你们查到的有关"孝"的解释或论述。

学习小组B：《新华字典》中对"孝"的解释是："对父母尽心奉养并顺从"。

学习小组C：《说文解字》将篆体"孝"解释为："善事父母者。从老省，从子，子承老也。"在这个意义，"孝"字表达就是老人与子女的关系。

学习小组A：《诗经》中对"孝"是这样论述的："父兮生我，母兮鞠我，拊我蓄

附图 87

附图 88

我，长我育我，顾我复我，出入腹我。欲报之德，昊天罔极。"就是倡导全社会要重视孝道。

学习小组 D：甲骨文中就已经出现"孝"字。"孝"从造字法上说是一个会意字，它的意思是小孩搀扶着长着长长胡须的老人。《尔雅·释训》云："善父母为孝"。

[教师] 每个组都找到了不同文献对"孝"的解释或论述，找得很具体，并说出了具体的文献名称，说明大家是很认真地对待这次作业的，值得为各位点个"赞"！

接下来，请看大屏幕，大家说过的呢，我就不再赘述了。我呢，再补充说两点：

一是《孝经》里谈的"孝"，《孝经》中说："孝，德之本也"。就是说，在古人看来，"孝"是为人之道的根本，不孝敬父母的，不配为人。可见，在我国古代"孝"是受到社会普遍重视的。正所谓"百善孝为先"啊。

二是《论语》记载孔子的学生了游向孔子问何谓"孝"，孔子回答："今之孝者，是谓能养。至于犬马，皆能有养；不敬，何以别乎？"下面，谁能试着把孔子的话翻译成白话文？

[学生 B] 孔子是说："现在我们所说的孝，最主要的就是能够赡养父母。我们知道狗或马都知道这个养，人若是不孝顺、不尊敬父母的话，那和这些动物有什么区别呢？"

[教师] 这位同学翻译得非常准确。为此，孔子还进一步指出："孝，色难也"。这又做何解释呢？

[学生 C] 这里的"色"是指脸色或表情，所谓"孝，色难也"就是说，我们对父母的孝，日常的赡养并不难做到，难的是我们能给父母一个好脸色。

[教师] 这位同学解释得挺好。其实，这里所说的"色难也"，我们可以进一步分析，这个"难"字不仅体现在我们平时能否对父母毕恭毕敬，更体现在父母批评我

们、指责我们的时候，我们能否和颜悦色地对待父母的谆谆教诲。下面，我们看一下，谁有勇气说说自己平时是怎样对待父母的批评的？

［学生 D］我妈批评我时，我基本上不和她争辩，但是经常表现出不耐烦，这种不耐烦不仅体现在心里，肯定在脸上也能表现出来。以后我得注意，因为，听了刚才老师的讲解，这可是不孝的表现啊。

［学生 E］我妈指责我这做得不好，那做得不对时，我更多的时候是选择沉默，但有时为了表示自己的不满或愤怒，甚至在进入自己房间时，关门时很用力。我这样做也是不对的，没有考虑父母的感受。

［学生 F］我爸批评我时，如果是心平气和的，我还能比较友好地和他交流，但如果他冲我发火，我声调也比较高，和他争论一番，以证明自己没有错，或者自己那样做是有道理的。比如，我爱打电子游戏，一到考试前，我爸要么把我电脑放他房间去，要么就把我房间的网线给断了。我特别不理解，我也不是痴迷，只是偶尔玩玩，所以，当我爸这样做时，我也和他吵过几回。他应该挺伤心的，我也挺生气，以后，再发生这样情形的时候，我得换种我爸能接受的方式，和他老人家好好沟通一下。

［教师］首先我们为这三位同学的勇气，特别是能够做自我批评的勇气鼓掌，证明你们不仅长大了，而且开始学会理解父母了，开始懂得孝顺父母了。这是一个良好的开端，相信我们接下来的探究不仅能够使各位对"孝"有更深层次的理解与感悟，而且能够及时地落实到日常生活的点点滴滴。

其实，关于"孝"在古今中外有很多感人的故事，以成为教育下一代的人间佳话。接下来请大家看大屏幕，看看孝子如何用自己的实际行动演绎这"人间第一情"。

二、孝子用行动演绎"人间第一情"

［教师］北宋有位著名文学家、书法家，为盛极一时的江西诗派的"开山之祖"，生前与苏轼齐名，世称"苏黄"。大家知道这个人是谁吗？

［学生 G］老师，是不是黄庭坚？

［教师］是，就是黄庭坚，一提到他，可能我们更多人想到的是其在文学上的成就，在书法上的造诣。可是，黄庭坚还创造了一段人间佳话，那就是"涤亲溺器"。

［教师］有同学知道"涤亲溺器"是怎么一回事儿吗？

［学生 H］"涤亲溺器"是我国古代"二十四孝"里的故事，作为文学家、书法家的黄庭坚，虽身居高位，但对自己的母亲十分孝顺，每天都要亲自为母亲洗涤溺器，也就是俗称的便桶，没有一天忘记自己作为儿子应尽的职责。

附图 89

附图 90

[教师]好,这位同学介绍得很详细,既指出了故事的出处,又简明扼要地叙述了故事的内容。与黄庭坚一样,近代中国有一位著名的文学家,他也是一位老子。请看大屏幕,这个画面大家熟悉不?出自哪位作家的哪篇散文?

[学生I]老师,我熟悉这个画面,出自我国现代著名散文家朱自清的《背景》。

[教师]对,是出自朱自清的《背景》,大家在中学语文课上都应该学过的。下面谁能简要介绍一下?

[学生J]《背影》是这篇散文叙述的是朱自清离开南京到北京大学,他父亲亲自送他到车站,照料他上车,并替他买橘子的感人情形。其中我印象最深刻的是朱自清用白描的写作手法叙述了他父亲替他买橘子时在月台爬上攀下时的"背影"。整篇文章文字朴素、用语准确真挚感人,把父亲对儿女的爱表达得淋漓尽致,字里行间也流露着儿子对父亲的脉脉深情。

[教师]相信大家都会有与这位同学同样的感受,都说父爱如山,可这如山父爱在朱自清的笔下却又那么的细腻与温馨。

以上我们看到是中国人对"孝"的真情演绎。接下来,我们看看深受儒学思想影响的、被称为"亚洲四小龙"的新加坡,看看新加坡人是如何理解与倡导孝的。请看下面这段视频——新加坡的一则公益广告——《孝顺》。

[教师]《孝顺》在新加坡被观众评为最受欢迎的本土广告。看了这段公益广告,我发现很多人眼里闪着泪花。谁能说一下,在这则广告中,你看到了什么让你如此热泪盈眶?

[学生K]老师,尽管我听不懂视频中母亲怀抱着生病的儿子时在哼唱着什么,但是我能从她对出租车司机"救命啊、救命啊!"的呼喊中,从她冒雨跑到医院后"护士、护士,帮帮忙,我儿子在发烧"的求救中,深切地感受到一位母亲在儿子得病高烧时的无助与焦急!老师,虽然我记不清自己小时候得病时爸妈的情形,但我觉得

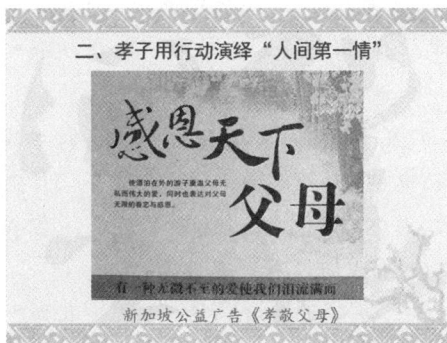

二、孝子用行动演绎"人间第一情"

感恩天下父母

新加坡公益广告《孝敬父母》

二、孝子用行动演绎"人间第一情"

田世国——捐肾救母感动中国

| 附图 91 | 附图 92 |

爸妈一定与这位母亲一样焦急与心痛。

[学生 L]老师，我也没听懂这位母亲在哼唱什么，我猜想应该是类似《摇篮曲》之类的安慰儿子的歌曲，她是想通过这歌声来减轻儿子高烧的痛苦。当昏睡的儿子慢慢睁开眼睛时，这位年轻的母亲才开心得笑了，而看到这，我的眼泪再也忍不住了。

[教师]眼泪证明，这二位同学是被广告的情节感动了。在感动之余，谁能分析一下这则公益广告的主题"上一代的榜样，下一代的模范"？

[学生 M]当广告中儿子问父亲："爸，奶奶这样对待你和妈，你还为她难过？"时，父亲回忆了她儿时生病时自己母亲，也就是男孩的奶奶，异常无助与焦急的情形。这回忆是作为父亲的他最好的回答。这位父亲之所以"难过"，是因为想起他小时得病时，男孩的奶奶是如何担心的，如何无微不至照顾他的。正如课前给大家播放的阎维文的《母亲》中唱的那样："你躺在（那）病床上有人（他）掉眼泪，你露出（那）笑容时有人乐开花"。

[教师]这位同学分析得很好，其实，广告最后的字幕"上一代的榜样，下一代的模范"值得我们每个人去思考。当我们小时候得病时，我们的父母是不是和视频中的母亲一样"掉眼泪"？当我们康复时，我们的父母是不是也和视频中的母亲一样"乐开花"？我认为，答案是肯定的。那就请各位对父母多一分理解，多一分宽容，多一分关爱吧。

[教师]看了新加坡的公益广告，我们再来看段被誉为"当代中国孝子"的"2004 年 CCTV 感动中国年度人物"——田世国捐肾救母的故事，让心中的感动继续。

[教师]以上，无论是黄庭坚的"涤亲溺器"，还是朱自清的《背影》，无论是新加坡的公益广告《孝顺》，还是"感动中国"人物田世国捐肾救母，都给了我们深深的感

动,我希望大家能把这份感动化成我们生活中的行动,把对父母的尊敬、孝顺落实到生活中的点点滴滴。因为,当你们大学毕业后,你们陪伴父母的时间就越来越少了,如果不相信请看下面这段视频。

[教师]通过视频中的"亲情计算题",我们发现,假如父母再活 30 年,假如自己平均每年回家 1 次,每次 5 天,减去应酬、吃饭、睡觉等时间,真正能陪在父母身边的大概只有 24 小时,30 年总共才 720 小时,差不多一个月。这个答案是一般在异地工作的打工者,特别是在离家比较远的地方上班的人的真实写照。

所以说,可能大家从来就没有接触,甚至根本就没有算过这道"亲情计算题",按中国人现在的平均的寿命计算,如果父母再活 30 年,假如自己平均每年回家 1 次,每次 5 天,减去应酬、吃饭、睡觉等时间,真正能陪在父母身边的大概只有约 24 小时,30 年总共才 720 小时,差不多一个月。这个"亲情计算题"每年到春节临近时,都会在网上引起广大网友普遍关注,"你还能陪父母多久"的疑问都会戳中很多游子的泪点。若干年后的一天,当各位远离父母,"身在异乡为异客"时,势必"每逢佳节倍思亲"。那时,当你意识到陪父母只能用"天"或"次"来计算,希望你们把"常回家看看"从歌曲唱到现实中。因为,我真的不想各位去苦苦品味"树欲静而风不止,子欲养而亲不待"的终生遗憾。所以,我希望各位——

三、对父母要知恩、感恩、报恩:从现在做起

附图 93

附图 94

[教师]同学们,这幅异样的"黄色"漫画曾经感动了成千上万的网友,今天看到各位眼中闪烁的泪光,作为你们的老师,你们的兄长,我感到十分的欣慰,因为这泪光表明,我们每个人心中有父母,有对父母养育之恩的,发自内心的感动!所以,我真的希望,也确信各位,从今天开始能够学会感恩父母,能够学会以自己的实际行动去向父母"行孝"!所以,我真的希望你们,和你们一样的同龄人能够想到做到,因为你们从十月怀胎到呱呱坠地有父母的期待,从咿呀学语到蹒跚学步有父母

的汗水，从卧病在床到出门远行有父母的牵挂，从日常学习到每逢考试有父母的惦念，从饮食起居到为人处世有父母的叮咛。

然而，在现实生活中，我们为人子女的应该如何向父母行"孝"呢？我觉得国学经典《弟子规》给我们提供很多"指南"，下面，我就给大家简要介绍几种孝顺父母的现实做法：

[教师]"父母教，须敬听；父母责，须顺承"，就是说，父母教诲自己的时候，态度应该恭敬，并仔细聆听父母的话；父母批评和责备自己的时候，不管自己认为父母批评的是对是错，面对父母的批评都应该态度恭顺，不要当面顶撞。

"出必告，反必面；居有常，业无变"，就是说，出门前，应该告诉父母自己的去向，免得父母找不到自己，担忧记挂；回到家，应该先当面见一下父母，报个平安；虽然子女有出息，父母会高兴，但是父母辈对子女最大的期望不是你多么有出息，而是你平平安安、稳稳当当，一生没有灾殃。所以，居住的地方尽量固定，不要经常搬家，谋生的工作也不要经常更换。

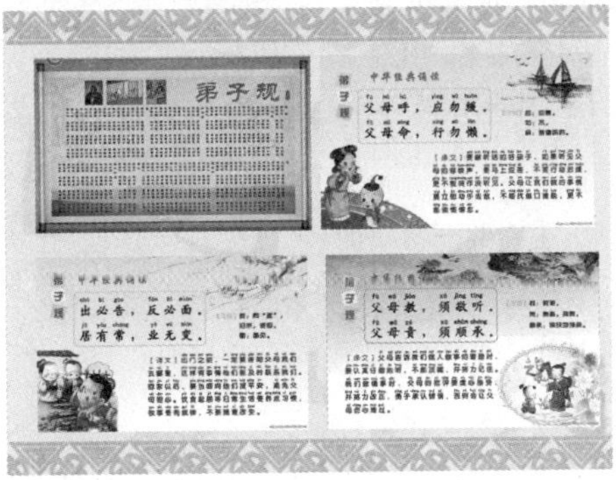

附图 95

附图 96

[教师]各位同学，父母不仅生育了我们，而且养育了我们，我们今天的一切都是父母给我们的。孝敬父母是中华民族传统美德，我相信在座的各位以后都能够体味父母的生育我们、养育我们的艰辛。如果有一天，你们为人父母，你们会真正地体会到什么叫"不当家不知柴米贵，不养儿不知报母恩"。希望你们从今天开始能够以自己的实际行动体谅父母、理解父母、心疼父母、孝顺父母，在家做一个孝顺的儿女，在学校做一个优秀的学生，在社会做一个有用的人才。从而，以自己的实际行动回报父母，从而以自己的所作所为，去珍惜亲情、感恩父母！

典型教学案例 8：注重文明礼仪　提升个人修养

选自第七章：遵守行为规范 锤炼高尚品格

第四节：个人品德养成中的道德与法律

课题	第四节：个人品德养成中的道德与法律	授课时间	年　月　日　星期　第　节
课类/课序	公共基础课／第　次课	授课地点	
班级/小组		单元学时	2

<table>
<tr><td colspan="4" align="center">教　学　目　标</td></tr>
<tr><td>知识目标</td><td>能力（技能）目标</td><td>素质目标</td><td>情感目标</td></tr>
<tr>
<td>1. 了解个人品德及其作用。
2. 掌握个人品德与道德修养、个人品德与法律修养的密切关系。
3. 了解文明、礼仪与文明礼仪的内涵。
4. 明确文明礼仪对于个人、民族与社会的意义。</td>
<td>1. 能够努力践行优秀个人品德；
2. 能够掌握基本的生活文明礼仪常识；
3. 能够准确判断社会中存在的各种缺乏文明礼仪的现象，并能够深刻认识其存在的根源。</td>
<td>按照"教书育人""立德树人"的根本宗旨，积极培养与提升大学生优秀个人品德，引导大学生在日常学习、生活与工作中注重文明礼仪，懂礼貌、讲文明、树新风，在家做个孝顺的孩子，在校当个文明的学生，在社会做个规范的公民，为民服务，为国效劳，做一个合格的高素质技能人才。</td>
<td>通过对个人优秀品德的培育，不断增强大学生的社会主义荣辱观；通过对文明礼仪的培育，不断提高大学生培育与践行社会主义核心价值观的能力，进而不断增强大学生的"崇德向善""明礼知耻"的道德情感。</td>
</tr>
</table>

<table>
<tr><td colspan="4" align="center">教学重点、难点及其解决办法</td></tr>
<tr><td colspan="4">1. 教学重点：个人品德及其作用；文明礼仪的含义与价值。
2. 教学难点：个人品德与法律修养；培育与提升文明礼仪的基本途径。
3. 解决办法：讲授、讨论以及案例分析相结合。</td></tr>
<tr><td colspan="4" align="center">教学过程总体设计思路</td></tr>
<tr><td colspan="4">1. 第一次课设计："90后主播"—组织互动—总结（尽量与本次课产生联系）—简单复习上次课内容—案例导入—组织互动—介绍本章框架、在整本书中的位置—告知教学重点、难点—以学生为主体、以教材为基础、以互动为形式、结合案例展开教学—课堂小结
2. 第二次课设计："90后主播"—组织互动—总结（尽量与本次课产生联系）—简单复习上次课内容—以学生为主体、以教材为基础、以互动为形式、结合案例展开教学—课堂小结</td></tr>
</table>

		具体教学过程实施		
步骤	教学内容	教学方法与手段	学生活动	时间分配（分钟）
1	"90后主播"	互动	听讲、参与互动	5
2	复习上一次课内容	互动	参与互动	2
3	导入："细节决定成败"	讲授、课件展示、互动	参与互动	5
4	第四节 个人品德养成中的道德与法律 一、个人品德及其作用	讲授、课件展示、互动	听讲、参与互动	10
5	二、个人品德与道德修养	讲授、课件展示、互动	听讲、参与互动	20
6	课堂小结	互动	听讲、参与互动	3
7	"90后主播"	互动	参与互动	5
8	复习上一次课内容	互动	参与互动	2
9	三、个人品德与法律修养	讲授、课件展示、互动	听讲、参与互动	15
10	四、注重文明礼仪与个人品德修养	讲授、课件展示、互动	听讲、参与互动	20
11	课堂小结	讲授、互动	参与互动	3

课后作业布置	参考资料与设备、工具和材料的配置
1. 结合实际，谈谈你对大学生培养优秀个人品德的认识。 2. 列举你认为社会中缺乏文明礼仪的现象，并进行简要评价。 3. 作为当代大学生，你认为最需要培养与具备的文明礼仪有哪些？	1. 教育部社会科学研究与思想政治工作司：《道德观通论》，北京，高等教育出版社，2000年版。 2. 唐凯麟、龙兴海：《个体道德论》，北京，中国青年出版社，1993年版。 3. 罗国杰主编：《中国传统道德》（共5卷），中国人民大学出版社，1995年版。 4.《孝经》。 5.《弟子规》。 6. 张建华，邵政：《大学生文明礼仪》，人民邮电出版社，2013版。 7. 王莲华：《礼所应当：大学生文明礼仪读本》，学林出版社，2012版。 8.《习近平总书记"五四"青年节在北京大学师生座谈会上的讲话》。 9.《赵克志同志对贵州理工学院机自132班回信精神》。

教学反思

注重文明礼仪　提升个人修养

选自第七章：遵守行为规范　锤炼高尚品格

第四节：个人品德养成中的道德与法律

[教师] 各位同学，今天我将与大家共同来探讨有关文明礼仪与个人修养的问题，所以，请各位与我共同走进今天第七章"遵守行为规范 锤炼高尚品格"第四节"个人品德养成中的道德与法律"的综合探究课——"注重文明礼仪　提升个人修养"。

附图 97

一、"文明礼仪"的释义

[教师] 课前已经让大家去查有关"文""明"和"文明"，"礼""仪"和"礼仪"相关信息与资料，下面就检验一下大家自学的效果，请每个小组分别发言。

学习小组A："文"字的甲骨文字像一个正面的"大人"，寓意"大象有形""象形"；特别放大了胸部，并在胸部画了"心"，含义是"外界客体在心里面的整体影像、整体写真、整体素描、整体速写"。会意。甲骨文以"日、月"发光表示明亮。小篆从月，取月之光。本义：明亮，清晰明亮。

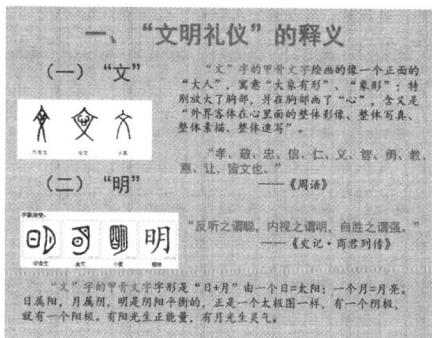

附图 98

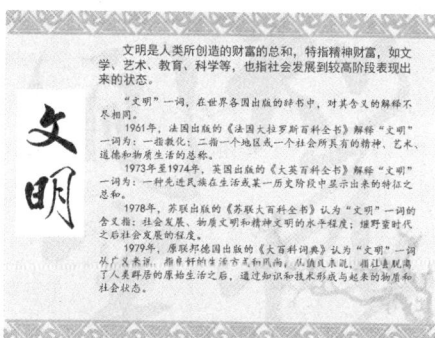

附图 99

学习小组B："文明"，《新华字典》解释为："人类所创造的财富的总和，特指精神财富，如文学、艺术、教育、科学。文明涵盖了人与人、人与社会、人与自然之间的关系。它的主要作用，一是追求个人道德完善；二是维护公众利益、公共秩序。"

[教师] 大家无论是对"文""明"，还是对"文明"所查到的资料都是比较准确的，对于文明，下面的这一解释是学术界和理论界获得普遍认可的，那就是，认为"文明是人类所创造的财富的总和，特指精神财富，如文学、艺术、教育、科学等，也指社会发展到较高阶段表现出来的状态。"我们已经明确的"文明"的科学内涵，接下，就检验下大家对"礼""仪"和"礼仪"的了解情况，请 C 组和 D 组同学向大家汇报一下你们掌握的情况。

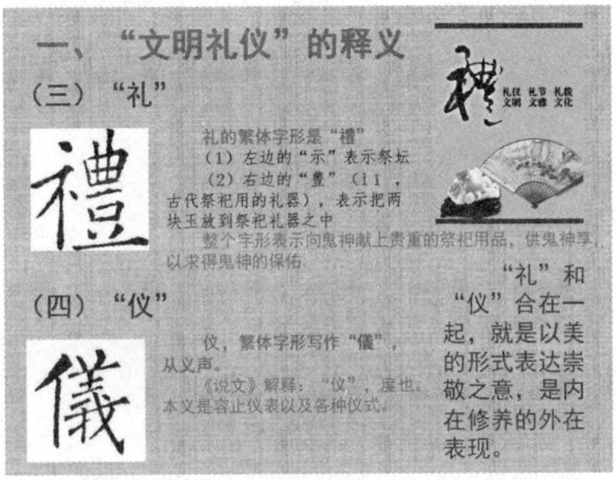

附图 100

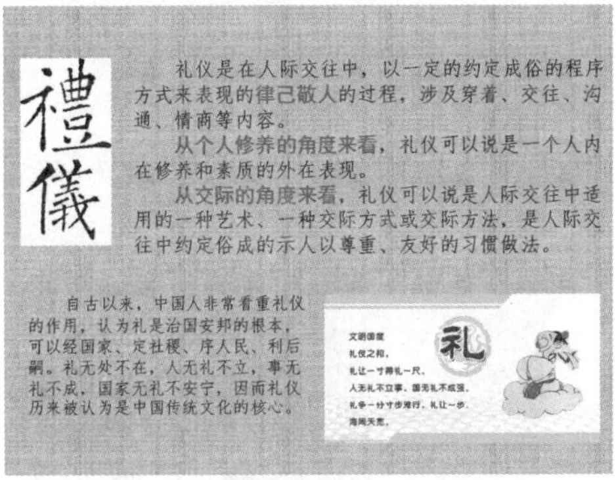

附图 101

学习小组 C："礼"从造字法上说是个会意字。从示，从豊(lǐ)。"豊"是行礼之器，在字中也兼表字音。本义：举行仪礼，祭神求福。"仪"从造字法上说是个形声字。从人，义声。本义是指容止仪表，具体而言就是指"人的外表或举动"，如仪态、仪表等。

学习小组 D："礼仪"是在人际交往中，以一定的约定俗成的程序方式来表现的律己敬人的过程，涉及穿着、交往、沟通、情商等方面的内容。一般分为政务礼仪、商务礼仪、服务礼仪、社交礼仪、涉外礼仪、外交礼仪等六大方面。

附图 102

附图 103

[教师] C 组和 D 组同学对"礼""仪"与"礼仪"内涵的把握是比较准确而全面的。我的情况与你们掌握的也基本一致。其实,自古以来,中国人非常看重礼仪的作用,认为礼是治国安邦的根本,可以经国家、定社稷、序人民、利后嗣。礼无处不在,人无礼不立,事无礼不成,国家无礼不安宁,因而礼仪历来被认为是中国传统文化的核心。然而,在现实生活中,作为当代中国青年的杰出代表——当代中国大学生,他们在学校学习与生活中的文明礼仪情况又是什么样的呢? 接下来,请大家看一下 2013 年外经济贸易大学校团委所做的一个专项调查研究。

二、文明礼仪都去哪儿了?

[教师] 如果说以上这 20 个现象只是当今大学校园缺乏文明礼仪的一个缩影,那么,在现实生活中,缺乏文明礼仪的事例真的不胜枚举。不信,请看大屏幕——

附图 104   附图 105

[教师] 这些图片中,既有在校园中乱写乱画的,也有男女生交往不得体的,既有乘公交车不排队的,也有对父母拳打脚踢的。这些事实,集中反映了大学生缺乏文明礼仪的社会现象。然而,文明礼仪却是文明人理应具备的基本修养与道德素质。为什么这样说呢? 大家是否查到相关的信息或资料?

[学生 A]《论语》中记载,孔子明确提出:"不学礼,无以立"。就是说,在社会交往中不会说话,不学礼,在社会上做人做事,就不能立足。

[学生 B] 荀子《修身》中也特别强调,"人无礼则不生,事无礼则不成,国无礼则不宁"。做人没有礼节就不能生活,做事没有礼节就不能成功,治国没有礼节国家就不能安宁。

[学生 C] 老师,我们在以前的一次课上,介绍过法国著名文学家雨果的名言。"无论你出身高贵或者低贱,都无关宏旨。但你必须有做人之道。"我认为,这也是有关文明礼仪的论述。

[教师] 大家提供的资料,都是对文明礼仪的诠释,特别是有的同学还提到我们以前综合探究课时介绍的法国大文豪雨果的名言——"无论你出身高贵或者低

贱，都无关宏旨。但你必须有做人之道。"这个也确实是关于文明礼仪的名言。作为当代的大学生，作为新时代青年人的杰出代表，我们要让文明礼仪早日"回归"到日常生活之中，这也是我们今天要共同探究的第三个大问题——

三、让文明礼仪"回归"我们的生活

（一）家庭生活更"讲文明、重孝道"

[教师] 首先是在家庭生活中我们要"讲文明、重孝道"，上节课我们共同探究了"珍惜亲情 感恩父母"，其实我们共同探讨的就是在家庭生活中如何讲究文明礼仪的问题。因此，在这里我们就不再进行专门的、具体的探究了。接下来，我们集中探讨一下，在学校，我们如何讲究文明礼仪的问题。

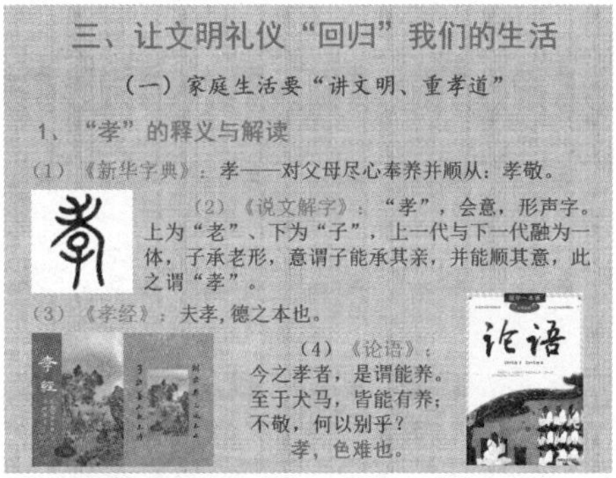

附图 106

（二）学校生活要"讲文明、懂礼貌"

[教师] 大家认为，在学校，作为学生，我们应该做到哪些最基本的文明礼仪呢？

[学生 D] 上课不迟到、不早退、不逃课。

[学生 E] 大学生恋爱是正常的，但我觉得要交往得体，注意影响。

[学生 F] 要记住食堂才是吃饭的地方，所以，不能把早餐带到教室；寝室是休息的地方，所以，要保持寝室的卫生与安静。

[学生 G] 在校园内，不能随手乱扔垃圾，要保持校园环境。因为，我们生活在同一片校园中，保持清净的校园环境是我们每个人的义务与责任。

[教师] 大家说的都既实在，又有道理，可见，我们班的同学都是注重文明礼仪的。值得表扬！其实，在校园生活中，除了大家所谈的这些，我们还要习惯使用一些文明用语。

附图 107

附图 108

比如,见到老师说"老师好";初次见面说"您好";求人解答用"请教";请人帮助说"请多关照";表示歉意说"对不起";麻烦别人说"拜托";与人分手说"再见";.表示答谢说"谢谢";表示礼让说"您先请";当他人向我们表示谢意时要说"不客气";别人表示歉意时说"没关系",等等。

[教师]在家庭生活中,我们要"讲文明、重孝道",在学校生活中,我们要"讲文明、懂礼貌",而在——

（三）公共生活要"讲文明、树新风"

附图 109

附图 110

[教师]比如在图书馆,我们应该如何做呢?

学习小组B:到图书馆看书,一、保持安静和整洁卫生;二、进门入座时动作要轻,走动时脚步要轻,不要高声谈话,不要吃有声或带有果壳的食物,以免影响他人;三、图书馆的书刊资料属于公共财产,阅览时应注意爱护;四、查阅目录卡片时,不可把卡片翻乱或撕坏,或用笔在卡片上涂抹画线;五、要爱惜图书,不要在图书上随意圈点、涂抹、折面,或是把自己需要的资料图片撕挖下来;六、碰到熟人可点头致意,如要交谈,应离开阅览室找一个不影响他人的地方,不可在室内谈笑;七、不要为他人抢占座位,不要在座位上躺卧,也不要在阅览室内吸烟;八、对图书馆、阅览室的图书、桌椅板凳应注意爱护,不要随意刻划、破坏。①

[教师]在电影院呢?

学习小组D:电影院看电影要注意言行举止文明。具体做到:一是在售票处购票时要排队;二是进入电影院时,主动示票,并对号入座;三是观众应尽早入座,不要匆匆就位;四是电影院中不准许穿背心、短裤、拖鞋;五是不要随地扔瓜皮果

---

① 衡阳市文明礼仪基本常识.衡阳文明网. http：//wm. e0734. com/html/2012/0909/168. html.

壳,不要吸烟;六是情侣们不要过分亲热,有失雅观和挡他人视线;七是看电影过程中不要喧哗、交谈和叫好;八是应等影片结束、影院亮灯时才起身离开。①

[教师] 在医院呢?

学习小组 A:医院是救死扶伤的地方,也是一个特殊的公共场所。人们去医院看病,要讲究看病礼仪;住院治疗,要遵循住院礼仪;探望病人时,则应注意探望病人礼仪。

一是看病礼仪。去医院看病,要遵守医院规矩,自觉排队挂号。就诊时,应尊重医生,如实回答医生的提问。取药时,也应按先后顺序领取。

二是住院礼仪。住院治疗的病人要听从医生的安排,积极配合医生治疗疾病。住院期间,应尊重医护人员,遵守病房的作息制度,自觉保持病房的卫生,与其他病友友好相处,互相关照。

三是探望病人礼仪。医院探望病人时,要讲究下列礼仪。

1. 选择恰当的时间。探望病人要选好时间,应在医院允许的探视时间进行。注意不要在病人刚住进医院或刚做完手术时便去探望,以免影响病人的治疗和休息。通常在下午 4 点左右去医院探望病人比较适宜。

2. 携带合适的礼品。探望病人时,可根据病人所患疾病及其病情,携带合适的礼品。如一束香味淡雅的鲜花、一本优美的小说或一些适合病人食用的水果、营养品等。

3. 讲些安慰的话语。探病者去医院探望病人时,表情宜轻松、自然、乐观,神态不要过于沉重,更不要在病人面前落泪,以免给病人造成精神压力。与病人交谈时应轻声细语,说些宽慰与鼓励的话,使病人增加战胜疾病的勇气。探病者在病房逗留时间不可太长,一般以 10 分钟左右为宜。②

附图 111

[教师] 除了以上这些公共场所,我们在日常公共生活中,与人初次相见要说

---

① 电影院的文明礼仪. 新昌文明网 http://xcnews.zjol.com.cn/xcnews/system/2011/06/22/013899073.shtml.

② 医院里应注意的礼仪. 浙江文明网 http://www.zjwmw.com/07zjwm/system/2008/03/11/009288873.shtml.

"您好";得到别人帮助要说"谢谢";请人原谅要说"抱歉";麻烦别人要说"打扰"。总之,要让文明用语穿行在大街小巷。与此同时,我们在老师,在父母等其他长辈面前,要像《弟子规》要求的那样:"称尊长,勿呼名;对尊长,勿见能""或饮食、或坐走,长者先,幼者后"。我们时刻要记住自己是个大学生,要有个大学生的样儿,做文明的使者,无愧为天之骄子的光荣称号。

　　总之,作为当代大学生,我们要成为培育与践行社会主义核心价值观的生力军,注重文明礼仪,提升个人修养从我做起,从身边的小事做起,从现在做起,孝敬父母,做懂事的孩子,建设和谐校园,做文明学生,遵守社会公德,做优秀市民。只有这样,我们才能在日常的学习、工作与生活中不断提升自身修养,做新时代大学生,并将自己日益锻炼成为中国特色社会主义事业的建设者与接班人。

索　引

151,152

教育教学 37,47,86

教育教学理念 19,25,29,30,33,35,
37,38,40,54,68,82,83,86,99,103,
106,109,110,114,119,129,134,
136,143,147,160,171

Q

情境构建 36,134,137,172

S

生成机制 2,9,18,21,23,25,26,98,99,
106—108,112—114,164,173,174

生命化课堂 5,29,31,60,85,93,119,127

生命价值 4,9,19,24,26,41,44,49,
53,66,70,72—74,77,83—86,92,
94,95,98,101,105,113,116,128,
134,135,142,160,172 — 174,
188,191

实践反思 5,6,19,21,23—26,28,29,
32,35,44,46,47,50,68,85,87,99,
108,113,114,146,148,149,152

实践智慧 2—6,10—70,74,78,80,82—
130,133—136,142—149,152—154,
160,162—164,171—175,177—184,
188,190,272,273

思想政治教师 1—6,18,19,21—78,
80—136,141—149,152—155,158,
160—164,168,171—174,176,186—
188,190—193,272,273

T

探究式教学 21,23,25,114,117,128,
130—133,172,176,177

Z

职业幸福 4,29,31,40,50,53,76,77,
82,84,88,94—96,172

专业发展 3—5,14,17,57,107,109,
111,164,178,179,181—184

专业化发展 5,19,20,24,86,88,94,
97,110 — 112,125,126,147,148,
153,160,161,163

后　记

　　对于高职院校思想政治教育教学研究,特别是高职院校思想政治教师实践智慧问题的研究,我才刚刚起步。自 2000 年大学本科毕业以来,我一直在普通高校从事大学生思想政治教育教学和思想政治学科课程与教学论的研究工作,逐渐萌生对思想政治教师实践智慧问题的研究兴趣。2010 年 9 月我有幸考取东北师范大学课程与教学论专业思想政治学科研究方向的博士研究生,师从东北师范大学杨秀莲教授,开始了对思想政治学科课程与教学论的全面、系统而深入地理论研究与实践探索。经过三年学习,于 2013 年 6 月顺利毕业,并取得东北师范大学教育学博士学位。2013 年 9 月,我作为贵州引进的高层次人才来到贵州轻工职业技术学院,从事高职院校思想政治教育教学工作。这为我进一步开展高职院校思想政治教师实践智慧研究提供了新的机会与平台。2013 年 10 月,我顺利进入吉林大学马克思主义理论博士后流动站,合作导师是吉林大学徐充教授,作为一名马克思主义理论专业的博士后研究人员,在徐教授的引领下,我开始对马克思主义实践智慧理论和思想政治教师实践智慧进行深入探讨与研究。

　　在此期间,党和国家越来越重视现代职业教育创新发展,出台了一系列重要文件和措施,全力推进中国特色、世界水平的现代职业教育体系建设。2014 年 6 月,国务院发布的《国务院关于加快发展现代职业教育的决定》(国发〔2014〕19 号)中明确指出,要"坚持以立德树人为根本,……培养数以亿计的高素质劳动者和技术技能人才"。2015 年 1 月,中共中央办公厅、国务院办公厅印发《关于进一步加强和改进新形势下高校宣传思想工作的意见》中特别强调,高校要"全面贯彻党的教育方针,强化政治意识、责任意识、阵地意识和底线意识,以立德树人为根本任务,……培养德智体美全面发展的社会主义建设者和接班人"。2015 年 6 月,习近平同志在考察贵州省机械工业学校时,希望同学们立志追求人无我有、人有我优、技高一筹的境界,学到真本领,用勤劳和智慧创造美好人生。其实,无论是高职院校坚持"立德树人",还是引领学生"用勤劳和智慧创造美好人生",客观上都需要高职院校教师,特别是思想政治教师要拥有丰富而深厚的实践智慧,使自己成为智慧型教师。只有这样,才能"培养数以亿计的高素质劳动者和技术技能人才"和"德智体美全面发展的社会主义建设者和接班人"。

正是基于这样的背景,我萌生了出版《高职院校思想政治教师实践智慧研究》的想法,这一想法得到了我的博士后合作导师和贵州轻工职业技术学院领导的积极响应与大力支持。即将付梓的《高职院校思想政治教师实践智慧研究》是在我的博士学位论文的基础上,结合在贵州轻工职业技术学院从事高职院校思想政治教育教学实践进行丰富与拓展之后完成的。为此,我先后到贵州、陕西、吉林、福建等9个省份20所国家和省级示范高职院校进行调查研究和深入访谈,近距离接触了上百名高职院校思想政治一线教师,获取了比较丰富而翔实的第一手资料,为本研究奠定了比较坚实的实践基础。对于高职院校思想政治教师实践智慧的研究,在以后的教育教学实践中,我将以此所积累的学科知识、专业思维与科研素养,继续开创这一领域研究的新境界。

以出版《高职院校思想政治教师实践智慧研究》这本学术专著为契机,回首自己30余年的求学路,我要感谢各位良师益友与至爱亲朋:

诚挚感谢我的博士后合作导师——吉林大学徐充教授和博士生导师——东北师范大学杨秀莲教授!感谢二位恩师在学业上对我精心培育。二位恩师一丝不苟的治学态度、博大精深的学术修养、高贵优雅的人格魅力,我将铭记于心、永志难忘。这些必将成为我以后人生道路上取之不尽、用之不竭的精神财富!

由衷感谢贵州省教育厅和贵州轻工职业技术学院党委书记卢亚莲、院长周杰等领导对我无微不至的关心与指导;感谢贵州轻工职业技术学院各位新同事、好朋友的真心帮助,正是各位对我的尊重、理解、信任与宽容,使我这个身处异乡的"东北人"时刻感受着"家"的温暖!

尤其感谢在"智慧、实践智慧、教师实践智慧、思想政治教师实践智慧"等研究领域做出贡献的各位国内外专家与学者,正是各位的学术成果为本研究提供了坚实的理论基础与丰富的文献资料。此外还要感谢浙江大学出版社和贵州新知专业图书有限责任公司对本书出版给予的大力支持,感谢浙江大学出版社责任编辑李晨老师尽心尽力,为本书出版付出了大量心血。

特别感谢我的人间至爱:少言寡语的父亲总是以和蔼慈祥的目光给我默默鼓励,宽容大度的母亲总是以积极乐观的心态给我无限动力,优雅睿智的爱人总是以温柔体贴给我幸福美满,身居异地的兄弟姐妹总是以"血浓于水"的亲情给我有力支持,活泼可爱的女儿总是以孩提天然的童真给我意外惊喜。

　　最后,感谢我的第一本学术专著,因为她的诞生使我真真切切经历了一场人生的洗礼,在"痛并快乐着"的学术研究中体味着创作的艰辛,在"只问耕耘、不问收获"的科研道路上领略着创新的魅力,在"向幸福出发"的征程中感悟着生活的真谛!

李宏昌

2015 年 6 月于贵州贵阳花溪大学城

图书在版编目(CIP)数据

高职院校思想政治教师实践智慧研究 / 李宏昌著.
—杭州：浙江大学出版社，2015.6
ISBN 978-7-308-14797-2

Ⅰ.①高… Ⅱ.①李… Ⅲ.①高等职业教育—思想政治教育—教学研究—中国 Ⅳ.①G711

中国版本图书馆 CIP 数据核字（2015）第 127416 号

高职院校思想政治教师实践智慧研究

李宏昌　著

责任编辑	李　晨
责任校对	韦　伟　杨利军
封面设计	杭州林智广告有限公司
出版发行	浙江大学出版社
	（杭州市天目山路 148 号　邮政编码 310007）
	（网址：http://www.zjupress.com）
排　　版	杭州林智广告有限公司
印　　刷	浙江良渚印刷厂
开　　本	710mm×1000mm　1/16
印　　张	17.5
字　　数	330 千
版 印 次	2015 年 6 月第 1 版　2015 年 6 月第 1 次印刷
书　　号	ISBN 978-7-308-14797-2
定　　价	54.00 元